战国玺印

（分域音序）

胡长春◎著

上册

人民出版社

责任编辑：洪　琼
版式设计：顾杰珍

图书在版编目（CIP）数据

战国玺印：分域音序／胡长春 著．—北京：人民出版社，2020.10
ISBN 978－7－01－021518－1

I.①战…　II.①胡…　III.①古印文字－研究－中国－战国时代　IV.① K877.64

中国版本图书馆 CIP 数据核字（2019）第 241682 号

战 国 玺 印
ZHANGUO XIYIN
（分域音序）

胡 长 春　著

人 民 出 版 社 出版发行
（100706　北京市东城区隆福寺街 99 号）

中煤（北京）印务有限公司印刷　新华书店经销

2020 年 10 月第 1 版　2020 年 10 月北京第 1 次印刷
开本：850 毫米 ×1168 毫米 1/16　印张：77.75
字数：1303 千字

ISBN 978－7－01－021518－1　定价：990.00 元（全两册）

邮购地址 100706　北京市东城区隆福寺街 99 号
人民东方图书销售中心　电话（010）65250042　65289539

内容简介

　　出版于 1981 年的《古玺汇编》收录古玺印 5708 枚，是广大书法篆刻家的手头必备且为最重要的工具书。然近 40 年来古文字学的研究和考释日新月异，当年不能释读的字，现在有许多能释读了。本书以《古玺汇编》《故宫博物院藏古玺印选》《上海博物馆藏印选》《二十世纪出土玺印集成》《秦文字集证》《秦代印风》《新出土秦代印集》等为基础，收录战国古玺印 9371 枚，书中每枚玺印文字的释读，全面采用学界最新考释成果并择善而定。玺印分域按齐系、燕系、晋系、楚系、秦系五分法；所录玺印皆用"简称"注明出处，并附有《引用印谱简称对照》；排序则采用通用《汉语拼音音节表》顺序，书后附有所录玺印的逐字"索引表"，共收录 3850 字头，兼作"古玺印文编"之用。为了尽量保持古玺印的风貌，书中古玺印部分的释文采用繁体字，其余内容则用简体字，方便广大书法篆刻工作者使用。

作 者 简 介

　　胡长春，西南大学中国文字与书画艺术交叉学科博士点带头人，教授，书法学、古文字学博士生导师。国家社科基金同行评审专家，教育部学位中心评审专家，中国书法家协会会员，中国古文字学会会员，重庆市社会科学普及专家，重庆市书协理事兼书法教育委员会副主任，重庆市书法篆刻艺术专业委员会副会长。主持国家社科基金"春秋列国金文史料汇编校注与分类索引"和教育部基金"汉字的写刻与汉字字体发展演变研究"项目，主研国家"十一五"文化发展规划纲要重点规划项目《中华大典》之《石经部》《四书部》和国家社科基金重大项目"商周金文字词集注与释译"子项目。出版专著《中国书法与古文字研究》（人民出版社 2015 年版）、《新出殷周青铜器铭文整理与研究》（线装书局 2008 年版，获安徽省社科优秀成果三等奖）和编著《两汉书法史编年图录》（安徽美术出版社 2016 年版）等八部。

目　录

前　言

　　随着宋代金石学的兴起，古玺印在宋代即见著录。其后元明两朝常被误认为秦汉印来著录。直到清代乾隆年间，吾乡程瑶田先生在《〈看篆楼印谱〉序》中首先释出"私玺"二字，才明确了古玺的时代；同治年间吴式芬在《双虞壶斋印存》中正式标出"古玺"类目；王国维言秦用籀文，六国用古文，首先肯定古玺文为战国文字。此时地处西土的秦国玺印与东方六国玺印相比较，呈现出截然不同的风格。在云梦秦简中，我们看到的是"玺""印"并称的现象。秦并天下后，正如卫宏《汉旧仪》中所说"天子独以印为玺"，如"皇帝信玺"等，秦代官印一般称"印"不称"玺"，从本书所收玺印来看，私印中也偶有称"玺"的。

　　《战国玺印（分域音序）》是作者在西南大学中国文字与书画艺术交叉学科博士点授课讲义的基础上修订而成。考虑到交叉学科的特殊性，针对古文字方向的专业特点，重点讲玺印文字的考释；针对书法方向的专业特点，主要分析玺印的艺术风格。早在 20 世纪 90 年代，作者在《书法之友》杂志社任编辑时，就有了为广大书法篆刻界朋友编一本实用古玺印谱的愿望。2001 年，作者有幸师从何琳仪先生攻读安徽大学古文字学博士学位，其时就开始收集古玺印考释的资料，并且这个想法得到樊散师的大力支持。2014 年作者被引进到西南大学工作，由于授课的需要，在原有的基础上进一步拓展，就成了现在的规模。

　　有关古玺印文的考释，罗福颐先生《古玺文字徵》是第一部古玺字书，收录可释古玺文 629 字。黄宾虹先生《宾虹草堂释文》是较早的考释古玺印文的专著，其中释"庆"、释"千"、释"郯"等都颇为精审。其后石志廉、黄盛璋、叶其峰、于豪亮、李学勤、裘锡圭、李家浩、何琳仪、黄德宽、吴振武、曹锦炎、黄锡全、汤余惠、王人聪、刘钊、施谢捷、赵平安、徐在国、林素清等先生都有专文考证，取得了大量丰硕的成果。本书的任务是将大家的研究成果收集在一起，按音序分域编次，供广大书法篆刻人士使用，但在编选当中，不能不反映作者的主观意图。限于编辑体例和篇幅的束缚，诸家的考释成果不能一一标注揭示，诸家不同的考释意见，也只能选择一说，无法全面呈现出来，这也是平面载体的遗憾。限于作者认识水平，书中肯定遗漏了更有成就的研究成果，反而采用了一些不甚可靠或一些陈旧的说法，凡此种种，均由作者负责。

1959 年，李学勤先生在《文物》杂志发表了《战国题铭概述》。虽然这不是专门讨论古玺的文章，但这是第一次论及古玺的地域性。1998 年，何琳仪师《战国古文字典》在中华书局出版，书中将所有战国文字材料（包括古玺印）按齐系文字、燕系文字、晋系文字、楚系文字、秦系文字和分域待考分为六类。何师在《战国古文字典》中将当时所能见到的全部古玺印文字一一分域、考释。《战国古文字典》虽不仅仅限于古玺印材料，但此书无疑是到目前为止的古玺印分域研究的经典著作。之后，庄新兴（2001 年）、肖毅（2002 年）、陈光田（2009 年）等都致力于古玺印的分域探索研究，且都有专著出版。《战国玺印（分域音序）》的分域方法，遵循樠散师的齐系玺印、燕系玺印、晋系玺印、楚系玺印、秦系玺印和分域待考的六分法，同时参考施谢捷、徐在国、程燕等先生的最新研究成果。对其中有争议的玺印的分域进行综合考察，择善而从，如对本书 0001 号"安阳水玺"的分域，学界就分歧颇大。因为以"安阳"为地名的城邑，战国时期齐赵魏燕都有，故而曹锦炎先生（《古玺概论》）、庄新兴先生（《战国文字分域》）、陈光田先生（《战国玺印分域研究》）将之分入齐系，徐在国先生（《战国文字字形表》）、肖毅先生（《古玺文分域研究》）分入楚系，何琳仪师（《战国古文字典》）、徐畅先生（《先秦印风》）分入晋系，周晓陆先生（《二十世纪出土玺印集成》）分入燕系，作者综合考察，最终将之分入齐系。

《战国玺印（分域音序)》印谱资料的收集是以《古玺汇编》《故宫博物院藏古玺印选》《上海博物馆藏印选》《古玺汇考》《二十世纪出土玺印集成》《秦文字集证》《秦代印风》《新出土秦代印集》等为基础，辅之以发表在各类书刊的散见的古玺印，共得 9371 枚，每枚玺印仅标出处和释文，力避繁琐，方便读者使用。作者收集整理资料花了很多的时间，虽不能将存世的古玺印尽收于书中，但针对广大书法篆刻人士来说已是足够丰富的了。在古玺印运用于书法篆刻创作方面，曹锦炎先生的《古玺概论》在对古玺印官玺知识的普及方面，吴振武先生的《〈古玺汇编〉校订》及论文《〈古玺汇编〉释文订补及分类修订》中对私玺姓氏的考订方面有着特别重要的贡献，为古玺印在篆刻创作中应用铺平了道路。

顷接人民出版社洪琼先生来电，说书稿即将付梓，心中感慨良多，本书自起意至今日成书，已历20余年。作者当时刚过而立之年，而今也快接近樗散师当年的年纪了，当年随师学习的情景又历历浮现于眼前，而今先师的墓木已拱矣。

本书虽初具规模，但还是不尽如作者意。由于原先是讲稿，我的博士、硕士研究生们都参与其中。早期资料的收集整理和初步隶定，马超、叶磊、王小美、孙强、徐雅娟、袁海洋、李肖梅、田莉莉、孙海燕、邢建丽诸君做了大量繁重的工作；后期的释文核对、编辑排版、索引编制，张会峰、吴佳树、汪成江、赵卉蕴、蒋梅、蒙秋鹏、张琪琛、王乔辉、吴登高、袁立娅、尚天潇、刘洪健、朱桧、常文燕诸君助我实多，在此谨表衷心感谢！同时衷心感谢重庆修业文化传媒公司林夏先生及其团队为书稿所付出的辛劳！

胡 长 春

2019 年 10 月 26 日写于碚上精舍

凡　例

一、本书所录玺印共 9371 枚，皆从已发表的印谱及图书报刊中收集，每枚玺印皆用"简称"注明出处，并附有《引用印谱简称表》。

二、玺印的分域和释文全部采用最新的考释成果。玺印分域采用齐系、燕系、晋系、楚系、秦系五分法及分域待考共六部分。由于体例的限制，诸家对每枚玺、印的不同分域和释读，只能择善采用一说。玺印释文"某（某）"的呈现方式，前一个"某"为隶定字，括号内"某"为读为字，如 0004 号玺中第二字标为"郙（其）"。"不郙"即"不其"，初为山名，即崂山，后为县名、侯国名。

三、所录玺印的音序以通用的《汉语拼音音节表》为顺序：

1. 玺印的音序以玺印释文的首字读音排序，在释文首字为同一汉字时，按第二字的读音排。如前两个释字一样，以第三字拼音排序，如此类推。

2. 玺印释文拼音相同，以四声音调顺序排序。

3. 玺印释文的拼音及音调相同时，再辅以汉字笔画数排序。

4. 释文一样的玺印（常见于《古玺汇编》中的私玺部分），以《古玺汇编》的编号由小到大排序。

5. 对于首字有音读的玺印，而第二字或第三字为不能释读的字（该字用□来表示），则该印排列在前一字拼音的最后。如此，第二字为□，则放在第一字拼音序列的最后；第三字为□，则放在第二字拼音序列的最后。

6. 对于已经隶定但不能释读，读音待考的玺印以及首字不能释读的玺印，如□□、□期玺、□于□等以上情况的玺印，以能隶定玺印在前，未能隶定的在后，并按《古玺汇编》编号由小到大排列。

7. 如印文有"王庵""王庵玺"之类的情况，则"王庵"在前，"王庵玺"排列在后。

四、本书编有所录玺印的逐字"索引表"。"索引表"将隶定和释读文字全部作为检索字收入，计 3850 字头，方便广大书法篆刻工作者的使用。表中除少数几个特别多的字如"玺""之"未完全收录外，所有玺印文皆悉数收录，"索引表"可兼作"玺印文编"使用。

五、为了尽量保持古玺印的风貌，本书玺印部分采用繁体字，其余内容则为简体字。

引用印谱简称对照

A

"安徽":《安徽阜阳博物馆藏印选介》，韩自强撰，《文物》1988 年第 6 期。

"安里":《安昌里馆玺存》，宣哲编，湖北省图书馆藏钤印本，1934 年。

B

"碧葭":《碧葭精舍印存》，张修府编，1928 年。

C

"仓山":《仓山县柞城故址发现的铜印等文物》，刘心健、刘自强撰，《文物》
　　1984 年第 8 期。

"草原":《草原文物》，内蒙古考古博物馆学会主办。

"春秋":《文物春秋》，河北省文物局主办。

D

"大莫":《"大莫嚣"古官玺》，胡仁宜撰，《文物》1988 年第 2 期。

F

"分域":《战国玺印分域编》，庄新兴编，上海书店，2001 年。

"封泥":《封泥发现与研究》，孙慰祖编，上海书店，2002 年。

"伏庐":《伏庐藏印》，陈汉弟编，上海书店，1987 年。

"簠斋":《陈簠斋手拓古印集》，上海书店，1990 年。

G

"古彙"：《古玺汇编》，罗福颐主编，文物出版社，1981 年。

"古考"：《古玺汇考》，施谢捷著，安徽大学博士学位论文，2006 年。

"古印"：《古印集萃》，来一石主编，荣宝斋出版社，2011 年。

"古玉"：《古玉印集存》，韩天衡、孙慰祖编，上海书店，2002 年。

"故宫"：《故宫博物院藏古玺印选》，罗福颐主编，文物出版社，1982 年。

"官玺"：《古玺印精品选——官玺印（一）》，张荣主编，北京工艺美术出版社，
  2001 年。

H

"河北"：《河北临城县羊泉东周墓》，《考古》1990 年第 8 期。

"鹤庐"：《鹤庐印存》，顾荣木编，荣宝斋出版社，1998 年。

"湖南"：《湖南省博物馆藏古玺印集》，上海书店，1991 年。

J

"吉大"：《吉林大学藏古玺印选》，林沄、吴振武编，文物出版社，1987 年。

"吉林"：《吉林出土古代官印》，张英等编，文物出版社，1992 年。

"集成"：《古玺印精品集成》，庄新兴编，上海古籍出版社，1998 年。

"集萃"：《古玺汉印集萃》，戴山青编，广西美术出版社，2001 年。

"集粹"：《中国玺印集粹》，（日）菅原石庐编，日本二玄社，1997 年。

"集古"：《顾氏集古印谱》，（明）顾从德编，西泠印社，2000 年。

"集證"：《秦文字集证》，王辉著，台湾艺文印书馆，2000 年。

"鑒藏"：《玺印鉴藏》，李泽奉著，吉林科学技术出版社，1999 年。

"江汉"：《江汉考古》，湖北省文物考古研究所。

"精粹"：《古玺精粹》，魏广君主编，河南美术出版社，1994 年。

K

"考報"：《考古学报》，中国社会科学院考古研究所主办。

"考古"：《考古》，中国社会科学院考古研究所主办。

"考略"：《考古发现所见秦印述略》，王人聪撰，《南方文物》1994 年第 4 期。

"考文"：《考古与文物》，陕西省考古研究所主办。

L

"樂只"：《乐只室古玺印存》，高络园编，上海书店，1999 年。

"類編"：《中国玺印类编》，［日］小林斗盦编，天津美术出版社，2004 年影印本。

N

"南海"：《南海遗珠印谱》，"国立中央"图书馆台湾分馆，1990 年。

"凝清"：《凝清室所藏周秦玺印》，罗振玉编，1923 年。

Q

"七璽"：《馆藏战国七玺考》，石志廉撰，《中国历史博物馆馆刊》1979 年第 1 期。

"秦代"：《秦代陶文》，袁仲一著，三秦出版社，1987 年。

"秦風"：《秦代印风》，许雄志主编，重庆出版社，2011 年。

"秦集"：《新出土秦代印集》，傅嘉仪编，西泠印社，2002 年。

"秦泥"：《秦代封泥的重大发现》，周晓陆等，《考古与文物》1997 年第 1 期。

"青州"：《山东青州发现二方先秦古玺》，孙新生撰，《考古与文物》1999 年第 5 期。

R

"讱庵"：《讱庵集古印存》，汪启淑编，1999 年。

S

"山东"：《山东邹城发现四枚古代铜印》，《考古》1998 年第 12 期。

"上博"：《上海博物馆藏印选》，上海书画出版社，1981 年。

"書法"：《书法》，上海书画出版社主办。

"四川"：《四川文物》，四川省文物局主办。

T

"陶彙"：《古陶文汇编》，高明编，中华书局，2004 年。

"題銘"：《战国题铭概述》，李学勤著，《文物》1959 年第 7 期。

"天津"：《天津艺术博物馆藏古玺印选》，李东琬编，文物出版社，1997 年。

W

"文物"：《文物》，国家文物局主办，文物出版社。

X

"西安"：《西安中国书法艺术博物馆藏秦封泥选释》，王辉撰，《文物》2001 年第
12 期。

"璽集"：《二十世纪出土玺印集成》，周晓陆编，中华书局，2010 年。

"璽通"：《古玺通论》，曹锦炎著，上海书画出版社，1997 年。

"襄樊"：《襄樊地区出土的几方铜印》，王少泉撰，《江汉考古》1990 年第 1 期。

"新見"：《新见古代玉印选》，施谢捷编著，艺文书院，2016 年。

"新發"：《新发现的一方战国玉玺》，尤仁德、田凤岭撰，《文物》1980 年第 8 期。

"新璽"：《新见战国古玺印一一七方》，董珊撰，《中国古文字研究》第 1 辑，吉
林大学出版社，1999 年。

"滎陽"：《荥阳印陶考》，牛济普撰，《中原文物》1984 年第 4 期。

"續一"：《香港中文大学文物馆藏印续集一》，王人聪编，香港中文大学文物馆，
1996 年。

"續二"：《香港中文大学文物馆藏印续集二》，王人聪编，香港中文大学文物馆，
1999 年。

Y

"陽文"：《阳文秦印辑录》，吴振武撰，《中国古玺印学国际研讨会论文集》，香
港中文大学出版社，2000 年。

"印典"：《印典（1—4）》，康殷、任兆凤编，国际文化出版公司，1993—1994 年。

"印舉"：《十钟山房印举》，（清）陈介祺编，中国书店，1985 年。

"印選"：《西泠印社古铜印选》，徐敦德编，西泠印社，1999 年。

"印展"：《珍秦斋古印展》，萧春源编，澳门市政厅，1993 年。

Z

"再讀"：《秦封泥再读》，周晓陆等，《考古与文物》2002 年第 5 期。

"珍秦"：《珍秦斋藏印（战国篇）》，萧春源编，澳门弘兴柯氏印刷有限公司，
2001 年。

"徵存"：《秦汉魏晋南北朝官印征存》，罗福颐编，文物出版社，1987 年。

"中大"：《香港中文大学文物馆藏印集》，中文大学文物馆编，1980 年。

"中原"：《中原文物》，河南博物院主办。

齐系 · 官玺

An 七璽049b，璽集46b 0001 安昜（陽）水鉨（璽）	**Bei** 古彙0234 0002 卑醬（將）匠舀信鉨（璽）	**Bo** 古彙0152 0003 鄟（博）坿（市）師鉨（璽）
Bu 類编 0004 不邿（其）坿（市）璽（節）	**Chang** 古彙0301 0005 昌餡長吏	**Chen** 古彙0290 0008 陳槫三立（蒞）事歲右粟（廩）釜
古彙0223 0006 長金之鉨（璽）	古彙0224 0007 長金之鉨（璽）	

	文物 79.24		古彙 0289

0009

陳枳志左戲（廩）

0010

墜（陳）窠立（莅）事歲安邑毫釜

Cuo 古彙0260	**Da** 古彙 0222	印典 3.1646

0011

盧具舄鈢（璽）

0012

大車之鈢（璽）

0013

大行厽（從）鈢（璽）

Dong 古彙 0150	古彙 0314	**E** 古彙 0286

0014

東武城攻（工）師鈢（璽）

0015

東墓（鄭）職笞（籃）

0016

噩昜城鈢（璽）

Fu 0017 古彙 5706	Gong 0018 官璽 40a	Guan 0019 古考 31
輔匕戁封	攻（工）師郾鈢（璽）	關城君夫人信鈢（璽）
He 0020 古彙 5537	0021 古彙 0277	0022 璽集—SY—0005
禾信君鈢（璽）	蓋丘使鈢（璽）	會芷坿（市）鈢（璽）
Ji 0023 古彙 3108	0024 古彙 0312	0025 古彙 0019
芖（箕）山	鉊（鎮）聞（門）坕（祈）叟（望）	鉊（鎮）司徒帀（師）

0026 珍秦 25.13	**Jian** 0027 古彙 0338	**Jiang** 0028 古彙 0095
晏門	建昜（陽）職筲（籃）	痼（將）軍之鈢（璽）
0029 古彙 0177	**Jie** 0030 類編 049e	**Jiu** 0031 古彙 0345
醬（將）枳迲關	節墨之亣埰（市）士	叚（廄）鈢（璽）
Jun 0032 古彙 0327	0033 古彙 0007	**Lin** 0034 古彙 5526
君之粟（廩）	君之信鈢（璽）	斂（廩）

战国玺印

Lu 集粹 1.37 0035	古彙 0148 0036	**Luo** 古彙 0322 0037
陸□	叠（路）右攻（工）币（師）	彔（洛）巷遷（徙） 鹵（鹽）金鈢（璽）
Men 古彙 0028 0038	古彙 0029 0039	古彙 0030 0040
聞（門）司馬鈢（璽）	聞（門）司馬鈢（璽）	聞（門）司馬鈢（璽）
Mi 類編 052b（疑偽） 0041	**Min** 封泥 51 0042	**Mu** 古彙 0271 0043
糜陜□舍鈢（璽）	民鄭信鈢（璽）	母竅（造）鈢（璽）

Na 古彙 0226 0044	Ni 古彙 3233 0045	古彙 0172 0046
納□之鈢（璽）	郳迻（遂）鈢（璽）	쬮（襧）閞（關）
Pi 古印 25 0047	Ping 古彙 0313 0048	簠齋 1.15.3 0049
閞方之鈢（璽）	平埅（阿）左稟（廩）	平陵縣左稟（廩）鈢（璽）
類編 047c 0050	古彙 0062 0051	蒼山 42a 0052
平昜（陽）桁	平昜（陽）信司馬鈢（璽）	苹大夫之鈢（璽）

Qi 题铭上 53 0053	古彙 1597 0054	Qian 古彙 0196 0055
齊立邦鉨（璽）	齊敫（廩）	辪巷右叚（廄）
Qing 古彙 0156 0056	Ri 古彙 1285 0057	Shan 古彙 0155 0058
桼(清)墬(陵)市叕(職) 筤(籃)帀(師)	呈（驲）叚（廄）	郸(山)昜(陽)遂(遂) 帀(師)鉨(璽)
Shi 古彙 0175 0059	古彙 0330 0060	分域 120 0061
豕母虒（司）關	始傷鉨（璽）	坿（市）

古彙 4572 0062	**Shui** 古彙 3508 0063	**Si** 古彙 0197 0064
事鉨（璽）	水丘撼	司成（城）之鉨（璽）
古彙 0034 0065	古彙 0035 0066	古彙 0036 0067
司馬毆（廄）鉨（璽）	司馬毆（廄）鉨（璽）	司馬毆（廄）鉨（璽）
古彙 0043 0068	古彙 5539 0069	類編 037a 0070
司馬毆（廄）鉨（璽）	司馬毆（廄）鉨（璽）	司馬聞（門）毆（廄）

古彙 0023	古彙 0025	古彙 0026
0071	0072	0073
司馬之鈢（璽）	司馬之鈢（璽）	司馬之鈢（璽）
古彙 0027	Tang　古彙 0147	Tao　古彙 0272
0074	0075	0076
司馬之鈢（璽）	喝（唐）攻（工）币（師）鈢（璽）	窑（陶）都鈢（璽）
Teng　古彙 0194	Wu　古彙 0360	古彙 0063
0077	0078	0079
誉訊叚（廄）鈢（璽）	亡（無）麋	王襄（卒）右司馬鈢（璽）

Wei

0080

古彙 5557

圍之信鈢（璽）

0081

古彙 0225

維諾亭之鈢（璽）

Wu

0082

古彙 0176

武關牆（將）鈢（璽）

0083

古彙 0174

武關戲

0084

古彙 0336

武強坓（祈）竖（望）鈢（璽）

Xi

0085

古彙 0199

遷（徙）盧（鹽）之鈢（璽）

0086

古彙 0200

遷（徙）盧（鹽）之鈢（璽）

0087

古彙 0201

遷（徙）盧（鹽）之鈢（璽）

古彙 0202	Xing　古彙 0173	Xu　古彙 0294（疑伪）
0088	0089	0090
遷（徙）盧（鹽）之鉨（璽）	行曲關	須玄丘盧（鹽）劜（疑偽）
Yan　古彙 5275	Yang　古彙 0198	古彙1674
0091	0092	0093
盧（鹽）	昜（陽）都邑聖遷（徙） 盧（鹽）之鉨	昜（陽）閔（門）
Ye　古彙 0334	古彙 0265	Yin　古彙 0355
0094	0095	0096
聑（耶）聞（門）坕（祈）罒（望）	郰坕（祈）罒（望）鉨（璽）	鄞邔坲（市）罷（節）

Ying 古彙 5550 0097 呈（郢）之粟	**You** 分域 120 0098 又（右）匠	古彙 0149 0099 右攻（工）師鈢（璽）
古彙 0299 0100 右桁正木	類編 049d 0101 右里段（廄）罌（節）	古彙 0319 0102 右稟（廩）
書道全集 27.18.12 0103 右稟（廩）遂祟糯鈢（璽）	古彙 0259 0104 右虘（盧）涓車坙鈢（璽）	古彙 0031 0105 右聞（門）司馬

0106　　　　　　古彙 0032	0107　　　　　　古彙 0033	0108　　　　　　戰域 361-8
右聞（門）司馬	右聞（門）司馬鈢（璽）	右庶長之鈢(金質)
0109　　　　　　古彙 0040	0110　　　　　　古彙 5542	0111　　　　　　古彙 0064
右司馬叚（廄）	右司馬鈢（璽）	右司馬鈢（璽）
0112　　　　　　古彙 0282	Yu　古彙 5555 古彙 5561　集証 附140（123）　0113	Zang　　　　古彙 1333　0114
右遬（遂）文祟伩(信)鈢（璽）	邘倉之鈢（璽）倉吏	减（臧）英俞（宛）鈢（璽）

Zeng 古彙 0253 0115	**Zhang** 古彙 0232 0116	古彙 0328 0117
會（曾）亓（其）倉鉨（璽）	璋□郵迻（遂）信鉨（璽）	尚（掌）佫（路）鉨（璽）
Zhi 古彙 0154 0118	**Zhong** 印举 052a 0119	**Zi** 七璽 068b 0120
戠（職）内帀（師）鉨（璽）	中軍鉨（璽）	子壺（大）子鉥（節）
古彙 0248 0121	**Zuo** 分域 120 0122	古彙 0157 0123
戠晐信鉨	左匠後	左攻（工）師戠（職）漆師鉨（璽）

0124 古彙 0300	0125 古彙 0298	0126 文物 2002—7:94—95

左桁敤（廩）木	左桁正（正）木	左稟桁木
0127 古彙 0227	0128 陶璽文字徵 046e	0129 古彙 0285

左稟（廩）之鉩（璽）	左敤（廩）淯鉩（璽）	左聞（門）叚（廏）鉩（璽）
0130 古彙 0038	0131 封泥 93	0132 古彙 0037

左司馬叚（廏）	左司馬聞（門）叕（鈞）信鉩（璽）	左司馬叕（鈞）

0133	古彙 0039	0134	古彙 5540	0135	書道全集 別卷一 036a

左司馬竘　　　　　　　　左司馬竘　　　　　　　　左司馬鈢（璽）

0136	類編 035b	0137	古彙 0307	0138	古彙 3737

左司徒鈢（璽）　　　　　左田酉（將）騎　　　　　　左正鈢（璽）

0139	古彙 0047	0140	古彙 0153	0141	古彙 0193

左中庫司馬　　　　奱者（褚）帀（師）鈢（璽）　　雪聞（門）段（廄）鈢（璽）

古彙 0195	古彙 0208	古彙 0209
0142	0143	0144
戴倈左叚（廄）	虖（虞）之鉨（璽）	鄙夌（陵）之鉨（璽）
古彙 0211	古彙 0333	古彙 0344
0145	0146	0147
郢亭之鉨（璽）	陁門述（遂）	膞□睦（存疑）
古彙 0083	古彙 0238	古彙 0243
0148	0149	0150
□羿司嵞	□穧信鉨	嗌不悷（慮）鉨

古彙 0273	古彙 0306	古彙 0342
0151  □□坖鉨（璽）	0152  □瓐瞉信鉨（璽）	0153 □絃敬鉨（璽）
印典 2.1225 0154  □□命鉢（璽）		

齐系 · 私玺

An　　古彙 3587	Bei　　古彙 2562	Bian　　古彙 2598
0155	0156	0157
案胥	備鈢（璽）	洴（弁）鄲

Bing　　古彙 2209	Bu　　古彙 1265	Cai　　古彙 3222
0158	0159	0160
邴亾（无）巳	卜得信鈢（璽）	才迦

古彙 5596	古彙 2205	Cao　　古彙 1612
0161	0162	0163
采迴（遍）麂	郗（蔡）□	曹厬

0164　　分域 138	Chang　　古彙 3931 0165	0166　　古彙 3932
曹隻	跧（長）孫臚（胛）	跧（長）孫□
0167　　古彙 0874	0168　　古彙 5690	Che　　古彙 1928 0169
長卿	長生□	郰（車）賚
Chen　　印典 1.408 0170	0171　　古彙 1469	0172　　古彙 1479
臣齒	陳齒	陳高彈鈢（璽）

0173　　　　　　古彙 1473	0174　　　　　　古彙 1457	0175　　　　　　古彙 1475
墜（陳）肯	陳吉	陳己鈢（璽）
0176　　　　　　古彙 1927	0177　　　　　　古彙 1465	0178　　　　　　古彙 1466
較邑	陳崙	陳區（驅）
0179　　　　　　古彙 1481	0180　　　　　　古彙 1463	0181　　　　　　古彙 1468
陳迲（去）疾信鈢（璽）	陳仕	陳王

0182 古彙 1472	0183 古彙 1462	0184 古彙 1464
陳怂（訓）	陳愚（怨）	陳减（臧）
0185 故宫 059a	0186 古彙 1460	0187 古彙 1478
陳這	陳繉（綴）	陳□信鈢（璽）
0188 古彙 1480	0189 古彙 3699	0190 Cheng 古彙1316
陳□信鈢（璽）	陳□信鈢（璽）	成閽

0191 古彙 3751	Chu 0192 古彙 3213	Chun 0193 古玉 15.85
鈂（城）圓齊	舄□	敦（淳）于邦
0194 古彙 4033	0195 印典 1.333	0196 古彙 4032
敦（淳）于綯信	淳于達	敦（淳）于貼
0197 珍秦 11.34	0198 古彙 4031	0199 古彙 4029
敦（淳）于吉	敦（淳）于疆	敦（淳）于酌（司）

古彙 4030 0200 敦（淳）于畏	古彙 4025 0201 敦（淳）于𡚽	古彙 4026 0202 敦（淳）于敫
古彙 4027 0203 敦（淳）于□	古彙 4028 0204 敦（淳）于□	**Cuo** 古彙 2654 0205 痤繲
Da 古彙 3427 0206 大速慶	**Deng** 古彙 1930 0207 登（鄧）遞	古彙 1933 0208 登（鄧）離

Ding 　　古彙 1690 0209	**Dong** 　　天津 7 0210	古彙 3742 0211
丁歆信鈢（璽）	東郭賀	東卿瘝鈢（璽）
古彙 3996 0212	古彙 3992 0213	**Du** 　　古彙 2415 0214
東圩（野）蒼	東埜（野）肺（市）	杜春訐（信）鈢（璽）
Fa 　　古彙 3483 0215	**Fei** 　　古彙 3080 0216	**Fu** 　　古彙 3122 0217
發武	非遬非步	敹（搏）里

0218	古彙 2068	0219	古彙 5646	0220	古彙 3634
郏上志		孛（茀）越		轉悆	

Gan 0221	古彙 2532	0222	古彙 3235	0223	古彙 3590
訐（干）綵		甘士吉鉨		甘事商	

0224	古彙 3567	**Gao** 0225	古彙 1145	0226	古彙 1128
甘余尢		高東陽		高陵	

0227　　　　　　古彙 1146	0228　　　　　　古彙 1142	0229　　　　　　古彙 3999
高慶忌	高坿（市）	高堂□鉨（璽）
0230　　　　　　古彙 1149	0231　　　　　　古彙 1143	0232　　　　　　古彙 1147
高坐（隰）信鉨（璽）	高鮏	高越信鉨（璽）
0233　　　　　　古彙 1141	0234　　　　　　古彙 1148	0235　Geng　　　古彙 3625
高臧	高□卿鉨（璽）	耿楳（梅）

Gong 古彙 3554 0236	古彙 2194 0237	古彙 3676 0238
公奇（乘）胥	邥（弓）楠	公芯壽
類編 077b 0239	古彙 0266 印典 077a 0240	古彙 3922 0241
公戶惑	公石不頵（夏）鉨（璽）	公孫安信鉨（璽）
印典 1.408 0242	古彙 3925 0243	古彙 3923 0244
公孫齒	公孫冢鉨（璽）	公孫坐弦（弼）

0245　　　　　　古彙 3921	0246　　　　　　古彙 3914	0247　　　　　　古玉5.21
公孫繻（組）鍚	公孫隻	公孫遂
0248　　　　　　古彙 3924	0249　　　　　　古彙 3912	0250　　　　　　古彙 3915
公孫相如鈢（璽）	公孫敯	公孫肬
0251　　　　　　古彙 3916	0252　　　　　　古彙 3917	0253　　　　　　古彙 3918
公孫□	公孫懇	公孫□

0254　　　　　　　古彙 5687	0255　　　　　　　古彙 3726	0256　　　　　　　古彙 3679
公孫俟	公孫瘚信鈢（璽）	公上瞀
0257　　　　　　　古彙 2193	Gou　　　　　　古彙 3239 0258	Huan　　　　　　古彙 5681 0259
邘（弓）余	均閒（閒）邸	瞏（環）□鈢（璽）
Huang　　　　　古彙 2197 0260	0261　　　　　　　古彙 2198	0262　　　　　　　古彙 2199
郂惭	郂何	郂（荒）□

Huo 古彙 2301	Ji 古彙 2611	古彙 2610
0263	0264	0265
蒦（獲）紀不	紀貫	紀□
Jie 古彙 3105	Jin 古彙 3690	古彙 3681
0266	0267	0268
笣（范）援	僅□商鈢（璽）	金□鈢（璽）
古彙 3728	Jing 古彙 1900	古彙 1901
0269	0270	0271
金□信鈢（璽）	鄝（邢）歇	邢勉

古彙 3535 0272	Ju　　　古彙 3705 0273	古彙 3727 0274
敬鈢	倣叚□鈢（璽）	厒（句）□信鈢（璽）
Kan　　　古彙 2191 0275	古彙 2192 0276	古彙 3715 0277
鄟（闞）己	鄟（闞）亥	敢（闞）□信鈢（璽）
Keng　　古彙 2530 0278	Li　　　古彙 3101 0279	Lian　　古彙 3714 0280
誙事	栗痏	練□信鈢（璽）

Liang 古彙 1713 0281 梁通	Ling 古彙 3287 0282 唛（陵）㮡	古彙 3725 0283 命（令）魚（狐）敖冢
Lou 古彙 3662 0284 妻愬	Lu 古彙 3561 0285 □（爐）俶	古彙 3106 0286 籚（籚）屌
Fa 古彙 3107 0287 籚（籚）貼	Lü 古彙 5330 0288 閭	古彙 4012 0289 閭丘邊

0290　　　　　　古彙 4014	0291　　　　　　古彙 4013	Luan　　　　古彙 2509 0292
閭丘鄄	閭丘齮	鸞（巒）罟
Ma　　　　　古彙 3081 0293	Mao　　　　　古彙 3702 0294	0295　　　　　　古彙 3121
馬粂緈	敄（毛）賈信鈢（璽）	敄（毛）恋
0296　　　　　　古彙 3120	0297　　　　　　印典 1.337	Meng　　　　古彙 1365 0298
敄（毛）武	毛遂	孟非字（子）

0299　　　　　古彙1362	0300　　　　　古彙 1359	0301　　　　　古彙 1364
孟闟（間）	孟徒	孟紽
0302　　　　　古彙 1366	**Mi**　　　　古彙 3693　　0303	0304　　　　　古彙 3519
孟□信鈢（璽）	麋奔隼鈢（璽）	麋繀（綴）
Mian　　古彙 2599　　0305	0306　　　　　古彙 3651	**Min**　　　封泥 51　　0307
沔幾	沔幾	民鄩 信鈢（璽）

Mo 　　　　古彙 5477 0308	**Nie** 　　　　古彙 2177 0309	**Niu** 　　　　古彙 1219 0310
墨	鄴（聶）胥	牛徺
N ü 　　　　古彙 3723 0311	**Pao** 　　　　古彙 3544 0312	**Peng** 　　　　古彙 3513 0313
女□信鉨（璽）	鞄蒈	彭睞
Po 　　　　古彙 1661 0314	**Qi** 　　　　古彙 3753 0315	古彙 2413 0316
鄱鞳信鉨（璽）	旂福信鉨（璽）	桾□

0317　　　　　　古彙 2414	0318　　　　　　古彙 3701	Qiang　　　古彙 2187 0319
桯□信鉥（璽）	桯□信鉥（璽）	鄝（强）賜信鉥（璽）
0320　　　　　　古彙 2186	0321　　　　　　古彙 2185	0322　　　　　　古彙 2184
鄝（强）同	鄝（强）雽	鄝（强）迷
Qin　　　古彙 2207 0323	0324　　　　　　古彙 3604	Qing 古彙 3729　古彙 3730 0325
郂（秦）冬	郂（秦）得	慶□信鉥（璽）

Qiu 古彙 2201	古彙 2204	Qu 古彙 3599
0326	0327	0328
邱賜	郝（裘）劈（劈）	屈奿
Ren 古彙 2056	古彙 2057	Shan 古彙 3088
0329	0330	0331
邥（任）癔	邥（任）□	善獻（獻）
Shang 印典 2.814	She 古彙 3547	Shi 古彙 3626
0332	0333	0334
賞賈	㧈（社）精	市敳

古彙 2096 0335	Shou　　古彙 0250 0336	古彙 2219 0337
郆戆	首連期鈢（璽）	郤（守）臧（臧）

Shu　　印選 1 0338	Si　　古彙 3819 0339	古彙 3826 0340
述公子信鈢（璽）	司馬邦	司馬臣

古彙 3813 0341	古彙 3827 0342	古彙 3824 0343
司馬棱鈢（璽）	司馬縢	司馬頯

0344　　　　　　　　印展 062b	**Song**　　　　　古彙 1431　　0345	0346　　　　　　　　封泥 94
郆（寺）商	宋波	宋连信鉥（璽）
0347　　　　　　　　古彙 1433	**Sou**　　　珍秦 105.149　　0348	**Sun**　　　　古彙 5625　　0349
宋遆（去）疾鉥（璽）	鄋（鄋）巠	孙邦
0350　　　　　　　　古彙 1562	0351　　　　　　　　古彙 3754	0352　　　　　　　　古彙 1556
孙垂信鉥（璽）	孙垂信鉥（璽）	孙它人

战国玺印

古彙 1563

0353

孫忻信鈢（璽）

古彙 1561

0354

孫絍

古彙 1560

0355

孫締

古彙 3719

0356

孫□信鈢（璽）

Tai

古彙 3570

0357

邰（部）巡（順）

古彙 2202

0358

邰（部）矸

古彙 2203

0359

邰（部）□

Tang

古彙 3666

0360

坣（堂）亾鐵

古彙 3560

0361

坣（堂）俟（疑）

0362　　　　　　古彙 3142	**Teng**　　　　古彙 5682 0363	0364　　　　　　古彙3112
賜（唐）芷	籐右軍鈢（璽）	藤悤（怨）
Tian　　　　古彙 5644 0365	**Wang**　　　　古彙 0643 0366	0367　　　　　　上博 21.2
畋□	王敖豙（童）	王敖豙（童）信鈢（璽）
0368　　　　　　古彙 0591	0369　　　　　　古彙 0570	0370　　　　　　古彙 0634
王白	王舃	王延

0371　　　　古玺 0595	0372　　　　古玺 0571	0373　　　　古玺 0642
王乘	王楚	王楚人
0374　　　　古玺 0583	0375　　　　古玺 0636	0376　　　　古玺 0550
王傅	王兊（乘）	王瀆
0377　　　　古玺 0607	0378　　　　古玺 0585	0379　　　　古玺 0582
王朐	王贴	王囧（固）

古彙 0597 0380 王亥	古彙 0592 0381 王交	古彙 0590 0382 王伮
古彙 0644 0383 王句糒	古彙 0572 0384 王可	印典 1.335 0385 王連
古彙 0655 0386 王連期鉨（璽）	古彙 0656 0387 王臚信鉨（璽）	古彙 0640 0388 王盤（槃）

0389　　　　　　古彙 0581	0390　　　　　　古彙 0608	0391　　　　　　古彙 5587
王寯（貧）	王齊	王慶忌
0392　　　　　　古彙 0577	0393　　　　　　古彙 0573	0394　　　　　　古彙 0603
王邸	王賣（賞）	王深
0395　　　　　　古彙 0629	0396　　　　　　古彙 0649	0397　　　　　　古彙 0650
王歲	王聞	王閟（間）信鈢（璽）

0398 古彙 0641	0399 古彙 0651	0400 古彙 0574
王倚	王倚信鈢（璽）	王耴
0401 古彙 0474	0402 古彙 0588	0403 古彙 0609
王瘖	王郢	王嬰
0404 古彙 0594	0405 古彙 0587	0406 古彙 0575
王余（餘）子	王爰	王勝

0407 古彙 0623 王瞳（腫）	0408 古彙 0653 王臧（臧）信鉩（璽）	0409 新璽 055a 王鐘
0410 古彙 0648 王左乘	0411 古彙 0599 王疽	0412 古彙 0576 王牘
0413 古彙 0482 王厭信鉩（璽）	0414 古彙 0579 王厔	0415 古彙 0580 王雅

古鉥 0584	古鉥 0589	古鉥 0628
0416	0417	0418
王繮	王惉	王蟿
古鉥 0630	古鉥 0615	古鉥 0632
0419	0420	0421
王戟	王亡戚	王敀
古鉥 0633秦風 125d	古鉥 0578	古鉥 0586
0422	0423	0424
王謜	王惏	王悤（怨）

0425　　　　　　古玺 0635	0426　　　　　　古玺 0624	0427　　　　　　古玺 0647
王瓒	王郿	王廱信
0428　　　　　　古玺 0657	0429　　　　　　古玺 0654	0430　　　　　　古玺 0652
王疆生鉩（璽）	王憖信鉩（璽）	王鄣信鉩（璽）
0431　　　　　　古玺 0546	0432　　　　　　分域 129	Wu　　　　古玺 1185　0433
王□	王□	吴敄之鉩（璽）

0434　　　　　　古彙 1326	0435　　　　　　古彙 2239	0436　　　　　　古彙 3525
武忩（順）信鈢（璽）	郚（吾）齒信鈢（璽）	厝（烏）卑
0437　　　　　　古彙 2235	0438　　　　　　古彙 4010	**Xi**　0439　　　古彙 3183
郚（吾）丘	吾丘鄉	熙（熙）懠
0440　　　　　　古彙 3675	0441　　　　　　古彙 5256	**Xin**　0442　　　古彙 1269
夕孫□	鈢（璽）	辛慶忌鈢（璽）

0443　印典 4.2940	0444 Xing　古匋 3752	0445　古匋 3755
辛賢	星毋豫（舍）之	荆橿蘆（苴）鈢（璽）
0446 Xu　古匋 3709	0447　古匋 1942	0448　古匋 1955
郐（徐）設信鈢（璽）	郐（徐）邦	郐（徐）設信鈢
0449　古匋 1951	0450　古匋 1948	0451　古匋 1952
郐（徐）晊	郐（徐）頡	郐（徐）連召（期）

古彙 1954 0452 郤（徐）藭信鉥（璽）	古彙 1953 0453 郤（徐）冒畜	古彙 1947 0454 郤（徐）深
古彙 1946 0455 郤（徐）攸	分域 145 0456 郤（徐）眾信鉥（璽）	古彙 1943 0457 郤（徐）賚
古彙 1944 0458 郤（徐）疢	古彙 1950 0459 郤（徐）敁	古彙 1945 0460 郤（徐）逓

0461 古彙 1949	0462 古彙 5638	0463 古彙 1956
邾（徐）慭	邾（徐）□	邾（徐）□信鈢（璽）
0464 古彙 1957	0465 古彙 1958	0466 古彙 3732
邾（徐）□信鈢（璽）	邾（徐）□信鈢（璽）	邾（徐）□信鈢（璽）
0467 古彙 2206	0468 Xue 古彙 3603	0469 Yan 古彙 3718
䢵（胥）秦	薛瞽（曹）	顏厄信鈢（璽）

古彙 1978

0470

郾炅

古彙 0235

0471

宴（晏）晍（市）信鉩（璽）

Yang

古彙 3638

0472

羊厶己

古彙 3563

0473

羊逭

Yao

古彙 0262

0474

兟(堯)相曆鉩（璽）

Ye

古彙 2673

0475

恢（夜）安

Yi

古彙 3467

0476

猗口

古彙 3758

0477

嗌（夷）舍（吾）攸豙鉩（璽）

Ying

古彙 3687

0478

營鏤

Yu 古彙 3637 0479 余藏	古彙 3127 0480 御棱	**Yuan** 古彙 1906 0481 鄏（罠）氏鉨（璽）
Yue 古彙 2218 0482 越豫之	古彙 3935 0483 臧（臧）孫黑鉨（璽）	古彙 3935 0484 臧（臧）孫膽鉨（璽）
古彙 3087 0485 臧（臧）這信鉨（璽）	**Zao** 古彙 5479 0486 竈	**Zhang** 古彙 3697 0487 張贅伈鉨（璽）

Zheng 　　古彙 3939 0488	古彙 3940 0489	**Zhi** 　　古彙 3937 0490
正孫□鈢（璽）	正孫□鈢（璽）	窒孫受
古彙 3938 0491	古彙 3707 0492	古彙 3706 0493
窒孫丘	窒中□鈢（璽）	窒敤□鈢（璽）
古彙 4090 0494	**Zhong** 　　印典 1.408 0495	古彙 2709 0496
窒中登	中（仲）齒	中（仲）辛信鈢（璽）

Zhu

古彙 1577

0497

朱方

古彙 1590

0498

邾（朱）邦信鉨（璽）

古彙 1589

0499

邾（朱）并信鉨（璽）

古彙 1586

0500

邾（朱）偳

南海 2

0501

邾（朱）九

古彙 5657

0502

邾（朱）賣

古彙 1585

0503

邾（朱）佗

古彙 1584

0504

邾（朱）異

古彙 1588

0505

邾（朱）惢

古彙1574 0506	古彙 3760 0507	Zi 古彙 3698 0508
絑（朱）余子	鑄□	戠齊信鉩（璽）
Zong 古彙 2303 0509	Zu 古彙 3660 0510	Zuo 古彙 1647 0511
崇（宗）□	族陵繢鉩（璽）	左盲
古彙 5294 0512	古彙 5502 0513	古彙 2330 0514
嬰	戴	墜霝

古彙 3234 0515 郕項	古彙 3682 0516 簡竊	古彙 2200 0517 邹安
古彙3225 0518 甞賈	古彙 2196 0519 邹蕙	古彙 3598 0520 酟慸
古彙 3667 0521 皋慸	古彙 0242 0522 酟□信鈢（璽）	古彙 3499 0523 斜唇

0524 古彙 3746	0525 古彙 3677	0526 古彙 5683
鈘啇信鈢（璽）	畀□貼	畀□吉鈢（璽）鳥（肖形）
0527 古彙 2195	0528 古彙 5678	0529 古彙 3678
郘正里	耆（胡）毋（母）冢	石孫寶
0530 古彙 3722	0531 古彙 3735	0532 古彙 3665
黃昪信鈢（璽）	竫公子鈢（璽）	爐（盧）佴

0533　　　古彙 3576	0534　　　古彙 2175	0535　　　古彙 3609
□忳	□蓳	□賷
0536　　　古彙 3551	0537　　　古彙 5677	0538　　　古彙 3538
□僕	□适	□慡
0539　　　古彙 3738	0540　　　古彙 3689	0541　　　精粹 23
□繲	□膜（鼻）	□可言

古鉨 3664	古鉨 3757	古鉨 3692
0542	0543	0544
□并悆（怨）	□丘□鉨（璽）	□生□
古鉨 3691	古鉨 3700	古鉨 2220
0545	0546	0547
□胡安鉨（璽）	□成信鉨（璽）	□□
古鉨 2221	古鉨 3575	古鉨 3589
0548	0549	0550
□□	□□	□□悆（怨）

0551　　古彙 3685	0552　　古彙 3674	0553　　印典 2.1028
□□圁（固）	□□鉨（鉩）	□□毋死
0554　　古彙 3479	0555　　古彙 3721	0556　　古彙 3712
□□政鉨（鉩）	□□信鉨（鉩）	□□信鉨（鉩）
0557　　古彙 3704	0558　　古彙 3711	0559　　古彙 3731
□□信鉨（鉩）	□□信鉨（鉩）	□□信鉨（鉩）

古彙 3724

0560

□□信鈢（璽）

古彙 3740

0561

□□□鈢(璽)

齐系·吉语

0562	古彙 4335（疑汉印）	0563	古彙 5324	0564	古彙 4889

古彙 4335（疑汉印）

0562

古彙 5324

0563

古彙 4889

0564

得志

苟（敬）

誯事得志

燕系 · 官玺

Ba 0565 古考 91c	Bao 0566 古彙 0293
 霸昌君	 異（暴）都萃車馬

Bi 0567 古彙 0021	0568 古彙 0357	Chang 0569 古彙 0003
 逼都右司徒	 逼都□者	 長平君佢（作）室鉩

Chao 0570 古彙 0329	Da 0571 古考 73b	0572 古彙 0022
 晫（朝）忌（悅）封	 大司馬□	 大司徒長勹（符）乘（證）

Dong　　古彙 0362	Du　　古彙 0124	Fan　　古彙 5552
0573  東昜（陽）[氵母]（海）澤 王勹（符）鍴（瑞）	0574  堵城河𠂆（尉） 古彙 0287 0576  桤（范）湩都米粟鉨（璽）	0575  桤（范）湩都炅（遽）皇（馹） 山東 0577  桤（范）湩都右司馬信鉨（璽）
古彙 0054 0578  桤（范）湩都左司馬	Feng　　古彙 0117 0579  弄（奉）都𠂆（尉）	古彙 0059 0580  弄（奉）都右司馬

古考 202c 0581	**Gang** 古彙 0215古考 83a 0582	古彙 0011 0583
弆（奉）都右司馬鈢（璽）	塱（剛）墬（陰）都清左	塱（剛）墬（陰）都司徒
古彙 0191 0584	**Guan** 古考 91a玺集 48a 0585	古彙 3335 0586
塱（剛）墬（陰） 都𦊙（信）陉左	閖市□鍴（瑞）	飵（館）氏𢉖（尉）
Guang 古考 76b 0587	古彙 0014 0588	古彙 0052 0589
坣（廣）都𢉖（尉）	悗（廣）墬（陰）都司徒	悗（廣）墬（陰）都左司馬

Han 古璽 0053	He 古璽 5545	古璽 0018
0590	0591	0592
韓佑左司馬	沬□都司工	沬□都司徒

古考 88a	古璽 0055	Ji 古璽 0082
0593	0594	0595
沬□都庐（尉）	沬□都左司馬	龺（薊）都司工

Ju 古璽 0359	古璽 5551	古璽 0017
0596	0597	0598
洵城	洵城都炅（遽）皇（駉）	洵城都司徒

0599 古彝 0119	0600 古彝 5543	0601 古彝 0369
沟城都尸（尉）	沟城都右司馬	族（聚）易（陽）都尸（尉）
0602 古彝 0051	Juan 0603 古彝 0189	Lei 0604 古彝 0086
柜（劇）易（陽）都左司馬	梖易（陽）都炅（遽）皇（駔）	鄱邨都司工
0605 古彝 0120	0606 古彝 0061	Liang 0607 古考 88b
鄱邨都尸（尉）	鄱邨都右司馬	良都马亩（廩）左

Lin 古彙 3395	Mei 古彙 0332	Mian 古彙 0016
0608	0609	0610
廩節	苺陽坿（市）	丏城都司徒
Ping 古彙 0187	古彙 0085	古彙 0013
0611	0612	0613
坪（平）墜（陰）都炅（遽）皇（駔）	坪（平）墜（陰）都司工	坪（平）墜（陰）都司徒
古彙 5556	Qi 古彙 0188	Quan 古彙 0363
0614	0615	0616
坪（平）宻（陰）都鈢	閔（啟）易（陽）都炅（遽）皇（駔）	洀(泉)坁(水)山金貞鍴(瑞)

Rong 古彙 0190	Shan 古彙 0361	古彙 0297
0617	0618	0619

妐（容）壄（城）都枋（柯）郯左		單佑都市鉨

Si 古彙 3838		古彙 3830
0620		0621

司寇徒厶	單佑都市王勹（符）鍴（瑞）	司馬

Tu 古彙 0118	Wai 古彙 0365古考 74a	Wen 古考 77a 玺通 140
0622	0623	0624

徒口都户（尉）	外司聖（聽）鍴（瑞）	文安都炅（遽）皇（駔）

古彙 0012 0625	**Wu** 古彙 0366 0626	古考 81a 0627
文安都司徒	毌□都鍴（瑞）	武城直（置）皇（駔）
古彙 0121 0628	古考 81b 0629	古考 90a 0630
武尚都庐（尉）	武昜（陽）都炅（遽）皇（駔）	武垣都市鍴（瑞）
Xia 古彙 0015 0631	古彙 5546 0632	古彙 5541 0633
夏屋都司徒	夏屋都庐（尉）	夏屋都左司馬

Xiang 古彙 0125	Xin 古彙 0323	Yang 古彙 0364
0634	0635	0636
襄平右户（尉）	䛒（信）城侯	昜（陽）文（門）身（信）鍴（瑞）
Yi 古彙 0010	璽通 141古考 76a璽集 47a	古彙 0159
0637	0638	0639
郚（昜）都司徒	郚（昜）都吴（虞）	郚（昜）鑄市（師）鈢
Yong 古考 85a	You 古彙 0367	古考 73a
0640	0641	0642
邶里都户（尉）	右朱（廚）貞鍴（瑞）	又（右）司徒

Yu 古彙 0251 0643 渝城乘	**Zhong** 古彙 0368 0644 中軍豆車	古彙 5547 0645 中庫产（尉）
新璽 0646 中人	古彙 5562 0647 中易（陽）都吳（虞）王勹（符）	**Zhou** 古彙 0192 0648 帚易（陽）都圭（封）人
古考 79b 0649 帚易（陽）都圭（封）人	古彙 0060 0650 帚易（陽）都右司馬	古考 79a 0651 帚易（陽）都鈢（璽）

古彙 0158 0652 帛昜（陽）鑄市（師）鈢（璽）	Zuo　　　古彙 0126 0653 左軍户（尉）鍴（瑞）	古彙 0354 0654 左市
古彙 0020 0655 左司徒	古彙 1650 0656 左吳（虞）	古彙 0308 0657 左軒僑頁壯
古彙 5553 0658 䢺都封人	古彙 0186 0659 䢺都熒（遽）皇（駔）	古彙 0292 0660 䢺都市鈕（豆）

0661	古彙 0050	0662	古彙 0058	0663	古考 86a
雘都右司馬		雘都右司馬		雘都左司徒鈢（璽）	
0664	古考 84a	0665	古考 84b		
□都左司馬		□□都左司馬			

燕系 · 私玺

An 古鉥 3485	Bai 古鉥 3279	Bei 古鉥 3274
0666	0667	0668
安□	百厬	北宫受

Bi 古鉥 3380	Bing 古鉥 1924	古鉥 1925
0669	0670	0671
敝鞭傅	並懷	並敊（搔）

Bo 古鉥 3424	古鉥 3495	古鉥 5652
0672	0673	0674
帛生謷（誨）	帛生居	帛徙

0675 古彙 0747	0676 古彙 0864	0677 古彙 0755
長丙	長不鍴	長城
0678 古彙 5607	0679 古彙 3367	0680 古彙 0749
長耳	長耳	長共
0681 璽集 11h	0682 古彙 0881	0683 古彙 0693
長狗	長段	長悅

0684 古彙 5611	0685 古彙 0766	0686 古彙 0732
長即	長昌	長九
0687 古彙 0884	0688 古彙 0873	0689 古彙 0760
長敀（廄）	長茅	長敏
0690 古彙 0823	0691 古彙 0697	0692 古彙 0698
長誷（訥）	長内	長内

古璽 0699 0693 長內	古璽 0872 0694 長棄	古璽 0745 0695 長冥（熱）
古璽 0746 0696 長冥（熱）	古璽 0876 0697 長申	古璽 3952 0698 長生起
古璽 3953 0699 長生任	古璽 3951 0700 長生書	古璽 3949 0701 長生午

0702　　　　　　古彙 5592	0703　　　　　　古彙 3950	0704　　　　　　古彙 3954
長生徙	長生疛	長生聇（聲）
0705　　　　　　古彙 3955	0706　　　　　　古彙 3956	0707　　　　　　古彙 0742
長生敀	長生剔	長轅（乘）
0708　　　　　　古彙 0870	0709　　　　　　古彙 3933	0710　　　　　　古彙 0674
長市	長孫得	長同

古鉨 0880	古鉨 0668	古鉨 0667
0711	0712	0713
長維	長文	長午
古鉨 0756	古鉨 0758	古鉨 0837
0714	0715	0716
長戊	長係	長新
古鉨 0833	古鉨 0883	古鉨 0710
0717	0718	0719
長休	長伊	長章

0720　　　　　　古彙 0878	0721　　　　　　古彙 0850	0722　　　　　　古彙 0721
長章	長逐	長亵
0723　　　　　　古彙 0774	0724　　　　　　古彙 0795	0725　　　　　　古彙 0798
長緟	長疠	長癕
0726　　　　　　古彙 0830	0727　　　　　　古彙 0846	0728　　　　　　古彙 0849
長陞	長駅	長弬

古璽 0851 0729	古璽 0852 0730	古璽 0868 0731
長瘠	長罰	長匿
古璽 3568 0732	古璽 5613 0733	古璽 5614 0734
長觚	長寏	長絚
古璽 0724 0735	古璽 0765 0736	古璽 0853 0737
長□	長□	長□

Che 古彙 5270 0738	Cheng 古彙 1888 0739	古彙 1889 0740
車	城（成）强	城（成）壽
古彙 3352 0741	古彙 1887 0742	古彙 1886 0743
城（成）行	城（成）臣（饂）	城（成）濆
古彙 5259 0744	古彙 5260 0745	古彙 5261 0746
城	城	城

古彙 5262 0747	**Chi** 古彙 3226 0748	**Chou** 古彙 2410 0749
城	赤厰（驅）	桝（稠）青
古彙 2407 0750	**Chu** 古彙 2401 0751	**Deng** 古彙 5327 0752
桝（稠）緷（緥）	柾（楚）肝	登
Di 古彙 5406 0753	古彙 3425 0754	古彙 3306 0755
砠（磾）	郲（狄）安	勑（狄）生角

0756　　　古彙 3488	0757　　　古彙 3532	Ding　　　古彙 1688 0758
勞（狄）生臧	砥□	丁逐
0759　　　古彙 1689	Dong　　　古彙 3958 0760	0761　　　古彙 3960
丁□	東方瘌	東方遴
0762　　　古彙 3961	0763　　　古彙 3957	0764　　　古彙 3962
東方生乘	東方维　维	東方興

0765　　　　　　古彙 3959	0766　　　　　　古彙 3991	0767　　　　　　印典 3.2217
東方賈	東里某	東里忠
0768　　　　　　古彙 3449	0769　　　　　　古彙 2042	0770　　　　　　新見 022
東里□	郵（董）復	郵（董）瘍
0771　　　　　　古彙 5284	Duo　　　　　　古彙 3440	Er　　　　　　古彙 2210
諫	多閔戠（賀）	郍（爾）居

古彙 5218 0774	古彙 5219 0775	古彙 5220 0776
迩（邇）	迩（邇）	迩（邇）
Fa　古彙 3174 0777	古彙 3177 0778	古彙 3178 0779
乏腹	乏辻	乏生居
古彙 3173 0780	古彙 3175 0781	古彙 3176 0782
乏章	乏瘇	乏□

Fan　　　古彙1655	古彙 2287	古彙 2288
0783	0784	0785
番匜	䔾（范）獻	䔾（范）齒
古彙 2285	古彙 3646	古彙 2284
0786	0787	0788
䔾（范）醜	䔾（范）申	䔾（范）張
古彙 2283	古彙 2286	Fang　　　古彙 2326
0789	0790	0791
䔾（范）疒	䔾（范）坙	壟（防）纕

古壐 2728 0792	Fei　　　珍秦73.88 0793	Fen　　　古壐 5290 0794
鮩壄（堅）	費馬重（童）	糞
古壐 5210 0795	古壐 3319 0796	Fu　　　古壐 3504 0797
丰	封胍	畐（富）生瓔
古壐 1304 0798	Gan　　　古壐 5570 0799	Gao　　　古壐 1140 0800
賦午	甘士市	髙帛

0801　　　　　古彙 5628	0802　　　　　古彙 3683	0803　　　　　古彙 5627
高庚	高鈁(璽)	髙餃
Ge　　　　古彙 5308 0804	0805　　　　　古彙 5309	Gong　　　古彙 3671 0806
备（各）	备（各）	工（公）賞（上）魂
0807　　　　　古彙 3900	0808　　　　　古彙 3899	0809　　　　　古彙 3902
公孫安	公孫城	公孫赤

0810　　　　　　　古彙 3870	0811　　　　　　　古彙 3848	0812　　　　　　　古彙 3850
公孫繻	公孫登	公孫丁
0813　　　　　　　古彙 3854	0814　　　　　　　類編	0815　　　　　　　古彙 3845
公孫定	公孫耳	公孫蚩（蠢）
0816　　　　　　　古彙 3891	0817　　　　　　　古彙 3894	0818　　　　　　　印舉
公孫臣	公孫腹	公孫複

古彙 3919 0819	續一 0820	古彙 3844 0821
公孫悗	公孫建	公孫建
古彙 3866 0822	古彙 3856 0823	古彙 3855 0824
公孫駒	公孫匯（匡）	公孫慄（樂）
古彙 3862 0825	古彙 3893 0826	古彙 3859 0827
公孫斂	公孫馬	公孫諲

古鉥 3847	古鉥 3853	古鉥 3860
0828	0829	0830
公孫齊	公孫秦	公孫旮
古鉥 3872	古鉥 3849	古鉥 3926
0831	0832	0833
公孫殺	公孫山	公孫生良
古鉥 3897	古鉥 3880	古鉥 3879
0834	0835	0836
公孫生易（陽）	公孫生埵	公孫生聠

古彙 3886 0837 **公孫生驕**	古彙 3885 0838 **公孫生□**	印典 0839 **公孫生□**
古彙 3913 0840 **公孫乘**	古彙 3873 0841 **公孫蝕**	印典 0842 **公孫壽**
古彙 3909 0843 **公孫壽**	古彙 3904 0844 **公孫弔**	類編 0845 **公孫隼**

0846 　　　　　古彙 3846	0847 　　　　　古彙 3898	0848 　　　　　古彙 3884
公孫隼	公孫索	公孫壬辻
0849 　　　　　古彙 3852	0850 　　　　　古彙 3851	0851 　　　　　古彙 3871
公孫文	公孫午	公孫纕
0852 　　　　　古彙 3908	0853 　　　　　古彙 3867	0854 　　　　　古彙 3868
公孫纕	公孫訢	公孫訢

古彙 3857 0855	古彙 3901 0856	古彙 3905 0857
公孫郾	公孫墼（夷）	公孫迣
古彙 3878 0858	古彙 3841 0859	古彙 3842 0860
公孫倚	公孫寅	公孫章
古彙 3861 0861	古彙 3910 0862	古彙 3903 0863
公孫張	公孫朱	公孫剚

0864 古鉨 3863	0865 古鉨 3864	0866 古鉨 3869
公孫敆	公孫敃	公孫頖
0867 古鉨 3874	0868 古鉨 3876	0869 古鉨 3882
公孫疠	公孫瓡	公孫罰
0870 古鉨 3883	0871 古鉨 3892	0872 古鉨 3895
公孫罰	公孫䁞	公孫謦

0873　　　　　　古彙 3906	0874　　　　　　古彙 3887	0875　　　　　　古彙 3843
公孫瘯	公孫□ 千秋	公孫□
0876　　　　　　古彙 5688	**Gu**　0877　　　古彙 4126	0878　　　　　　古彙 4128
公孫□□	緰（古）昌	緰（古）脽
0879　　　　　　古彙 4127	0880　　　　　　古彙 4129	**Guo**　0881　　古彙 5672
緰（古）椅	緰（古）瓔	啇（郭）乘

Hai 集萃 81	Han 古彙 2798	古彙 2819
0882	0883	0884
亥宓（陶）	韓城	韓達
古彙 2834	古彙 2808	古彙 2806
0885	0886	0887
韓得	韓諫	韓侗
古彙 2797	古彙 2809	古彙 2801
0888	0889	0890
韓耳	韓詁	韓詯

0891　　　　　古彙 2812	0892　　　　　新見 010	0893　　　　　古彙 2805
韓疾	韓聿（建）	韓借
0894　　　　　古彙 2813	0895　　　　　古彙 2800	0896　　　　　古彙 2836
韓慰（懼）	韓匡（匡）	韓平
0897　　　　　古彙 2795	0898　　　　　古彙 2816	0899　　　　　古彙 2817
韓奇	韓羿（旗）	韓羿（旗）

0900　　　　　　古彙 2810 韓强	0901　　　　　　天津 7 韓誰	0902　　　　　　古彙 2825 韓生返
0903　　　　　　古彙 2829 韓生臍	0904　　　　　　古彙 2828 韓生辻	0905　　　　　　古彙 2837 韓生土
0906　　　　　　古彙 2823 韓生宵	0907　　　　　　古彙 2824 韓生□	0908　　　　　　古彙 2821 韓市

0909　　　古彙 2799	0910　　　古彙 2833	0911　　　古彙 5630
韓受	韓逯	韓壽
0912　　　古彙 2807	0913　　　古彙 2832	0914　　　古彙 2794
韓隹	韓隹	韓午
0915　　　古彙 2796	0916　　　古彙 5629	0917　　　古彙 2820
韓午	韓右車	韓佳（姓）

古彙 2811	古彙 2830	古彙 2818
0918	0919	0920
韓張	韓張	韓止
古彙 2803	古彙 2804	古彙 2814
0921	0922	0923
韓瘷	韓瘔	韓斂
古彙 2815	古彙 2822	古彙 2826
0924	0925	0926
韓睑	韓駘	韓罚

古彙 2831 0927 韓啟	古彙 2835 0928 韓陘	古彙 2802 0929 韓□
古彙 2827 0930 韓□	**Hou** 古彙 4091 0931 后闋封　后闋封	**Hu** 古彙 3478 0932 虎生孫
Huan 古彙 2603 0933 繯玨（聽）	**Hui** 古彙 3515 0934 譆（誨）耳	**Ji** 古彙 5317 0935 即

古彙 5318	璽集 9d	Jiao 古彙 3153
0936	0937	0938
即	部生坴	费剞
Jie 古彙 5205	古彙 5206	Jiu 古彙 3384
0939	0940	0941
戒	戒	九單辻
古彙 3354	Ju 古彙 5282	Kan 古彙 3518
0942	0943	0944
臼豜	詎	㘵潟

古彙 3294 0945	Kong　　　古彙 3980 0946	Lei　　　古彙 2792 0947
嚴（閹）覘（聽）	空侗脩	畾賀
古彙 2793 0948	古彙 5571 0949	Li　　　古彙 3410 0950
畾住（姓）	畾朕	栗帀滿
古彙 3371 0951	Liang　　　古彙 2712 0952	古彙 2713 0953
栗帀罰	良恳（懷）	良生旮

Ling 　　古鉩 2639	Lu 　　古鉩 3057	古鉩 3447
0954	0955	0956
靁（靈）纴	鑪（盧）比	膚（盧）生慮（慮）
古鉩 5566	古鉩 1591	古鉩 3502
0957	0958	0959
魯勺	魯亡（無）瘣（畏）	亢（陸）宵
古鉩 2318	Lü 　　古鉩 3439	Luo 　　珍秦 81.105
0960	0961	0962
陸（陸）□	旅陸鉩(璽)	羅子

Ma 古彙 3680	Mang 集萃 67	Mao 古彙 3247
0963	0964	0965
馬□黑	邙馬重（童）	毛鄮

古彙 3942	Mei 古彙 3288	古彙 1935
0966	0967	0968
毛生奇	苺興	苺䫴（瓔）

Meng 古彙 1348	古彙 1363	Mo 古彙 5498
0969	0970	0971
孟安	孟軌	莫

Na 古彙 3267	Nan 古彙 3362	古彙 5641
0972	0973	0974
蚎張	男㾓（長）	男剰
Niu 印典 1.203	N ü 古彙 3663	Ou 古彙 2601
0975	0976	0977
牛羲	女左鏊	綢臣
Pi 古彙 3573	Qi 古彙 5582	古彙 1598
0978	0979	0980
不（丕）斁芘	鄑（齊）勹	鄑（齊）君水

古彙 1599 0981 鄗（齊）市	古彙 1600 0982 鄗（齊）朋	古彙 2581 0983 戉（啟）脺
Qiao 古彙 1226 0984 喬安	古彙 1225 0985 喬兵	古彙 1222 0986 喬臣
古彙 1240 0987 喬厇	古彙 5591分域 49 0988 喬公	古彙 1246 0989 喬駒

古彙 1243
0990

喬詁

古彙 1245
0991

喬黃

古彙 1238
0992

喬戒

古彙 1236
0993

喬膓

古彙 1247
0994

喬恿（期）

古彙 1223
0995

喬齊

古彙 1228
0996

喬𡨦（熱）

古彙 4092
0997

喬生兵

古彙 4094
0998

喬生逶

古彙 4096	古彙 4093	古彙 4095
0999	1000	1001
喬生孫	喬生畏	喬生□弍（二）
古彙 1242	古彙 1224	古彙 1231
1002	1003	1004
喬瘠（蝕）	喬豙	喬受
古彙 1234	古彙 1244	古彙 1248
1005	1006	1007
喬瑣（頙）	喬瑣（頙）	喬辛城

1008	古彙 1237	1009	古彙 1232	1010	古彙 1227
喬騽		喬倚		喬痣	

1011	古彙 1229	1012	古彙 1230	1013	古彙 1241
喬坖		喬㡿		喬䏌	

1014	珍秦 77.99	1015	古彙 1233	1016	古彙 1235
喬癀		喬□		喬□	

1017　　　　　　　　　　　古彙 1239	1018　　　　　　　　　　　古彙 3329	1019　　　　　　　　　　　中大 62
喬□	喬□	喬□

1020　　　　　　　　　考古 83.11	**Qin**　　　　　　　　古彙 3423 1021	**Qiu**　　　　　　　　古彙 3688 1022
喬□	秦生□	泳生異

Qu　　　　　　　　古彙 3330 1023	**Que**　　　　　　　　古彙 3469 1024	古彙 3600 1025
取□	塙金	賣木貴

Rong 古彙 3207	Ru 古彙 2242	Shan 古彙 3632
1026	1027	1028
嵜（茸）□	邬得	單析

古彙 3633	古彙 5501	Shang 古彙 3494
1029	1030	1031
單脁	彊	賞端

She 古彙 3349	Shen 古彙 3137	Sheng 古彙 5386
1032	1033	1034
躲倚	申之	乘

1035　古彙 5373	Shi　1036　古彙 1162	1037　古彙 3347
乘臼（丘）	石䀹（眴）	矢辵寒□
1038　古彙 1809	Shu　1039　古彙 3370	Si　1040　古彙 3840
事武	弔（叔）罰	司空容
1041　古彙 5691	1042　古彙 3816	1043　古彙 3814
司寇腥	司馬賀	司馬坤

1044　　　　　　古鉨 3770	1045　　　　　　古鉨 3821	1046　　　　　　古鉨 3815
司馬思	司馬戊	司馬酟（熙）
1047　　　　　　古鉨 3820	1048　　　　　　古鉨 3798	1049　　　　　　古鉨 3811
司馬㘈（型）	司馬瓔	司馬愳
1050　　　　　　古鉨 3822	1051　　　　　　古鉨 3823	1052　　　　　　古鉨 5576
司馬隹	司馬䍃	司馬敀

Song	古彙 2402		古彙 1430		古彙 1405
1053		1054		1055	
松瘟		宋巡		宋肝	

Su	古彙 5664	Sui	古彙 5332	Sun	古彙 5346
1056		1057		1058	
俗瓔		誶		孫	

	古彙 5564		古彙 1554		古彙 1541
1059		1060		1061	
孫宲（熱）		孫乘		孫墮	

Tao	古彙 3453	Tian	古彙 1505		古彙 1501
1062		1063		1064	

宝（陶）即止晨　　畋腹　　畋晉

	古彙 1498		古彙 1485		古彙 1489
1065		1066		1067	

畋（田）誵（訥）　　畋棄　　畋慶

	古彙 1504		古彙 1509		古彙 1500
1068		1069		1070	

畋生駟　　畋生聁　　畋耴（聽）

古彙 1507 1071	古彙 1502 1072	古彙 1508 1073
敀興	敀瓔	敀雕（雍）　茲午鈢（璽）
古彙 1486 1074	古彙 1506 1075	Tu　　　集萃 1.18 1076
敀畀（尊）	敀鋆	土叵
古彙 1666 1077	Wang　　集萃 1.14 1078	中大 4 1079
土罰	王崩	王產

古彙 0453 1080	古彙 0511 1081	集萃 1.15 1082
王從	王達	王紿
古彙 0409 1083	古彙 0512 1084	古彙 0621 1085
王旦	王得	王得
古彙 0441 1086	古彙 0470 1087	古彙 0600 1088
王耳	王瘣	王疾

古璽 0596 1089 王建	集萃 1.16 1090 王夸	古璽 0498 1091 王綹（綹）
古璽 0606 1092 王羿（旗）	古璽 0420 1093 王上	古璽 3948 1094 王生達
古璽 3946 1095 王生鞈	古璽 3944 1096 王生任	古璽 3947 1097 王生殺

古鉩 3945	古鉩 5685	古鉩 0475
1098	1099	1100
王生鞏（乘）	王生信	王生痄
古鉩 0645	古鉩 3943	古鉩 5686
1101	1102	1103
王生聯	王生絆	王生罰
古鉩 0605	古鉩 3929	古鉩 0625
1104	1105	1106
王竖	王孫生愧	王坨

古彙 0402	古彙 0395	古彙 0396
1107	1108	1109
王文	王喜	王喜
古彙 0499	古彙 0565	古彙 0566
1110	1111	1112
王纕	王相如	王相如
伏廬 21	古彙 0601	古彙 0609
1113	1114	1115
王鄔	王義	王嬰

古彙 0527 1116	古彙 0528 1117	古彙 0490 1118
王瓔	王瓔	王章
分域 41 1119	古彙 0622 1120	古彙 0430 1121
王章	王張	王宵
古彙 0480 1122	古彙 0519 1123	古彙 0539 1124
王瘕	王陧	王剗

古彙 0562 1125 王劃	古彙 0602 1126 王匭	古彙 0614 1127 王棶
古彙 0626 1128 王㳅	珍秦 57.61 1129 王䍐	中大 5 1130 王匢
古彙 0481 1131 王爺（鄰）	古彙 0545 1132 王□	古彙 0637 1133 王□

Wei 古彙 3941 1134	古彙 3170 1135	古彙 3172 1136
尾生	尸（尉）晨	尸（尉）□
古彙 3539 1137	古彙 1341 1138	古彙 1334 1139
尸（尉）□	衛得	衛坒（防）
古彙 1338 1140	古彙 1336 1141	古彙 1335 1142
衛叫	衛齎	衛青

1143	古彙 1340	1144	古彙 1339	1145	古彙 5649
衛生達		衛生肖		衛玨（聽）	
1146	古彙 1337	1147 Wen	古彙 3564	1148	古彙 2885
衛住（姓）		文亥		姦（文）疾	
1149	璽集 11c	1150	古彙 2888	1151	古彙 2889
文敲		姦（文）行		襃（文）楮	

古彙 2883 1152	古彙 2884 1153	古彙 2887 1154
姦（文）遷	姦（文）劃	姦（文）駎
古彙 2886 1155	Wu　　　古彙 1321 1156	Xi　　　古彙 3964 1157
姦（文）□	武彝吳	西方齒
古彙 3966 1158	璽集 21c 1159	古彙 3965 1160
西方疾	西方疾	西方尚

古彙 5689 1161 西方鍪	古彙 3997 1162 西郊與	古彙 5258 1163 鈢（璽）
Xia 古彙 2724 1164 顕（夏）賀	古彙 3988 1165 顕（夏）侯癸	Xian 古彙 3372 1166 弦罰
古彙 2750 1167 虔（獻）匬（盠）	古彙 2751 1168 虔（獻）敬	古彙 2747 1169 虔（獻）留

燕系・私璽　　0141　◉

古彙 2749 1170 虞（獻）强	古彙 2746 1171 虞（獻）懁	古彙 3506 1172 虞（獻）宵
古彙 2748 1173 虞（獻）□佑	Xiang 古彙 3498 1174 絴閺鄒	古彙 3136 1175 絴閺□
Xiao 古彙 5293 1176 效	古彙 3484 1177 嘨（囂）	古彙 5435 1178 嘨（囂）

Xing 古彙 1280	古彙 1279	古彙 1281
1179	1180	1181
荆（邢）謹	荆（邢）莫	荆（邢）章
Xuan 古彙 5490	Yan 古彙 4100	古彙 4099
1182	1183	1184
騆	鄾（匽）中起	鄾（匽）中甘單
Yang 古彙 3414	古彙 3514	古彙 1671
1185	1186	1187
羊閔滿	羊閔滿	易（陽）建

古彙 1668 1188 易（陽）譙	古彙 1669 1189 易（陽）召	古彙 1676 1190 易（陽）上
古彙 1677 1191 易（陽）生芷	古彙 1673 1192 易（陽）�（乘）	集萃 2.105 1193 易（陽）亦
古彙 1670 1194 易（陽）吒	古彙 1672 1195 易（陽）宵	古彙 1675 1196 易（陽）猜

古鉨 1679 1197	古鉨 1678 1198	Yi　　　古鉨 4102 1199
鄎生豕	鄎□	彝吴邦
古鉨 5692 1200	古鉨 4114 1201	古鉨 4123 1202
彝吴不壬	彝吴晨	彝吴大
古鉨 5583 1203	古鉨 4104 1204	古鉨 4113 1205
彝吴旦	彝吴禾	彝吴汲

古彙 4125 1206	古彙 4116 1207	古彙 4112 1208
彝吴疾	彝吴角	彝吴謹
古彙 4103 1209	古彙 4105 1210	古彙 4110 1211
彝吴居住（姓）	彝吴礪	彝吴强
古彙 4109 1212	古彙 4117 1213	古彙 4118 1214
彝吴㕚	彝吴生卯	彝吴生驔

古鉩 4119	古鉩 4101	古鉩 4111
1215	1216	1217
彝吳市臣	彝吳思	彝吳信
古鉩 4121	古鉩 4124	古鉩 4115
1218	1219	1220
彝吳寅	彝吳於	彝吳眾
古鉩 4106	古鉩 4107	古鉩 4108
1221	1222	1223
彝吳逅	彝吳觳	彝吳觳

1224　　　　　古彙 4120	1225　　　　　古彙 4122	1226　　　　　古彙 2840
彝吴弥	彝吴□	義奴
1227　　　　　古彙 2839	1228　　　　　古彙 2841	1229　　古彙 2838 中大 72
義狗	義乘	義鋬
Yin　　　　　古彙 2324	1231　　　　　古彙 2520	1232　　　　　古彙 2521
1230		
陰鈍	犵示	犵章

1233　　古鉨 2319	1234　　古鉨 2320	1235　　古鉨 2321
硷悦	硷緅（絆）	硷忻
1236　　古鉨 2322	1237　　古鉨 2323	1238　　古鉨 2787
硷忻	硷□	肙（尹）張
1239　　古鉨 5668	1240　　古鉨 2788	1241　　古鉨 2790
肙（尹）子	肙（尹）瘝	肙（尹）罰

古彙 3401 1242	Ying　　古彙 5349 1243	古彙 5350 1244
胥（尹）□	瓔	瓔
Yong　　古彙 3188 1245	中大 79 1246	分域 56 1247
雝（雍）晨	雝（雍）攽	雝（雍）詰
古彙 3592 1248	古彙 3189 1249	分域 56 1250
雝（雍）良	雝（雍）留	雝（雍）生城

Yu 中大 1 1251 于胅	古彙 1290 1252 余得	古彙 1288 1253 余繯
古彙 1287 1254 余弦	古彙 1289 1255 余忩	古彙 1291 1256 余瘡
古彙 2727 1257 魚鯦	古彙 3408 1258 鄅（禺）□	古彙 3403 1259 憋（愉）

Yue 古彙 5314 1260	Yun 古彙 3346 1261	Zang 古彙 3936 1262
樂	匀蜀金	臧孫邦

Zhan 古彙 5455 1263	古彙 5456 1264	古彙 5457 1265
詹	詹	詹

Zhang 古彙 0885 1266	Zhao 集萃 1.21 1267	古彙 0965 1268
張羝	召剻	肖（趙）昊

古鉨 4135 1269	古鉨 4137 1270	分域 60 1271
肖（趙）居	肖（趙）居	肖（趙）留
古鉨 0915 1272	分域 61 1273	古鉨 4131 1274
肖（趙）悶	肖（趙）莫	肖（趙）秦
古鉨 4130 1275	古鉨 4134 1276	古鉨 4132 1277
肖（趙）上　厶句	肖（趙）戊	肖（趙）纕

1278　　　　　　古彙 4139	1279　　　　　　古彙 1025	1280　　　　　　吉大 4.17
肖（趙）巡	肖（趙）瘦	肖（趙）禦
1281　　　　　　古彙 0956	1282　　　　　　古彙 4133	1283　　　　　　古彙 4136
肖（趙）虤	肖（趙）窈	肖（趙）珝
1284　　　　　　古彙 4138	Zhe　　　　　　古彙 3248	Zheng　　　　　古彙 2626
肖（趙）蟲	者信	迣（征）生矯

1287　　　　　古彙 3530	1288　　　　　古彙 2237	1289　　　　　古彙 3295
徵達	邔纕	墼（鄭）邦
1290　　　　　古彙 3326	Zhi　1291　　古彙 3497	Zhong　1292　　古彙 3496
墼（鄭）佢	智生坉	审（中）生狗
1293　　　　　中大 10	1294　　　　　古彙 3197	1295　　　　　古彙 3196
重（鍾）言	重（鍾）郖	重（鍾）觚

古彙 3493 1296	Zhou　　　古彙 5500 1297	古彙 3320 1298
重（鍾）□	舟	周起
秦風 155c 1299	古彙 1200 1300	Zhu　　　古彙 1576 1301
周壬（挺）	周瓔	朱瘊
Zhuan　　　古彙 5573 1302	Zi　　　古彙 3353 1303	Zuo　　　古彙 2216 1304
剸辻	孳（茲）綵	郢惡（愿）

古璽 2225 1305	古璽 2240 1306	古璽 2325 1307
郘繯	郘纕	陞忞
古璽 2501 1308	古璽 2502 1309	古璽 5640 1310
鉒昜（陽）	鉒生匼	鉒珥
古璽 2507 1311	古璽 2508 1312	古璽 2510 1313
鑾（欒）肥	鑾（欒）湶（泉）	猖惟

1314 古彙 2511	1315 古彙 2512	1316 古彙 2513
獡廖	獡騎	獡服
1317 古彙 2514	1318 古彙 2515	1319 古彙 2516
獡生虳	獡軍	獡頯（履）
1320 古彙 2517	1321 古彙 2606	1322 古彙 3053
獡章	繏斫	㙤纕

古鉨 3113	古鉨 3322	古鉨 3369
1323	1324	1325
鏊□	蝺己	秾事
古鉨 3413	古鉨 3416	古鉨 3422
1326	1327	1328
淏馬嬰（懼）	誩生諫	臧張
古鉨 3631	古鉨 3452	古鉨 3477
1329	1330	1331
臧章	蝺生昜悅	旃耳

1332　　　　　　古玺 3489	1333　　　　　　古玺 3500	1334　　　　　　古玺 3537
蚝瘢	宅思	尖耵（聽）
1335　　　　　　古玺 3546	1336　　　　　　古玺 3659	1337　　　　　　古玺 4098
大諫	醋猶佗	剔生謝（訥）
1338　　　　　　古玺 5273	1339　　　　　　古玺 5334	1340　　　　　　古玺 5507
疢	堅	疟

1341 古彙 2175	1342 古彙 2222	1343 古彙 2298
□牽	□埵	□肝
1344 古彙 2533	1345 古彙 3208	1346 古彙 3249
□疕	□圆	□瘡
1347 古彙 3550	1348 古彙 3313	1349 古彙 3317
□瘡	□朱	□悦

古彙 3325	古彙 3342	古彙 3351
1350	1351	1352
□强	□奇	□猶
古彙 3360	古彙 3398	古彙 3444
1353	1354	1355
□丁	□賢	□夏
古彙 3492	古彙 3553	古彙 3713
1356	1357	1358
蜀張	□弜（强）	□臣私鈢（璽）

古璽 3441 1359 □□鉨（璽）	古璽 3466 1360 □□千秋	古璽 3244 1361 □□
古璽 3305 1362 □□	古璽 3356 1363 □□	古璽 3361 1364 □□
古璽 3402 1365 □□	古璽 3406 1366 □□	古璽 3462 1367 □□

古鉩 3490

1368

□ □

古鉩 3491

1369

□ □

古鉩 5361

1370

□

古鉩 5514

1371

□

燕系 · 吉语

Chang 古彙 4990	古彙 4991	古彙 4992
1372	1373	1374
昌	昌	昌
古彙 4993	古彙 4994	古彙 4995
1375	1376	1377
昌	昌	昌
古彙 0882	古彙 0824	古彙 4405
1378	1379	1380
長昌	長詰 千秋	長生

古彙 4406 1381 長生	古彙 4407 1382 長生	古彙 4408 1383 長生
Ji　　　古彙 5056 1384 吉	古彙 5057 1385 吉	Jing　　古彙 4645 1386 青（精）中（忠）
古彙 4646 1387 青（精）中（忠）	古彙 5007 1388 敬	古彙 5008 1389 敬

古玺 4256 1390	古玺 3399 1391	Ming 古玺 5076 1392
敬壽	敬言	朏
古玺 5077 1393	古玺 5078 1394	古玺 5079 1395
朏	朏	朏
古玺 5080 1396	古玺 5081 1397	古玺 5082 1398
朏	朏	朏

古彙 5084 1399 罰	古彙 4399 1400 罰上	古彙 4638 1401 罰中（忠）
Shang 古彙 4752 1402 上生鈢（璽）	古彙 4753 1403 上生鈢（璽）	古彙 4754 1404 上生鈢（璽）
古彙 4755 1405 上生鈢（璽）	古彙 5578 1406 上生鈢（璽）	古彙 5072 1407 尚

古彙 5073 1408	古彙 5074 1409	古彙 5075 1410
尚	尚	尚
古彙 5397 1411	古彙 4880 1412	Sui 古彙 4691 1413
尚	尚敬明昌	采（穗）生
古彙 4692 1414	Wang 古彙 5684 1415	You 古彙 4727 1416
采（穗）生	王慎朙此	又明上

古彙 4728 1417 又明上	古彙 4729 1418 又明上	Zhong　　　古彙 5351 1419 中（忠）
古彙 5352 1420 中（忠）	古彙 3463 1421 忠身（信）	

晋系 · 官玺

An	玺集二-GY-0009	Bang	印典	Bei	古彙 3096
1422		1423		1424	

安國君　　　　邦广（尉）　　　　北垈（府）

	古彙 3998		印典 4.2879	Bu	古彙 0106
1425		1426		1427	

北宮皮官　　　　北陸㝉（館）　　　　卜大夫

	珍秦 29.18	Can	古彙 2226	Cao	古彙 0304
1428		1429		1430	

卜大夫　　　　鄝(參)郂旮(廩)剒(半)　　　　酆（曹）逸饏（貸）廥（府）

1431	古彙 1616	1432	類編	Chang 1433	古彙 3075
酆（曹）逸津		酆（曹）逸鄸（縣）		昌閿（門）	
1434	新見 001	Cheng 1435	古彙 1310	1436	集古 3.28
㦲（長）䋃（信）君		壋（城）彊（疆）		丞（承）匡冢子	
Chun 1437	古彙 0005	1438	珍秦 19.7	Da 1439	古彙 0107
旾（春）安君		旾（春）安君		大夫	

1440　　　　　珍秦 29.19 大事里	1441　　　　春秋 2002—3:71 大宰阱	Dai　　　　　古彙 0096 1442 邝（代）強弜（弩）後牆（將）
Dang　　　　　古彙 3442 1443 尝（當）壄（城）付（府）	Du　　　　　古彙 5196 1444 都	古彙 5197 1445 都
古彙 5198 1446 都	古彙 5659 1447 都筐（府）	古彙 2131 1448 斳（犢）邑司馬

Dui 1449 古彙 2563	Fa 1450 古彙 0116	Fu 1451 考古 83.9.48
垍南閱（門）	癹（發）弨（弩）楡（榆）平	邗正(胥）司工（空）
1452 古彙 5343	1453 古彙 5392	1454 古彙 0006
賓（府）	賓（府）	富昌韓君
Gao 1455 古彙 1139	1456 古彙 0070	1457 古彙 0049
高鄑官	高志司寇	咎（皋）郎（狼）左司馬

Gong 古彙 2619	集粹 1.13	古彙 0112
1458	1459	1460
迈（工）官	公車官	公嗇夫
古彙 3236	Gu 集粹 1.10	Guang 印舉
1461	1462	1463
宫寓垡（府）守	固陽□□	坣（廣）壍（城）君
Jia 鉴藏 19	印典	Jing 古彙 3093
1464	1465	1466
家陽司寇	家陽司寇	京市

Ju 古彙 3430 1467 句犢（瀆）旟	古彙 0353 1468 句犢（瀆）五都□□	古彙 0340 1469 句丘關
新見 002 1470 句垄（丘）君	**Jue** 古彙 5558 1471 絿梁（梁）公鈢（璽）	**Kou** 古彙 0220 1472 寇□之鈢（璽）
Ku 古彙 5212 1473 庫	古彙 5213 1474 庫	古彙 5214 1475 庫

1476 古彙 5215	Le 1477 集萃	1478 古彙 1386
庫	樂壓（城）	憐（樂）壓（城）垈（府）
1479 古彙 0073	Li 1480 古彙 0066	Liang 1481 古彙 3229
憐（樂）陰（陰）司寇	杕里司寇	梁丘
Lie 1482 集古	Lin 1483 中原 82.2	1484 古彙 3327
鄈（坪）司寇	督（廩）	督（廩）剈（半）

	古彙 0004		古彙 3102		古彙 3543

古彙 0004

1485

古彙 3102

1486

古彙 3543

1487

鄑（廩）襄君

廩豕子

廩豕子

古彙 2656

1488

Ling　　　　　　吉大

1489

Liu　　　　　古彙 3437

1490

閟（蔺）門

偷（伶）恁車御

鄑（留）宵（守）偷（令）

Lu　　　　　古彙 3159

1491

古彙 0115

1492

Lun　　　　　古彙 0341

1493

櫨墓（丘）坅（府）

堳（卤）壆（城）癹（發）弨（弩）

侖（綸）守鉩（璽）

Mao 精粹	Mo 古彙 2254	古彙 0352
1494	1495	1496
茅氏	莫邑彊（彊）	獏蕭畾丘酆（縣） 昌里垈（府）

Mu 古彙 0084	Nan 古彙 0093	Ping 七璽
1497	1498	1499
木陽司工（空）	南宮牆（將）行	平坴（陸）

珍秦 21.8	古彙 0092	古彙 3104
1500	1501	1502
平匋（陶）	平匋（陶）宗正	平陽

1503 　　　　　古彙 3133	1504 　　　　　　印典	1505 　　　　　古彙 3419
平阴（陰）	坪（平）阴（陰）垒（府）	枰酉都
Qi 1506 　　　　天津 29	1507 　　　　古彙 0075	1508 　　　　古彙 5408
桼閼（門）垒（府）	其鬲司寇	旃（旗）
1509 　　　　古彙 2377	1510 　　　　古彙 2378	1511 　　　　古彙 2379
旃（旗）圤（士）	旃（旗）圤（士）	旃（旗）圤（士）

古彙 2380	古彙 2381	古彙 2382
1512	1513	1514
旂(旗)圤(士)	旂(旗)圤(士)	旂(旗)圤(士)
古彙 2383	古彙 2384	古彙 2385
1515	1516	1517
旂(旗)圤(士)	旂(旗)圤(士)	旂(旗)圤(士)
古彙 4569	Qian　古彙 0349	Qie　古彙 0072
1518	1519	1520
旂(旗)圤(士)	千畋(畝)右(左)軍	虘(且)居司寇

Qing　　　　古匋 3443 1521	珍秦 22.10 1522	Qu　　　　珍秦 1523
青堵坿（市）	青氏司寇	陆（陆）陽垈（府）
古匋 2238 1524	七璽 1525	古匋 2317 1526
邮（屈）邻（郇）守	曲堤取水	曲陽
San　　　　中大 1527	古匋 0305 1528	Shan　璽集二-GY-0008 1529
參（三）枱（臺）司寇	參（三）枱（臺）圤（士）宛	單父左司馬

Shang　　　印展 1530 上苏（艾）户（尉）	玺通 158 1531 上莒（黨）退（遽）司馬	古彙 3228 1532 上各（洛）坒（府）
古彙 4632 1533 上士	古彙 4633 1534 上士	古彙 4634 1535 上士
古彙 0123 1536 莒（上）咮（桐）户（尉）	古彙 4224 1537 上虞坿（市）	Shao　　　珍秦 7.16 1538 卲陽都

Shi 古璽 0078	古璽 3455	古璽 3457
1539	1540	1541
石城疆（疆）司寇	室阼止尔（璽）	室阼止尔（璽）
Shou 古璽 3307	安里	Shu 古璽 0045
1542	1543	1544
守丘	首陽	疋著司馬
古璽 0324	古璽 3438	Si 古璽 5544
1545	1546	1547
黍丘眢（虞）劀（半）	庶犀垈（府）	司工（空）

1548　　古彙 0080	1549　　古彙 3839	1550　　古彙 3836
司工（空）	司寇	司寇圫（士）
1551　　古彙 3837	1552　　古彙 3828	1553　　古彙 3829
司寇圫（士）	司馬	司馬
1554　　古彙 3830	1555　　古彙 5266	Su　　古彙 0254
司馬	寺人	左宛穲（穌）槫

Ta　　　古彙 0076	Tian　　　古彙 5277	Wan　　　戰域 196-2
1557	1558	1559
它人司寇	畋	宛
1560　　　古彙 5299	Wang　　　古彙 0091	1562　　　古彙 0122
宛	汪匋（陶）右司工（空）	亡陞𣲝（桐）𠂤（尉）
1563　　　古彙 0568	Wei　　　古彙 5103	1565　　　古彙 5104
王人之鈢（璽）	𠂤（尉）	𠂤（尉）

古鉨 5105 1566	Wen 集古 1567	古鉨 0079 1568
尸（尉）	文成君	文枱(臺)西彊(疆)司寇
Wu 古鉨 0103 1569	珍秦 21.9 1570	古鉨 3445 1571
武隊（遂）大夫	武陽司寇	武陽翠（輕）兵
古鉨 1322 1572	類編 1573	Xi 天津 1574
武会（陰）	武□左旗	西閔（門）

古彙 3154 1575	Xia　　　古彙 4058 1576	古彙 4061 1577
戲胏（市）	下池斿（旗）士	下匡取水
古彙 2244 1578	古彙 3077 1579	集粹 1.12 1580
下南閔（門）	下西閔（門）	下閔庫
Xian　　　古彙 1905 1581	古彙 1814 1582	古彙 1903 1583
酁（縣）丞	酁（縣）吏	酁（縣）吏

Xiang 古玉 1.3	古玉 1.4	古匋 3134
1584	1585	1586
襄安君	襄平君	襄陰（陰）
古匋 0077	古匋 4561	古匋 4562
1587	1588	1589
襄陰（陰）司寇	相室	相室
古匋 4563	Xin 古匋 3160	Xing 古匋 0105
1590	1591	1592
相室	新聚垈（府）	行大夫

1593	榮陽	Xiong 1594	古鉩 0094	Xiu 1595	古鉩 0302
榮陽窞（廩）		兒（匈）奴相邦		脩武酆（縣）吏	

Yan 1596	古鉩 3092	Yang 1597	古鉩 4047	1598	古鉩 0009
言禾冢子		陽壄（城）冢		陽陰（陰）都壽君坣（府）	

1599	古鉩 2316	1600	古鉩 0046	1601	古鉩 2315
陽源坣（府）		陽州左邑右朱司馬		陽匧坣（府）	

Yi 古彙 0108 1602	古彙 2620 1603	古彙 2621 1604
厚（庚）厈酋夫	逸徒	逸徒
古彙 2622 1605	古彙 3237 1606	Yin 古彙 0104 1607
逸徒	釱邸都	佥（陰）成君邑大夫俞安
古彙 0068 1608	古彙 0067 1609	You 古彙 2718 1610
佥（陰）室（館）司寇	佥（陰）陰（陰）司寇	右丞宛

古彙 5414

1611

又（右）廙（府）

古彙 2716

1612

右庫

古彙 0350

1613

右庫恳（視）事

古彙 0048

1614

右騎牖（將）

古彙 0090

1615

右司工（空）

古彙 0056

1616

右司馬

古彙 0057

1617

右司馬

古彙 2717

1618

右畋

古彙 0258

1619

右宛

古彙 2719 1620 右鄂（縣）吏	古彙 2720 1621 右逸徒	印舉 1622 右旟
Yu　　古彙 5345 1623 余（餘）子	古彙 0111 1624 余（餘）子嗇夫	古彙 2406 1625 榆平
Zhan　古彙 0071 1626 戰丘司寇	Zhang　古彙 2375 1627 尚（掌）旂（旗）	古彙 2376 1628 尚（掌）旂（旗）

古彙 1824 1629	**Zhao** 古彙 1069 1630	古彙 1068 1631
掌事	肖（趙）軌（廠）器容一斗	肖（趙）賕夫（太）句（后）
Zhi 古彙 2227 1632	**Zhong** 珍秦 1633	**Zuo** 古彙 0114 1634
掫（制）司工（空）	中士	左癹（發）弦（弩）
珍秦 27.15 1635	珍秦 23.11 1636	古彙 0044 1637
左癹（發）弦（弩）	左公車宛	左棺（郭）司馬

玺集二－GY－0007	集粹 1.11	古彙 0087
1638	1639	1640
左和田	左庫尚歲	左司工（空）
古彙 0088	古彙 1654	古彙 0255
1641	1642	1643
左司工（空）	郘（左）憲襄	左宛
古彙 0256	古彙 0257	古彙 0113
1644	1645	1646
左宛	左宛	左邑登（發）弨（弩）

古彙 0109	古彙 0110	古彙 1651
1647	1648	1649
左邑余（餘）子齒夫	左邑余（餘）子齒夫	左余（餘）子
印舉	印展	古彙 0074
1650	1651	1652
左旗	左□司寇	暑晐司寇
古彙 0089	古彙 2332	古彙 0303
1653	1654	1655
萇芒左司工（空）	阡陰（陰）垯（府）	夌都蒙鄂（縣）

1656 珍秦	1657 珍秦 27.17	1658 古彙 0321
郘埜（府）	郯高（高）都	□□鼎□
1659 古彙 5483	1660 天津 29	1661 古彙 0069
□埜（府）	□□埜（府）	□奴司寇
1662 珍秦 25.14	1663 古彙 0356	
□單宛	□□信鉨（璽）	

晋系 · 私玺

An 古鉨 1449	古鉨 1448	Ba 古鉨 5597
1664	1665	1666
安幻	安戝	八百
Bai 古鉨 2152	古鉨 2151	古鉨 2150
1667	1668	1669
邰（白）罡（犢）	邰（白）琞（聖）	邰（白）瘑
集粹 2.169	古鉨 2234	古鉨 2396
1670	1671	1672
柏（白）公疒	柏（白）人大心	柏（白）身

古彙 3099 1673	新見 003 1674	Ban　古彙 1270 1675
白羊鮭	白届	半侗
古彙 1272 1676	古彙 1273 1677	古彙 1271 1678
半暲	半脂	半膑
古彙 1274 1679	古彙 1275 1680	Bei　古彙 5451 1681
半匜	半□	悲

古彙 5452 1682	古彙 2265 1683	Bi　　　　古彙 3066 1684
悲	萈羝	比酉（丙）
古彙 3069 1685	中大 63 1686	古彙 3068 1687
比沽	比戒	比猲
古彙 3067 1688	集粹 2.80 1689	Bian　　　古彙 2133 1690
比中月	算忘	鞭釚

	集粹 2.79		古彙 2233		古彙 2969
1691		1692		1693	

弁戫（且）疋		郒（弁）同		鄂（弁）□	

Bin	古彙 3324	**Bing**	集粹 2.111		古彙 2099
1694		1695		1696	

賓□		郬（邴）昌		郬（邴）夆（觸）	

	古彙 2098		古彙 2100		古彙 1926
1697		1698		1699	

郬（邴）華		郬（邴）歆		邼（并）蒼	

古彙 2567 1700 坩遏	**Bo** 古彙 3266 1701 灂（渤）匤	**Bu** 古彙 1262 1702 卜疢
古彙 1264 1703 卜緫不	古彙 1263 1704 卜坤	集粹 2.112 1705 邘（不）沽
古彙 2153 1706 邘（不）迲（去）疾	集粹 2.113 1707 邘（不）□	**Cai** 古彙 1907 1708 垩（采）筤（附）

古鉨 1909 1709	古鉨 1910 1710	古鉨 1918 1711
圣（采）固	圣（采）勑（勝）	圣（采）習臣
古鉨 1911 1712	古鉨 1908 1713	古鉨 1915 1714
圣（采）澤	圣（采）緀	鄝（采）淶（淶）
古鉨 1913 1715	古鉨 1916 1716	古鉨 1912 1717
鄝（采）貴	鄝（采）迲（去）瘠（憂）	鄝（采）陞

	古彙 1914		古彙 1917		古彙 3290
1718		1719		1720	

郛（采）盥（鑄）　　　郛（采）墅　　　　蔡興

Cang	古彙 1634		古彙 2223		古彙 5413
1721		1722		1723	

郐（蔡）巡　　　　郐（蔡）嗒　　　　頑（藏）

Cao	古彙 5415		古彙 1611		古彙 1614
1724		1725		1726	

曺（曹）　　　　　曹華　　　　　鄫（曹）綻

古璽 1613	古璽 1615	Ce 古璽 2260
1727	1728	1729
酆（曹）五月	酆（曹）彊	崇痲
Chai 古璽 4199	Chang 珍秦 55.56	古璽 0775
1730	1731	1732
疷（瘥）敬事	長餲	長邦
古璽 0776	古璽 5610	古璽 0720
1733	1734	1735
長邦	長表	長垪（缾）

古鉩 0673	古鉩 0681	古鉩 0678
1736	1737	1738
長曑（參）	長參	長車
古鉩 0863	古鉩 0764	古鉩 0705
1739	1740	1741
長車唯	長賑	長成
古鉩 0706	古鉩 0800	古鉩 0729
1742	1743	1744
長成	長成	長虫

古鉨 0803	古鉨 0804	古鉨 0664
1745	1746	1747
長逪	長逪	長牟（觸）
古鉨 0671	古鉨 0672	古鉨 0877
1748	1749	1750
長瞿（睢）	長瞿（睢）	長從
古鉨 0842	古鉨 0820	古鉨 0744
1751	1752	1753
長聽	長諫（諫）	長譽

1754　　　　古彙 0687  長大心	1755　　　　古彙 0767  長總（給）	1756　　　　古彙 0735  長貳（貳）
1757　　　　古彙 0802  長逮	1758　　　　古彙 0780  長耿	1759　　　　古彙 0670  長旦
1760　　　　古彙 0683  長得	1761　　　　古彙 0684  長得	1762　　　　古彙 0836  長狄

古璽 0862 1763	古璽 0660 1764	古璽 0661 1765
長弟原	長罕（犢）	長罕（犢）
古璽 0665 1766	古璽 0819 1767	古璽 0702 1768
長牽（犢）	長誀	長發
古璽 0839 1769	古璽 0848 1770	古璽 0658 1771
長封	長敢	長高

古鉨 0659	古鉨 0759	古鉨 0817
1772	1773	1774
長高	長庚	長沽
古鉨 0708	古鉨 0713	古鉨 0733
1775	1776	1777
長罟	長固	長國
古鉨 0838	古鉨 0737	集粹 1.50
1778	1779	1780
長和	長黑	長華

古鉨 0725	古鉨 0696	古鉨 0728
1781	1782	1783
長畫	長裹	長黃

古鉨 0750	古鉨 0715	古鉨 0854
1784	1785	1786
長黃	長慧	覎（長）逾

古鉨 0771	古鉨 0807	古鉨 0669
1787	1788	1789
長綄	長建	長交

1790　　　　　　古鉩 0843	1791　　　　　　　新鉩	1792　　　　　　古鉩 5608
長勁	長鬼（九）月	長鵑
1793　　　　　　古鉩 0782	1794　　　　　　古鉩 0783	1795　　　　　　古鉩 0781
長旬（均）	長坢（均）	長鉤（均）
1796　　　　　　古鉩 0784	1797　　　　　　古鉩 0816	1798　　　　　　古鉩 0827
長鉤（均）	長渴	長狂

古璽 0828 1799 長狂	古璽 0829 1800 長狂	古璽 0840 1801 長糩（饋）
古璽 0814 1802 長梁	古璽 0797 1803 長痲	古璽 0731 1804 長留
古璽 0845 1805 長獸（貂）	古璽 0805 1806 長遛	古璽 0751 1807 長盲

古彙 0692	古彙 0723	古彙 0821
1808	1809	1810
長悶	長母	長詰（譊）
古彙 0662	古彙 0663	古彙 0866
1811	1812	1813
長平	長平	長平
古彙 0716	古彙 0861	古彙 0860
1814	1815	1816
長奇	長啟（啓）邦	長䌓（牽）牽（犢）

1817 古彙 0777	1818 古彙 0677	1819 古彙 0856
長秦	長芄	長徒（去）疾
1820 古彙 0857	1821 古彙 0679	1822 古彙 0722
長迲（去）痪（憂）	長壬	長容
1823 古彙 0741	1824 古彙 0691	1825 古彙 0796
長疲（痴）	長窲（塞）	長瘰

珍秦 53.55 1826	古彙 0753 1827	古彙 0770 1828
長堂（上）	長少	長紹
古彙 0763 1829	古彙 0832 1830	集粹 1.52 1831
長身	長陘	長勳（勝）
古彙 0778 1832	古彙 0726 1833	古彙 0727 1834
長珵（聖）	長坶（市）	長坶（市）

古璽 0859	春秋 2005—5:41	古璽 0769
1835	1836	1837
長斁（釋）之	長守□	長綸
古璽 0680	古璽 0682	古璽 0701
1838	1839	1840
長朩	長脽	長水月
古璽 0822	古璽 0831	戰域 219−18
1841	1842	1843
長說	長隋	長隋

古彙 0801 1844 長孫	古彙 0794 1845 長疾	古彙 0688 1846 長㐫
古彙 0834 1847 長睴	古彙 0754 1848 長筴	古彙 0757 1849 長筴
新見 005 1850 長筴	古彙 0714 1851 長团	古彙 0855 1852 長亡（無）忘

古鉨 0858	古鉨 0666	古鉨 0703
1853	1854	1855
長亡（無）澤	長午	長戉
古鉨 0685	古鉨 0810	古鉨 0811
1856	1857	1858
長息	長餡（餡）	長餡（餡）
古鉨 0788	古鉨 0789	古鉨 0844
1859	1860	1861
長相如	長相如	長嘵肯

古彙 0704 1862 長戌	古彙 0791 1863 長疒	古彙 0779 1864 長翠
古彙 0748 1865 長玄	古彙 0806 1866 長巡	古彙 0792 1867 長瘍
古彙 0793 1868 長瘍	古彙 0689 1869 長怢（夜）	古彙 0690 1870 長怢（夜）

古鉥 0752	古鉥 0826	古鉥 0808
1871	1872	1873
長腋	長猗	長飲
古鉥 0785	古鉥 0786	古鉥 0787
1874	1875	1876
長嬰（瓔）	長嬰（瓔）	長嬰（瓔）
古鉥 0815	古鉥 0773	古鉥 0694
1877	1878	1879
長涅	長紻	長忬

古璽 0695	古璽 0730	古璽 0711
1880	1881	1882
長忬	長昃	長章

古璽 0736	古璽 0768	古璽 0707
1883	1884	1885
長章	長綄	長直

古璽 0847	集萃 109	古璽 0790
1886	1887	1888
長斳	長子私坿（璽）	長疒

古鉨 0686
1889

長愄

古鉨 0712
1890

長匝

古鉨 0718
1891

長匝

古鉨 0719
1892

長匝

古鉨 0869
1893

長匝

古鉨 0799
1894

長狄

古鉨 0675
1895

長皋

古鉨 0676
1896

長皋

古鉨 0717
1897

長桓

古鉨 0734	古鉨 0738	古鉨 0739
1898	1899	1900
長閟	長厔	長厔

古鉨 0740	古鉨 0743	古鉨 0772
1901	1902	1903
長厔	長斝	長練

古鉨 0809	古鉨 0812	古鉨 0813
1904	1905	1906
長簿	長鈍	長籀

古彙 0818	古彙 0825	古彙 5612
1907	1908	1909
長溫	長猷	長瘝
新見 006	珍秦 53.53	珍秦 53.54
1910	1911	1912
長豺宝	長歈	長逻
集粹 1.51	中大 171	中大 107
1913	1914	1915
長嵪	長疕	竷（長）埆

分域 264 1916 長昌	古彙 0709 1917 長□	古彙 0762 1918 長□
古彙 0841 1919 長□	古彙 0865 1920 長□□	古彙 0871 1921 長□
古彙 0875 1922 長□	璽集二－SY－0023 1923 長 □	Chen 古彙 3085 1924 臣胡

古爾 1451	古爾 1455	古爾 1454
1925	1926	1927
陳戲	陳象	陳巡

古爾 1452	古爾 1450	古爾 1453
1928	1929	1930
陳玉	陳厚	陳暴

古爾 3146	古爾 5292	集粹 2.93
1931	1932	1933
丞迪	成	成涅

1934 古彙 1315	1935 古彙 4056	1936 戰域 312−6
成逭	成公疕	成公成
1937 古彙 4053	1938 古彙 4054	1939 集粹 2.137
成公華	成公憐（樂）	成公螶（龍）
1940 古彙 5585	1941 古彙 4055	1942 甘露 16
成公筞	成公迠	成和

古彙 1313	古彙 1306	古彙 1314
1943	1944	1945
成軔	成䦧	成忠
古彙 1307	古彙 1308	古彙 1311
1946	1947	1948
成州	成屪	成㫚
古彙 1312	考報 2005—4：497	古彙 1317
1949	1950	1951
成旹月	成迈	成䆐

珍秦 43.37 1952 乘馬繡	古彙 4008 1953 乘馬章	古彙 4009 1954 乘馬暲
Chi　古彙 2602 1955 緒參	古彙 3278 1956 尺愯	Chong　古彙 2591 1957 沖青
古彙 2592 1958 沖青	古彙 2593 1959 沖青	Chou　古彙 3064 1960 犨成

古彙 3065	Chu 古彙 5658	古彙 2400
1961	1962	1963
𦀉丕	杋（楚）戒	杋（楚）兄
印典 1.347	湖南 16.80	Chuang 古彙 3277
1964	1965	1966
遽（處）更	遽（處）疾	牀慶
Chui 古彙 2408	Chun 古彙 4023	古彙 3194
1967	1968	1969
栢亡津	敦（淳）于蒼	淳于祢

古彙 3195 1970	古彙 2878 1971	Cong　　　珍秦 83.108 1972
淳于旂（旗）	厚（淳）濾	樅沽
Cuan　　　古彙 3269 1973	Da　　　古彙 3426 1974	Deng　　　古彙 3111 1975
奐（爨）諨	大成妓	等沓
集成 47 1976	古彙 1934 1977	Di　　　古彙 2087 1978
登（鄧）畫	鄧夭	郹（狄）得

古彙 2089	古彙 2088	古彙 3117
1979	1980	1981
郪（狄）内明	郪（狄）平	檴痕

古彙 3116	古彙 3115	古彙 3114
1982	1983	1984
檴坸（均）	檴旗	檴疵（瘠）

古彙 3118	Dian　古彙 2543	古彙 2541
1985	1986	1987
檴余佳	佃氏胅	佃書

古鉨 2542	Ding 古鉨 3061	Dong 古鉨 5669
1988	1989	1990
佃佗	定逋	東方閔
古鉨 3434	古鉨 2030	古鉨 2039
1991	1992	1993
東谷羕	郵（董）朗（鼻）	郵（董）病巳（已）
古鉨 2040	古鉨 2038	古鉨 1987
1994	1995	1996
郵（董）不御	郵（董）朝	郵（董）臣

1997 古彙 1990

⿰重阝（董）成

1998 古彙 2029

⿰重阝（董）犨

1999 古彙 1998

⿰重阝（董）紿

2000 古彙 2000

⿰重阝（董）得

2001 古彙 1988

⿰重阝（董）弟

2002 集粹 2.128

⿰重阝（董）虘

2003 古彙 1992

⿰重阝（董）逿

2004 古彙 1999

⿰重阝（董）庚

2005 古彙 2001

⿰重阝（董）庚

珍秦 101.142 2006	古彙 2037 2007	古彙 2004 2008
郵（董）罟	郵（董）固	郵（董）過
古彙 2021 2009	古彙 1996 2010	古彙 2006 2011
郵（董）華	郵（董）迣	郵（董）謹
古彙 2002 2012	古彙 2026 2013	古彙 2012 2014
郵（董）康	郵（董）軔	郵（董）悶

古鉨 2031	珍秦 63.72	珍秦 63.73
2015	2016	2017
郵（董）目	郵（董）涪	郵（董）慶

古鉨 2032	古鉨 1989	古鉨 2008
2018	2019	2020
郵（董）汎	郵（董）舍	郵（董）身

古鉨 2009	古鉨 2020	古鉨 2027
2021	2022	2023
郵（董）身	郵（董）書	郵（董）朿

2024 古彙 2010	2025 集粹 2.124	2026 珍秦 63.71
郵（董）侗	郵（董）文	郵（董）息
2027 古彙 2023	2028 古彙 2041	2029 古彙 2011
郵（董）戲	郵（董）相如	郵（董）忻
2030 古彙 1995	2031 古彙 1986	2032 新見 020
郵（董）巡	郵（董）菜	郵（董）乙

古鉨 2019 2033 郵（董）眘（饉）	古鉨 2014 2034 郵（董）瘖	古鉨 2017 2035 郵（董）瘖
古鉨 2016 2036 郵（董）癕	古鉨 1993 2037 郵（董）猶	古鉨 2013 2038 郵（董）閒
古鉨 1997 2039 郵（董）勻	古鉨 2025 2040 郵（董）湹	古鉨 2003 2041 郵（董）說

集粹 2.126 2042  郵（董）邾	古彙 2036 2043  郵（董）胙	古彙 1985 2044  郵（董）孿
古彙 1991 2045  郵（董）嚠	古彙 2005 2046  郵（董）鵠	古彙 2007 2047  郵（董）謪
古彙 2022 2048  郵（董）臁	古彙 2024 2049  郵（董）猲	古彙 2028 2050  郵（董）宝

2051 古彙 2035	2052 新見 021	2053 集粹 2.125
郵（董）盍	郵（董）劭	郵（董）窯
2054 新璽	2055 古彙 2015	2056 古彙 2018
郵（董）餡	郵（董）□	郵（董）厑
2057 古彙 2033	2058 古彙 2034	2059 Dou 古彙 2146
郵（董）飥	郵（董）□	郖（豆）胐

古彙 2147

2060

郖（豆）戠

古彙 2149

2061

郖（豆）左車

古彙 2148

2062

郖（豆）皀

古彙 2072

2063

鄣（竇）自（鼻）

古彙 2070

2064

鄣（竇）参

古彙 3264

2065

韋（竇）隼（雗）

古彙 2071

2066

鄣（竇）竘（均）

古彙 2069

2067

鄣（竇）苙

中大 76

2068

鄣（竇）斁（釋）之

古彙 3062	Du 古彙 3211	古彙 2594
2069	2070	2071
寶□	硪（度）質	潰足
古彙 3321	Dui 古彙 2564	Duo 古彙 3192
2072	2073	2074
罕（犢）眿（市）	垍胙	多柔留
古彙 3193	Er 古彙 5218	Fan 古彙 3296
2075	2076	2077
多柔語	邇	凡中

古鉨 2129	古鉨 3276	古鉨 2130
2078	2079	2080
酀（繁）戻	繁端	郗（繁）疟

古鉨 2169	古鉨 2173	古鉨 2171
2081	2082	2083
郱（范）羝	郱（范）固	郱（范）竘（均）

古鉨 2172	古鉨 2170	古鉨 2167
2084	2085	2086
郱（范）讓	郱（范）堂（上）	郰（范）選

2087 古彙 2166	2088 古彙 5348	2089 古彙 3417
郔（范）猶	䣩（范）子	䣩（范）弗曲尔（璽）
2090 古彙 2168	2091 古彙 2174	Fang 2092 古彙 3341
郔（范）□	郎（范）□	邡（方）梁郖
2093 古彙 2073	2094 古彙 2729	Fei 2095 古彙 3273
邡（方）疣	魴安	腗（肥）象

Fen 古彙 3431	古彙 3411	Feng 古彙 2569
2096	2097	2098
分番後	分虗（虎）癍	封寽
Fu 古彙 3126	古彙 2126	古彙 3407
2099	2100	2101
弗祆	郱（弗）苬（蔆）	悖（莆）□
珍秦 69.81	古彙 2411	古彙 2496
2102	2103	2104
迀慶	校（楅）隶	戟封

古璽 5655 2105	古璽 3109 2106	古璽 1437 2107
輔踏（堵）	簠銮	富安
古璽 1436 2108	古璽 1434 2109	古璽 1435 2110
富邦	富華	富迷
古璽 1438 2111	古璽 3036 2112	珍秦 79.100 2113
富虱	賦爾	賦轓

	珍秦 79.101		古彙 3037		古彙 3038
2114		2115		2116	
赋亡（無）□		赋粥		赋郜	

	古彙 3039	Gan	古彙 3089		古彙 5281
2117		2118		2119	
赋枂		甘皮		迁	

Gao	古彙 5319		古彙 5320		古彙 5321
2120		2121		2122	
羔		羔		羔	

2123	古鉨 5322	2124	古鉨 3091	2125	古鉨 1112
羔		羔中		高安	

2126	古鉨 1111	2127	古鉨 1106	2128	古鉨 1109
高鬻（諝）		高參		高昌	

2129	古鉨 1107	2130	古鉨 1098	2131	古鉨 1099
高乘		高赤		高虫	

古彙 1108 2132	古彙 1123 2133	古彙 1125 2134
高恩	高罞（犢）	高龤
古彙 1133 2135	古彙 1103 2136	古彙 1110 2137
高共	高畫	高褢
古彙 1129 2138	古彙 1114 2139	集粹 1.66 2140
高鈞（均）	高康	高□

古彙 1144 2141 高馬童	古彙 1132 2142 高歐	古彙 1113 2143 高慶
古彙 1104 2144 高杀（殺）	古彙 1101 2145 高身	古彙 1137 2146 高矢
古彙 1102 2147 高坿（市）	古彙 1138 2148 高歝（釋）之	珍秦 77.97 2149 高綏

2150 古彙 1105	2151 古彙 1135	2152 古彙 1117
高竪	高佗	高武
2153 古彙 1118	2154 古彙 1115	2155 古彙 1121
高瘍	高義	高癰
2156 古彙 1131	2157 集粹 1.67	2158 古彙 1124
高詗	高夯	高狥

古鉨 1100	古鉨 1119	古鉨 1120
2159	2160	2161
高皋	高瘀	高瘣

古鉨 1126	古鉨 1127	古鉨 1130
2162	2163	2164
高轄	高輴	高铊

古鉨 1134	古鉨 1136	中大 60
2165	2166	2167
高鵑	高靳	高疰

2168 　　　　古彙 1116	2169 　　　　古彙 1122	2170 　　　　古彙 3375
高□	高□	告計
Ge 　　　　古彙 2125 2171	2172 　　　　古彙 3103	2173 　　　　古彙 2263
邲（戈）堅	革膚（獻）瘡	葛遆
2174 　　　　古彙 2264	2175 　　　　古彙 3355	2176 　　　　古彙 2128
葛瞳	各遒	郤（各）罖

集粹 2.143 2177	**Gong** 珍秦 81.107 2178	古彙 3139 2179
徭（各）身角	邔（弓）申	弓襄
古彙 2109 2180	古彙 2108 2181	古彙 4068 2182
邔（弓）珸（瓔）	邔（弓）俞頭	公乘高
古彙 4069 2183	古彙 3865 2184	古彙 5574 2185
公乘畫	公孫袄	公孫帶

玺集 20f 2186	古彙 3881 2187	古彙 3877 2188
公孫緩	公孫矩	公孫鵑
古彙 3855 2189	珍秦 39.31 2190	古彙 3875 2191
公孫懍	公孫規	公孫鈒
中大 87 2192	古彙 3927 2193	古彙 3896 2194
公孫蓓	公孫犀坽（璽）	公孫喬

2195 集古 4

公孫耜

2196 古彙 3888

公孫□

2197 古彙 3889

公孫□

2198 古彙 3890

公孫□

2199 古彙 3412

公族皐

2200 集粹 2.161

公□陎

2201 古彙 1880

共粥

2202 古彙 1881

共□

Gu

2203 甘露 50

古

2204　　　　　　古彙 3097	2205　　　　　　古彙 2587	Guan　　　　　古彙 2586 2206
古公	沽（古）戻	湏果
2207　　　　　　古彙 2498	2208　　　　　　古彙 2497	2209　　　　　　古彙 3073
輨都地	輨堂（上）	輨勊（勝）
2210　　　　　　古彙 2291	Gui　　　　　集粹 2.109 2211	Guo　　　　　　古彙 2435 2212
藋壬	貴罍	椁（郭）參

古鉨 2456	珍秦 53.42	古鉨 2420
2213	2214	2215
椁（郭）迪	椰（郭）齿	椁（郭）赤
古鉨 2438	古鉨 2439	新見 009
2216	2217	2218
椁（郭）遹	椁（郭）遹	椁（郭）瞫
古鉨 2424	古鉨 2455	古鉨 2460
2219	2220	2221
椁（郭）大心	椁（郭）递	椁（郭）都

古鉨 2431 2222 椁（郭）朐	古鉨 2418 2223 椁（郭）罟	古鉨 2443 2224 椁（郭）館
古鉨 2464 2225 椁（郭）胡易	集粹 2.75 2226 㝊（郭）瘕	古鉨 2454 2227 椁（郭）肌
古鉨 2448 2228 椁（郭）疥	古鉨 2449 2229 椁（郭）鈞（均）	古鉨 2452 2230 椁（郭）軌

古彙 2453	古彙 2437	古彙 2430
2231	2232	2233
鄻（郭）輅	鄻（郭）馮	鄻（郭）慶

古彙 2441	古彙 2462	古彙 2463
2234	2235	2236
鄻（郭）娶	鄻（郭）迖（去）瘖（憂）	鄻（郭）迖（去）瘖（憂）

中大 65	古彙 2433	古彙 2436
2237	2238	2239
鄻（郭）�（瘶）	鄻（郭）身	鄻（郭）坲（市）

2240 古鉨 2422	2241 古鉨 2442	2242 古鉨 2459
椁（郭）思	椁（郭）佗	椁（郭）网
2243 古鉨 2461	2244 古鉨 2432	2245 古鉨 2425
椁（郭）忓於	椁（郭）武	椁（郭）習
2246 古鉨 2423	2247 古鉨 2426	2248 古鉨 2416
椁（郭）忻	椁（郭）窨	椁（郭）余

2249　　　　　古彙 2417	2250　　　　　湖南 8.33	2251　　　　　古彙 2429
椁（郭）余	椁（郭）章	椁（郭）暲
2252　　　　　古彙 2457	2253　　　　　古彙 2427	2254　　　　　古彙 2419
椁（郭）絘	椁（郭）朱	椁（郭）屠
2255　　　　　古彙 2421	2256　　　　　古彙 2428	2257　　　　　古彙 2434
椁（郭）臯	椁（郭）臣	椁（郭）匹

古彙 2440	古彙 2444	古彙 2445
2258	2259	2260
椁（郭）玗	椁（郭）𩵋	椁（郭）𩵋
古彙 2446	古彙 2447	古彙 2450
2261	2262	2263
椁（郭）疕	椁（郭）瘫	椁（郭）猲
古彙 2451	集粹 2.92	古彙 2458
2264	2265	2266
椁（郭）敫	椁（郭）遐	椁（郭）□

古彙 3078

2267

國適

Hai

古彙 5398

2268

亥

古彙 3468

2269

亥匋（陶）

Han

古彙 4037

2270

邯邢（鄲）得臣

新見 037

2271

鄁（邯鄲）遛

古彙 4035

2272

邯邢（鄲）暲

古彙 4034

2273

邯邢（鄲）眚月

古彙 4036

2274

邯鄲囡

璽集二-SY-0017

2275

邯馬□無

古璽 2145	古璽 2352	古璽 2348
2276	2277	2278
邯佗	韓餲	韓病

古璽 2333	古璽 4064	古璽 2345
2279	2280	2281
韓成	韓城重	韓從

古璽 2366	古璽 2368	古璽 2367
2282	2283	2284
韓得	韓得臣	韓耳

古鉩 2335	古鉩 2358	古鉩 2362
2285	2286	2287
韓旅	韓吠	韓吠

古鉩 2334	古鉩 2354	古鉩 2355
2288	2289	2290
韓晐	韓沽	韓沽

古鉩 4063	古鉩 4062	珍秦 71.84
2291	2292	2293
韓矦（侯）水月	韓矦（侯）釋之	韓慧

2294　　　　　新見 011	2295　　　　　古彙 2359	2296　　　　　集粹 2.90
韓君	韓夠（均）	韓力
2297　　　　　古彙 2339	2298　　　　　古彙 2340	2299　　　　　古彙 2341
韓莫	韓慶	韓慶
2300　　　　　古彙 2365	2301　　　　　古彙 2357	2302　　　　　古彙 2336
韓慶	韓堂（上）	韓身

2303 古彙 2342	2304 古彙 2370	2305 古彙 2356
韓堅	韓亡（無）澤	韓戲
2306 古彙 2371	2307 古彙 2350	2308 古彙 2351
韓向子　韓志	韓巡	韓巡
2309 古彙 2364	2310 古彙 2360	2311 古彙 2338
韓悆（夜）	韓覭（瓔）	韓縈

战国玺印

古彙 2369
2312

韓鄅幨（幍）

古彙 2344
2313

韓裷

古彙 2361
2314

韓疗

古彙 2353
2315

韓足

古彙 2343
2316

韓壄（野）

古彙 2346
2317

韓䳕

古彙 2347
2318

韓𤸰

古彙 2349
2319

韓䎎

古彙 2363
2320

韓𡥈

古彙 2337 2321	He 古彙 1874 2322	古彙 1875 2323
韓□	和豐	和筐（附）
古彙 1876 2324	古彙 1878 2325	古彙 1877 2326
和禺	和語（禦）瘤（憂）	和癥
古彙 1879 2327	古彙 2547 2328	古彙 2524 2329
秎（和）騥	何遉	狢（貉）胖

古彙 2742	古彙 2738	古彙 2741
2330	2331	2332
盍夐（爨）	盍法	盍訶

古彙 2739	古彙 2743	古彙 2740
2333	2334	2335
盍熖（焰）	盍廌	盍睗

Heng　　古彙 2675	古彙 2136	訒庵 55
2336	2337	2338
恒昌	耴（恒）洀	恒竪

2339　　　　　古鉥 3240	2340　　　　　古鉥 3270	Hou　　2341　古鉥 1070
恒陽	牼（恒）遊	矦（侯）臣
2342　　　　　　印展	2343　　　　　古鉥 1092	2344　　　　　古鉥 1074
矦（侯）丑	矦（侯）耿	矦（侯）得
2345　　　　　古鉥 1097	2346　　　　　古鉥 1085	2347　　　　珍秦 95.130
矦（侯）弟原	矦（侯）洱	矦（侯）坶（均）

古彙 1072 2348	古彙 1083 2349	古彙 1081 2350
矣（侯）買	矣（侯）迷	矣（侯）箇
古彙 1091 2351	古彙 1089 2352	古彙 1096 2353
矣（侯）譙	矣（侯）獣	矣（侯）日右
古彙 1090 2354	古彙 1075 2355	古彙 1071 2356
矣（侯）鏶（鏶）	矣（侯）堂（上）	矣（侯）矢

2357 古彙 1084	2358 古彙 1080	2359 古彙 1086
夨（侯）湯	夨（侯）笧	夨（侯）沱
2360 古彙 1073	2361 古彙 1082	2362 古彙 1095
夨（侯）聞	夨（侯）巡	夨（侯）獟
2363 古彙 1093	2364 古彙 1078	2365 古彙 1094
夨（侯）斀	夨（侯）寅	夨（侯）䫼（瓔）

古彙 1076 2366	古彙 1088 2367	古彙 1077 2368
矦（侯）暶	矦（侯）疒	矦（侯）暑
古彙 1079 2369	古彙 1087 2370	集粹 1.56 2371
矦（侯）莆	矦（侯）痳	矦（侯）罍
Hu 伏盧 12 2372	古彙 1301 2373	古彙 2735 2374
狐青	胡法	胡窑（陶）不脂

古鉨 2737 2375 胡窑（陶）鼗（地）	古鉨 2736 2376 胡窑（陶）犀	古鉨 3569 2377 胡女（毋）先
古鉨 1302 2378 胡暑戲	古鉨 2214 2379 胡疤	古鉨 3056 2380 虙（虎）丘鼗（地）
古鉨 3433 2381 虙（虎）丘痎	古鉨 2869 2382 瓜（扈）希（蔡）	古鉨 2868 2383 扈市

2384　　　　　　古鉨 3339	2385　　　　　　古鉨 2867	**Hua**　　　　古鉨 5448 2386
扈湯	扈覭	華
Huan　　　古鉨 3072 2387	2388　　　　　　古鉨 3373	**Huang**　　　古鉨 1283 2389
鐶兔	幻廣（廧）	皇迪
2390　　　　　　古鉨 1284	2391　　　　　　古鉨 1282	**Hui**　　　　古鉨 5409 2392
皇得	皇甹	會

2393 　　　　　古彙 3343	2394 Huo 　　　古彙 3364	2395 　　　　　古彙 2275
會言	火□	藿（霍）旦
2396 　　　　　古彙 2272	2397 　　　　　珍秦 15.39	2398 　　　　　古彙 2273
藿（霍）得	藿（霍）闋（闁）智	藿（霍）平
2399 　　　　　古彙 2266	2400 　　　　　古彙 2268	2401 　　　　　古彙 2267
藿（霍）陞（升）	藿（霍）朿	藿（霍）筮

古彙 2270 2402	古彙 2269 2403	古彙 2274 2404
蒮（霍）余	蒮（霍）瘦	蒮（霍）玕
集粹 2.156 2405	古彙 2271 2406	古彙 2276 2407
蒮（霍）圦	蒮（霍）□	蒮（霍）□
古彙 2300 2408	Ji　　　　古彙 3378 2409	古彙 2124 2410
蒦（獲）亡（無）智	吉陰	邚（汲）疣

2411　　　　　古彙 2212	2412　　　　　古彙 2373	2413　　　　　古彙 2374
邯公子耳	乾（戟）梁	乾（戟）劈（彊）
2414　　　　　古彙 2372	2415 Jia　　　　古彙 5341	2416　　　　　古彙 2986
乾（戟）鮓	家	賈赤
2417　　　　　古彙 2989	2418　　　　　古彙 2992	2419　　　　　古彙 2990
賈從	賈貳	賈晐

古彙 3014	古彙 3009	古彙 2998
2420	2421	2422
賈沽	賈咼上	賈瘕
古彙 3003	古彙 3021	古彙 3001
2423	2424	2425
賈竭	賈阱	賈九女（如）
新見 012	古彙 3018	古彙 3019
2426	2427	2428
賈君	賈竘（均）	賈竘（均）

古彙 3012	古彙 3020	古彙 3025
2429	2430	2431
賈狂	賈綌（綌）	賈莫臣

分域 350	古彙 2991	集粹 2.76
2432	2433	2434
賈洀	賈堂（上）	賈申

古彙 2994	古彙 1194	古彙 3011
2435	2436	2437
賈勅（勝）	賈氏	賈坿（市）

2438　　　　　　　古彙 3015	2439　　　　　　　古彙 2988	2440　　　　　　　古彙 2996
賈眠	賈筞	賈戲
2441　　　　　　　古彙 2987	2442　　　　　　　古彙 3023	2443　　　　　　　古彙 3010
賈行	賈巽	賈耴
2444　　　　　　　古彙 3007	2445　　　　　　　集粹 2.77	2446　　　　　　　古彙 3024
賈䚄（瓔）	賈豫	賈右車

古鉨 3000 2447	古鉨 3006 2448	古鉨 3002 2449
賈痄	賈鮓	賈汋
古鉨 5631 2450	古鉨 5632 2451	古鉨 2993 2452
賈穀	賈劻	賈鄢
古鉨 2995 2453	古鉨 2999 2454	古鉨 3004 2455
賈臾	賈疒	賈逯

2456	古彙 3005	2457	古彙 3008	2458	古彙 3016
賈遬		賈聑		賈偛	

2459	古彙 3017	2460	古彙 2997	2461	古彙 3013
賈偛		賈□		賈□	

2462	古彙 3022	2463 Jiang	古彙 2590	2464	古彙 1292
賈□		江㥛		姜敬	

2465 古彙 3303	2466 古彙 1293	2467 古彙 3180
姜昧	姜□	匠繰

2468 古彙 3187	2469 Jiao 古彙 2076	2470 古彙 2078
匠閉	鄬（焦）坤	鄬（焦）身

2471 集粹 2.121	2472 集粹 2.122	2473 古彙 2075
鄬（焦）𣏚	鄬（焦）窑（陶）	鄬（焦）閒

集粹 2.123 2474	古彙 2074 2475	古彙 2077 2476
鄸（焦）覨（瓔）	鄸（焦）汋	鄸（焦）肉
古彙 2080 2477	古彙 2079 2478	古彙 5680 2479
鄸（焦）晞	鄸（焦）□	鄸（焦）□身（信）鉨（璽）
Jie　古彙 1389 2480	古彙 1387 2481	古彙 1390 2482
桀黑牛	桀莫	桀莫竖

古鉨 1388 2483	Jin　　　古鉨 3289 2484	Jing　　　古鉨 2327 2485
桼疢	金厽（参）又	陛（邢）藿
古鉨 1898 2486	古鉨 1891 2487	古鉨 1902 2488
陛（邢）啝	陛（邢）謹	陛（邢）啾
印展 2489	古鉨 1895 2490	古鉨 1892 2491
陛（邢）上佗	陛（邢）思	陛（邢）忐

2492　　　　古彙 1899	2493　　　　古彙 1894	2494　　　　古彙 1897
陞（邦）巡	陞（邦）豫	陞（邦）痄
2495　　　　古彙 1890	2496　　　　古彙 1893	2497　　　　古彙 1896
陞（邦）玕	陞（邦）庿（窨）	陞（邦）皁
2498　　　　古彙 2328	2499　　　　古彙 2545	2500　Jiu　　古彙 5407
陞（邦）□	斝（邦）□	九

2501	古彙 3446	2502 Ju	古彙 2143	2503	古彙 2060
九矦（侯）陸		郮（駒）直		郇（句）軵（觸）	
2504	古彙 2059	2505	古彙 2061	2506	古彙 2063
郇（句）康		郇（句）水月		郇（句）閒	
2507	古彙 2062	2508	古彙 2058	2509	集粹 2.117
郇（句）卬		郇（句）瘀		郇（句）孖	

Juan 古彙 2595	古彙 2596	Ka 古彙 3473
2510	2511	2512
記（涓）櫟	記（涓）無忌	卡□
kan 古彙 2213	kong 古彙 3978	古彙 3973
2513	2514	2515
鄑（闞）妹	空侗訑	空侗羝
古彙 3977	古彙 3982	類編
2516	2517	2518
空侗瘯	空侗淺	空侗鵑

2519	古彙 3979	2520	印典 1.665	2521	古彙 3975
	空侗釚		空侗皮		空侗聞

2522	古彙 3976	2523	古彙 3972	2524	古彙 3974
	空侗襄		空侗脂		空侗猲

2525	中大 88	2526	集粹 2.166	2527	古彙 3981
	空侗敲		空桐（侗）□		空侗□

Ku 古彙 4049	古彙 4052	古彙 4050
2528	2529	2530
枯（苦）成臣	枯（苦）成鷟	枯（苦）成戌
古彙 4051	Lan 古彙 2255	Lao 中大 37
2531	2532	2533
枯（苦）成盦（臧）	萊（蘭）固	宇（牢）它人
古彙 4693	Le 古彙 1374	古彙 1373
2534	2535	2536
老□	樂蒿	樂華

古彙 1378 2537	古彙 1375 2538	古彙 1377 2539
樂慧	樂建	樂良
古彙 1376 2540	古彙 1369 2541	古彙 1367 2542
樂虐	樂秦	樂身
珍秦 95.132 2543	古彙 1379 2544	古彙 1385 2545
樂坿（市）	樂縮	樂亡（無）忌

古彙 1371	古彙 1372	古彙 1368
2546	2547	2548
樂喜	樂喜	樂戲
古彙 1382	古彙 1370	古彙 1380
2549	2550	2551
樂猗	樂忠	樂陞（迿）
古彙 1381	古彙 1383	古彙 5647
2552	2553	2554
樂陞	樂劼	樂雫

珍秦 95.131	Lei 新見 177	古彙 2588
2555	2556	2557
樂粒	瘣	泪臘
古彙 2589	Li 集粹 2.149	古彙 3119
2558	2559	2560
泪守	酨	離平
古彙 1885	古彙 1883	古彙 1884
2561	2562	2563
酆（豐）成鈊（璽）	豐歇	酆（豐）歇

2564 古彙 2710	2565 古彙 2711	Lian 2566 古彙 1923
利髙	利脫	邽（廉）華
2567 古彙 1921	2568 古彙 1922	2569 古彙 1920
坴（廉）邁	坴（廉）邁	坴（廉）吳
2570 古彙 1919	2571 古彙 3218	Liang 2572 古彙 1696
坴（廉）學	煐瘱	亮垍逍

2573　　　　　　　　　古彙 1694	2574　　　　　　　　　古彙 1692	2575　　　　　　　　　古彙 1695
亮瘟	亮襄	亮亡（無）塊（畏）
2576　　　　　　　　　古彙 1697	2577　　　　　　　　　古彙 1693	2578　　　　　　　　　古彙 1698
鄗（亮）遊	亮疸	亮皋
2579　　　　　　　　　古彙 3063	2580　　　　　　　　　古彙 2293	2581　　　　　　　　　古彙 1710
㝅（良）鳴	莨（良）說	鄝（梁）酉（丙）

古鉨 1700 2582 郏（梁）遆	集粹 2.172 2583 郏（梁）城紹	古鉨 1705 2584 郏（梁）墨（地）
古鉨 1703 2585 郏（梁）㸚（犢）	古鉨 1706 2586 郏（梁）㸚（犢）	古鉨 1701 2587 郏（梁）氜（匀）
集粹 2.115 2588 郏（梁）謹	古鉨 1712 2589 郏（梁）宲母	古鉨 1699 2590 郏（梁）莫

古彙 1704 2591	珍秦 87.118 2592	古彙 1702 2593
郛（梁）譊	郛（梁）閒	郛（梁）休
古彙 1711 2594	集粹 2.130 2595	古彙 1709 2596
郛（梁）瘍	郛（梁）昱	郛（梁）暲
古彙 1707 2597	古彙 1708 2598	集粹 2.131 2599
郛（梁）疢	郛（梁）餾	郛（梁）畚

Liao 古彙 2649	古彙 2647	古彙 2645
2600	2601	2602
瘳（廖）酉（丙）	瘳（廖）罕（犢）	瘳（廖）疵
古彙 2646	古彙 2648	古彙 2644
2603	2604	2605
瘳（廖）胐	瘳（廖）康	瘳（廖）暲
Lin 古彙 2657	古彙 2659	集粹 2.142
2606	2607	2608
閔（藺）朝	閔（藺）脊	閔（藺）□

古彙 2658 2609	古彙 2655 2610	古彙 2661 2611
閔（藺）湯	閔（藺）縮	閔（藺）徍（之）
Ling 古彙 2638 2612	古彙 2636 2613	古彙 2637 2614
霝（靈）城弟	霝（靈）遹	霝（靈）焆（焰）
古彙 3987 2615	古彙 3986 2616	珍秦 41.33 2617
令狐買	令狐佗	命（令）狐瘩

Liu　　　　古彙 3268 2618 釜（劉）旗	古彙 3284 2619 劅（劉）山	Long　　　古彙 2731 2620 蠪（龍）鲞
古彙 3058 2621 寵（龍）予	古彙 2730 2622 蠪（龍）□	Lu　　　　古彙 3328 2623 盧尚
古彙 2107 2624 鄜（盧）武	古彙 2106 2625 鄜（盧）瘍	古彙 1594 2626 魯安

2627　　　　　　　　　古鉩 2	2628　　　　　　　　古鉩 1596	2629　　　　　　　珍秦 85.112
魯黄	魯車右	輅狐
2630　　　　　　　　古鉩 2494	2631　　　　　　　　古鉩 2495	2632　　　　　　　　古鉩 2493
輅角	輅角	輅朱
2633　　　　　　　　古鉩 2491	2634　　　　　　　　古鉩 2492	2635　Lü　　　　　　古鉩 1642
輅疽	輅宎	邵（吕）肥

古彙 1639 2636	集粹 1.55 2637	古彙 1636 2638
吕暲	吕族	吕宾
古彙 1637 2639	古彙 1638 2640	古彙 3212 2641
吕疕	吕□	忌（慮）之
Luan 古彙 2535 2642	古彙 2538 2643	古彙 2505 2644
鑾（欒）緿（給）	鑾（欒）得	鑾（欒）缶

2645 古彙 2536	2646 古彙 2676	2647 古彙 2122
繺（鑾）启	戀（鑾）睪（釋）之	鑾（鑾）椻
2648 古彙 2537	2649 古彙 2506	2650 古彙 2503
繺（鑾）笨	鑾（鑾）亡（無）忌	鑾（鑾）舀（牙）
2651 古彙 2123	2652 古彙 2504	2653 Luo 古彙 3262
鑾（鑾）諭	鑾（鑾）窯	羍（犖）晐

古彙 3300 2654 羍（犖）咳	集粹 2.129 2655 郓（犖）縮	古彙 2643 2656 雩达（去）疾
古彙 2641 2657 雩脩	古彙 2640 2658 雩雫	古彙 2642 2659 雩竧
Ma 古彙 2876 2660 麻緣	古彙 2292 2661 蔴和	古彙 4089 2662 馬師休

古彙 4078 2663	古彙 4075 2664	古彙 4077 2665
馬是（氏）疧（瘂）	馬是（氏）遧	馬是（氏）湯
古彙 3297 2666	古彙 4076 2667	古彙 4079 2668
馬是（氏）興	馬是（氏）□	馬帝（適）貴
古彙 4080 2669	古彙 4084 2670	古彙 4081 2671
馬帝（適）迹	馬帝（適）鉤（均）	馬帝（適）堂（上）

古彙 4087 2672	古彙 4085 2673	古彙 4083 2674
馬帝（適）午	馬帝（適）憲	馬帝（適）巡
古彙 4088 2675	古彙 4082 2676	古彙 4086 2677
馬帝（適）右車	馬帝（適）歙圢（璽）	馬帝（適）衰
古彙 1553 2678	Mang 古彙 2116 2679	古彙 2117 2680
馬子私鈢（璽）	郚（邙）笒	郚（邙）訢

2681　　　　　集粹 2.120	2682　　　　　古彙 2114	2683　　　　　古彙 2115
邙窨	邙狄	邙□
2684　　　　　古彙 2248	2685　Mao　　古彙 2120	2686　　　　　古彙 2119
芒都	㲰（毛）娃	㲰（毛）義
2687　　　　　古彙 2118	2688　　　　　古彙 3257	2689　Men　　古彙 4000
㲰（毛）遇	貿□	門和袄

古彙 2662	Meng　古彙 3282	古彙 2178
2690	2691	2692
閏（門）絲（聯）	蒙胡剔	鄳（蒙）□
古彙 1350	古彙 1357	古彙 1345
2693	2694	2695
孟被	孟茵（蔥）	孟壓（地）
古彙 1342	古彙 1352	古彙 1343
2696	2697	2698
孟雚	孟華	孟畫

古鉨 1346	古鉨 1354	古鉨 1351
2699	2700	2701
孟釩	孟聞	孟戲

古鉨 1347	古鉨 1358	古鉨 1360
2702	2703	2704
孟餡（餡）	孟襄	孟俞頭

古鉨 1361	古鉨 1353	古鉨 3348
2705	2706	2707
孟俞頭	孟月	孟子

2708　　　　　　　古彙 1349	2709　　　　　　　古彙 1344	2710　　　　　　　古彙 1356
孟扎	孟皋	孟懷
2711　　　　　　　古彙 1355	Mu　　2712　　　古彙 1936	2713　　　　　　　古彙 1938
孟□	母㙾（地）	母巡
2714　　　　　　　古彙 1937	2715　　　　　　　古彙 2393	2716　　　　　　　古彙 2608
母㾊	木從得	木縱（從）鷔（離）

古璽 2395	古璽 2394	古璽 2409
2717	2718	2719
木從午	木從夕	絑策
Nei　　　　古璽 5338	Ni　　　　古璽 2217	古璽 2127
2720	2721	2722
内	郳敼	郳鈶（圯）
古璽 2757	古璽 2754	古璽 2755
2723	2724	2725
昏（昚）馬	昏（昚）芕	昏（昚）綰

2726 古彙 2756	2727 珍秦 89.119	2728 Nie 古彙 2261
香（香）縮	香行	薛庚
2729 Niu 古彙 1210	2730 古彙 1203	2731 古彙 1214
牛必月	牛璧	牛昌
2732 古彙 1212	2733 古彙 1207	2734 古彙 1202
牛得	牛购	牛伍

古鉨 1208 2735 牛脊	古鉨 5662 2736 牛弱（勞）	古鉨 1204 2737 牛留
古鉨 1221 2738 牛疭（痴）	古鉨 1215 2739 牛珵（聖）	古鉨 1218 2740 牛豖褱
古鉨 1211 2741 牛綰	古鉨 1206 2742 牛閭	古鉨 1213 2743 牛瘍

古彙 1217 2744	古彙 1220 2745	古彙 1216 2746
牛義	牛瞉	牛縤
古彙 1209 2747	古彙 2331 2748	Nong 古彙 3145 2749
牛□	阩痀（去）痞（憂）	衷（弄）處
古彙 2871 2750	集粹 1.70 2751	古彙 2870 2752
辰（弄）繡	弄（弄）敢	辰（弄）留

2753 　　　　古彙 2874	2754 　　　　古彙 3144	2755 　　　　古彙 2873
厎（弄）戲	戙（弄）腏	厎（弄）鎗
2756 　　　　中大 38	**Nu** 2757 　　　古彙 2753	2758 　　　　古彙 2752
开（弄）猋	弩肙（鼻）	弩華
Ou 2759 　　　古彙 2523	**Pan** 2760 　　　古彙 1657	2761 　　　　古彙 1659
駆（軀）慶	番丑	番角

2762 古彙 1656	2763 古彙 2141	2764 古彙 1660
番瘤	鄱（番）舜（受）	鄱（番）疟
Ping 2765 古彙 2967	2766 古彙 2950	2767 古彙 2952
粤（平）安	粤（平）鞭	粤（平）耳
2768 古彙 2953	2769 古彙 2965	2770 古彙 2964
粤（平）耳	粤（平）筐（附）	粤（平）沽

集粹 2.102	古璽 2954	珍秦 75.94
2771	2772	2773
嘳（平）沽	粤（平）襄	粤（平）霤
古璽 2963	古璽 2949	古璽 2955
2774	2775	2776
粤（平）釿	粤（平）梁	粤（平）慶
古璽 2962	古璽 2959	古璽 2961
2777	2778	2779
粤（平）絵	粤（平）武	粤（平）戲

2780　　　　　　　古彙 2951	2781　　　　　　　古彙 3472	2782　　　　　　　古彙 2957
粤（平）窖	粤（平）子	粤（平）鍏
2783　　　　　　　古彙 2958	2784　　　　　　　古彙 2960	2785　　　　　　　古彙 2966
粤（平）舾	粤（平）邸	粤（平）瘠
2786　　　　　　　古彙 2968	2787　　　　　　　古彙 2956	Qi　　　　　　　　古彙 1680　　2788
粤（平）剝豕	粤（平）□	奇加

古鉨 1684	古鉨 1685	古鉨 1686
2789	2790	2791
奇踦	奇慶	踦(奇)疤
古鉨 1681	古鉨 1682	古鉨 1683
2792	2793	2794
奇匜	奇晞	奇儀
古鉨 1687	古鉨 2653	集粹 2.119
2795	2796	2797
郤(奇)暑	疠(痕)子	邳(元)疴

古彙 2113	古彙 4005	古彙 4004
2798	2799	2800
邳（元）狻	丌（綦）母（毋）不敬	丌（綦）母（毋）宫

古彙 4003	古彙 4002	古彙 4001
2801	2802	2803
丌（綦）母（毋）鴟（舊）	丌（綦）母（毋）燃	丌（綦）母（毋）直

古彙 4006	古彙 1602	古彙 1604
2804	2805	2806
丌（綦）母（毋）□	鄒（齊）安	鄒（齊）固

古彙 1606	古彙 1608	古彙 1609
2807	2808	2809
郮（齊）駒	郮（齊）買	郮（齊）賢
古彙 1607	古彙 1601	古彙 1610
2810	2811	2812
郮（齊）縈	郮（齊）匀	郮（齊）質
古彙 1603	古彙 1605	古彙 2388
2813	2814	2815
郮（齊）䭠	郮（齊）瘖	㫃（旗）蒼

珍秦 93.128 2816  旃（旗）姮	古彙 2386 2817  旃（旗）牢	古彙 2389 2818  旃（旗）聯
古彙 2387 2819  旃（旗）紹	古彙 2391 2820 旃（旗）紹	集粹 2.104 2821 旃（旗）義
古彙 2390 2822  旃（旗）猲	古彙 2582 2823 攸（啟）買	古彙 2579 2824  坒（啟）啟

2825 古彙 2577	2826 古彙 2580	2827 古彙 2578
坒（啟）閒	坒（啟）中綵	坒（啟）糧
2828 古彙 2576	2829 Qian 古彙 2144	2830 珍秦 83.110
坒（啟）誧	邗（千）殈	蠠（蟁）旱（旦）
2831 古彙 2945	2832 古彙 2944	2833 古彙 2584
蠠（蟁）叚	蠠（蟁）□	潛固

古彙 2585 2834	Qiang　　　古彙 3409 2835	古彙 2544 2836
潛劼	羌□	彊湔（灈）
Qiao　　　古彙 5635 2837	Qie　　　古彙 2156 2838	古彙 2162 2839
喬肝	鄐（郍）從	鄐（郍）筐（附）
古彙 2163 2840	古彙 2164 2841	集粹 2.116 2842
鄐（郍）亡墜（地）	鄐（郍）繯	鄐（郍）諫（諫）

古彙 2161 2843	古彙 2159 2844	古彙 2158 2845
鄐（郋）坡（坡）	鄐（郋）身	鄐（郋）筴
古彙 2160 2846	古彙 2165 2847	古彙 2155 2848
鄐（郋）胙	鄐（郋）平	鄐（郋）諯
古彙 2157 2849	Qin　　古彙 1633 2850	中大 18 2851
鄐（郋）欥	秦痝	秦鳴

2852 古彙 1635	2853 古彙 1630	2854 古彙 1631
秦是	秦罜（穗）	秦戲
2855 中大 57	2856 古彙 1629	2857 古彙 1632
秦閒	秦窯	秦汋
Qing 2858 古彙 3070	2859 古彙 3071	Qiu 2860 古彙 2294
慶沽	慶遇	芁益（夷）晞

印典 3.1777	古彙 2104	古彙 2105
2861	2862	2863
求徒	郝（裴）參	郝（裴）□
Qu 古彙 5312	**Qun** 集粹 2.165	**Ren** 古彙 3292
2864	2865	2866
區	囷石關	仁鵑
古彙 0491	古彙 5265	古彙 3308
2867	2868	2869
壬尚	邘（任）	衽（任）褖

2870　　　　　　古玺 2054	2871　　　　　　古玺 2055	Rong　　　　　古玺 1447 2872
邘（任）裳	邘（任）胴	容蠡（豩）
2873　　　　　　古玺 1445	2874　　　　　　古玺 1446	Rou　　　　　　古玺 3420 2875
容文	容□	柔陽胖
San　　　　　古玺 2245 2876	Sang　　　　　古玺 3272 2877	古玺 3271 2878
邲（三）鄑蒼	喪（桑）椕（楚）	喪（桑）丁

Sao	古彙 3334	Shan	古彙 2137	Shang	南海 3

2879　　　　　　　　　2880　　　　　　　　　2881

潃柁　　　　　　　塦（單）疢（癡）　　　　　　商沽

	古彙 2548		古彙 4073		古彙 3549

2882　　　　　　　　　2883　　　　　　　　　2884

傷（傷）子　　　　　上郑（采）舸　　　　　　崇（上）谷墬（地）

	古彙 3968		古彙 3967		古彙 3969

2885　　　　　　　　　2886　　　　　　　　　2887

上官得　　　　　　　上官黑　　　　　　　上官募

古鉨 3971	集粹 2.160	古鉨 3970
2888	2889	2890
上官曼	上官畜（牙）	上官□
古鉨 3150	古鉨 3149	新鉨
2891	2892	2893
堂（上）華	堂（上）鮮	上子
Shao　　　古鉨 3404	Shen　　　古鉨 2574	古鉨 1297
2894	2895	2896
少曲敢	蚰（申）成息	申癡

古彙 1295 2897	古彙 1294 2898	古彙 2625 2899
申襄	申若	申屠閦
古彙 1296 2900	集粹 2.78 2901	Shi　　　　古彙 3204 2902
申疢	申瘇	帀（師）瞿（睢）
集粹 2.158 2903	古彙 3203 2904	古彙 3205 2905
帀（師）龍	帀（師）疲	帀（師）昃

古鉨 3202 2906	古鉨 3206 2907	古鉨 1155 2908
币（師）莨	币（師）肵	石遹
古鉨 1158 2909	古鉨 1150 2910	中大 35 2911
石狗	石龙	石迲（去）疾
古鉨 5600 2912	古鉨 1161 2913	古鉨 4696 2914
石迲（去）瘖（憂）	石迲（去）痄	石人

古鉩 1153 2915 石坼（市）	古鉩 1160 2916 石湯	古鉩 1151 2917 石息
古鉩 1157 2918 石戲	古鉩 1159 2919 石靮	古鉩 1154 2920 石遊
古鉩 1152 2921 石臾（矏）	古鉩 1156 2922 石媨	古鉩 1163 2923 石趺

古彙 2231

2924

鄁（時）馬重（童）

新璽

2925

士�POSITION

古彙 5182

2926

事

古彙 5183

2927

事

古彙 5184

2928

事

古彙 5185

2929

事

古彙 5186

2930

事

A 珍秦 61.69

2931

事安

B 古彙 1810

2932

事邦

2933　　　　　古鉨 1811	2934　　　　　古鉨 1727	2935　　　　　古鉨 1837
事邦	事鞭	事博
C　2936　　　珍秦 57.62	2937　　　　　古鉨 1726	2938　　　　　集粹 2.85
事丞	事處	事柣（楚）
2939　　　　　珍秦 61.67	2940　　　　　古鉨 1842	D　2941　　　古鉨 1834
事疵	事㿟	事繍

古玺 1869	古玺 1732	古玺 4712
2942	2943	2944
事耿	事旦	事得

古玺 1793	古玺 1724	古玺 1782
2945	2946	2947
事琢（地）	事丁	事瘅

E 古玺 1761	F 古玺 1825	古玺 1846
2948	2949	2950
事贰（贰）	事軛（範）	事軛（範）

古鉥 1744	古鉥 1797	G　　　　古鉥 1849
2951	2952	2953
事肥	事封	事耿

古鉥 1741	古鉥 1776	古鉥 1729
2954	2955	2956
事共	事沽	事罟

古鉥 1791	古鉥 1751	H　　　　古鉥 1754
2957	2958	2959
事瘠	事貴	事華

古彙 1742 2960	集古 37 2961	古彙 1852 2962
事裹	事裹（圜）	事隹
古彙 1731 2963	古彙 1844 2964	古彙 1753 2965
事瘂	事喟	事慧
新璽 2966	J 古彙 1730 2967	古彙 3619 2968
事袄	事脊	事吉

2969 古彙 1728	2970 珍秦 59.64	2971 集粹 5.475
事角	事疫	事屈
2972 古彙 1841	2973 古彙 1832	2974 古彙 1763
事釿月	事居	事距
2975 古彙 1721	2976 古彙 1794	2977 古彙 1795
事君	事均（均）	事均（均）

古彙 1796	K 古彙 1836	古彙 1771
2978	2979	2980
事垧（均）	事康	事康
古彙 1817	古彙 1792	L 古彙 1736
2981	2982	2983
事狂	事坤	事力
古彙 1718	古彙 1778	古彙 1785
2984	2985	2986
事戒	事梁	事痂

古彙 1853	古彙 1822	古彙 1769
2987	2988	2989
事劉（劉）	事龍	事羅

M　　　古彙 1864	古彙 1833	新見 015
2990	2991	2992
事買氏	事毛肥	事莪

古彙 1767	N　　　古彙 1803	古彙 5622
2993	2994	2995
事明	事讀	事阮脊

P 古玺 1714 2996	Q 古玺 1800 2997	古玺 1737 2998
事平	事譙	事秦
R 古玺 1799 2999	S 古玺 1857 3000	古玺 1865 3001
事讓	事上高	事上高
古玺 1752 3002	古玺 1862 3003	古玺 1835 3004
事上高	事少臣	事紹

古彙 1735 3005	古彙 1820 3006	古彙 1858 3007
事坿（市）	事睪（釋）	事睪（釋）瘑（憂）
古彙 1863 3008	古彙 1717 3009	古彙 1719 3010
事釋之	事疋	事竪
古彙 1745 3011	古彙 1804 3012	古彙 1770 3013
事脽	事譩（誰）	事閖　閖

珍秦 61.68	古彙 1830	集粹 2.83
3014	3015	3016
事閑	事楒	事隨

T　　　　古彙 1775	集古 37	古彙 1762
3017	3018	3019
事滔	事同	事筞

古彙 1774	W　　　　集粹 2.84	古彙 1764
3020	3021	3022
事沱	事往	事五鹿

古鉨 1716 3023	古鉨 1757 3024	古鉨 1758 3025
事午	事武	事武
古鉨 1759 3026	X　　古鉨 1723 3027	古鉨 1740 3028
事武	事夕	事息
古鉨 1765 3029	戰域 257-27 3030	古鉨 1756 3031
事戲	事戲	事閒

古彙 1798	古彙 1749	古彙 1748	
3032	3033	3034	
事說	事憲	事憲	
古彙 1826	古彙 1738	古彙 1859	
3035	3036	3037	
事餡（餡）	事虔（獻）	事相如	
古彙 1860	古彙 1861	古彙 1845	
3038	3039	3040	
事相如	事相如	事伓（休）	

3041 　　　　　分域 403	3042 　　　　　古彙 1777	**Y** 3043 　　　　　古彙 1838
事誋（許）	事泆	事欥（訏）
3044 　　　　　古彙 1813	3045 　　　　　古彙 1784	3046 　　　　　集粹 2.87
事鄖	事瘍	事瘍
3047 　　　　　古彙 5621	3048 　　　　　集粹 2.86	3049 　　　　　古彙 1733
事夭	事瘖	事寅

古彙 1840 3050	古彙 1789 3051	古彙 1827 3052
事覣（瓔）	事癰	事猶
古彙 1808 3053	集古 37 3054	古彙 1801 3055
事遊	事右車	事諜（誘）
古彙 1725 3056	古彙 1818 3057	古彙 1831 3058
事余（餘）子	事駥（御）	事豫

3059 古彙 1839	3060 古彙 1779	3061 乙 古彙 1715
事豫	事淵	事乍
3062 古彙 1781	3063 古彙 1821	3064 古彙 1746
事怍	事鮓	事暲
3065 古彙 1747	3066 中大 57	3067 戰域 258-8
事暲	事政	事直

古玺 1722 3068	古玺 1855 3069	古玺 1773 3070
事州	事舟	事子
集粹 2.88 3071	古玺 3333 3072	古玺 1720 3073
事子	事子私鉨（鉩）	事妻
古玺 1734 3074	古玺 1739 3075	古玺 1743 3076
事夏	事學	事厩

古彙 1750	古彙 1755	古彙 1768
3077	3078	3079
事區	事劋	事羉
古彙 1780	古彙 1783	古彙 1786
3080	3081	3082
事疝	事虓	事瘀
古彙 1787	古彙 1788	古彙 1790
3083	3084	3085
事瘫	事癘	事瘅

古彙 1802 3086	古彙 1805 3087	古彙 1806 3088
事諵	事遉	事遉
古彙 1807 3089	古彙 1812 3090	古彙 1816 3091
事遉	事郖	事獢
古彙 1819 3092	古彙 1823 3093	古彙 1828 3094
事㲉	事歡	事鎗

古鉨 1829 3095 事隁	古鉨 1847 3096 事絚	古鉨 1848 3097 事玕
古鉨 1850 3098 事舸	古鉨 1854 3099 事舸	古鉨 1772 3100 事□
古鉨 1843 3101 事□	古鉨 1851 3102 事□	古鉨 3323 3103 竖（視）迢

3104　　　　　　古鉨 3524	3105　　　　　　古鉨 2575	3106　　　　　　古鉨 2678
眠（視）蠹	壄（奭）陾（陞）	惷（奭）悒
3107　　　　　　古鉨 2680	3108　Shu　　　　古鉨 2549	3109　　　　　　凝清
奭□	弔（叔）陵	弔（叔）中（仲）恢
3110　　　　　　古鉨 4070	3111　　　　　　古鉨 4071	3112　　　　　　古鉨 4072
朮（叔）陰盇	朮（叔）陰笏	朮（叔）陰痮

Si 3113 珍秦 37.25	3114 古彙 3832	3115 古彙 3831

司工（空）袤	司寇卯	司寇虐
3116 古彙 3833	3117 古彙 3834	3118 古彙 3835

司寇耶	司寇勴	司寇噁
3119 珍秦 29.28	3120 集粹 2.168	3121 古彙 3772

司寇堵	司寇盛	司馬安

古彙 3768 3122	古彙 3796 3123	古彙 3773 3124
司馬曼	司馬矗	司馬參
珍秦 37.26 3125	古彙 3803 3126	古彙 3792 3127
司馬虫余	司馬遹	司馬鋬
集古 8 3128	古彙 3797 3129	古彙 3785 3130
司馬從	司馬法　司馬賹	司馬吷

3131	古彙 3780	3132	新璽	3133	古彙 3763

司馬高　　　　　司馬癸　　　　　司馬華

3134	古彙 3764	3135	集粹 2.162	3136	古彙 3775

司馬華　　　　　司馬忌　　　　　司馬攎

3137	古彙 3817	3138	古彙 3788	3139	古彙 5586

司馬獏臣　　　　司馬期　　　　　司馬达（去）疾

3140 古彙 3783	3141 珍秦 37.27	3142 集粹 2.164
司馬上高	司馬䂅（聖）	司馬閑
3143 集粹 2.163	3144 古彙 3767	3145 古彙 3765
司馬朔	司馬巳	司馬采（穗）
3146 古彙 3804	3147 古彙 3781	3148 古彙 3776
司馬迢	司馬鞋	司馬佗

中大 24 3149	古彙 3802 3150	古彙 3786 3151
司馬係	司馬瘠	司馬絀
古彙 3774 3152	璽集二－SY－0018 3153	古彙 3801 3154
司馬夭	司馬橾	司馬癰
古彙 3807 3155	古彙 3769 3156	古彙 3818 3157
司馬瘠（憂）	司馬爰	司馬斬羅

類编 3158	古彙 3800 3159	古彙 3825 3160
 司馬章	 司馬瘔	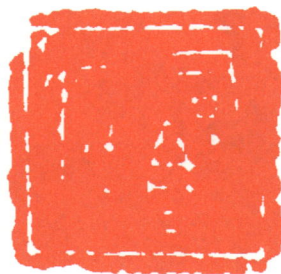 司馬症
古彙 3777 3161	古彙 3782 3162	古彙 3805 3163
 司馬粥	 司馬子	 司馬疗
古彙 3766 3164	古彙 3771 3165	古彙 3778 3166
 司馬壹	 司馬匜	 司馬廐

古彙 3779	古彙 3789	古彙 3790
3167	3168	3169
司馬厩	司馬朧	司馬縤

古彙 3791	古彙 3793	古彙 3794
3170	3171	3172
司馬籸	司馬耻	司馬惉

古彙 3795	古彙 3806	古彙 3808
3173	3174	3175
司馬觴	司馬癐	司馬癬

古彙 3812	璽集二-SY-0019	集古
3176	3177	3178
司馬飲	司馬癢	司馬鄩
古彙 3784	古彙 3787	古彙 3799
3179	3180	3181
司馬□	司馬□	司馬□
古彙 3809	古彙 3815	古彙 3810
3182	3183	3184
司馬□	司馬□	司馬□□

3185 集古 8	3186 古彙 3761	3187 古彙 3762
司徒平	司徒焰	司徒□

3188 甘露 84	3189 春秋 2005—5:41
私鈢（璽）	私鈢（璽）

3190 古彙 3340	3191 中大 65	3192 古彙 2472
巳坻（璽）	巳坻（璽）	棺（枏）不步

古鉨 2466	古鉨 2467	古鉨 2471
3193	3194	3195
桓（枏）臣	桓（枏）歡	桓（枏）肌
古鉨 2470	古鉨 3259	古鉨 2469
3196	3197	3198
桓（枏）坃（均）	桓（枏）毛肥	桓（枏）章
古鉨 2465	古鉨 2468	古鉨 2101
3199	3200	3201
桓（枏）疣	桓（枏）□	郝（肆）羋（觸）

古彙 2103	古彙 2102	Song　　集粹 1.65
3202	3203	3204
郝（肆）五鹿	郝（肆）喜	宋參
古彙 1400	古彙 1399	古彙 1395
3205	3206	3207
宋昌	宋軛（範）	宋駒
印典 2.1566	古彙 1398	古彙 1413
3208	3209	3210
宋黑	宋術（桁）	宋瘲

古鉩 1391	古鉩 1401	古鉩 1411
3211	3212	3213

宋己	宋平	宋脊
古鉩 1428	古鉩 1417	古鉩 1419
3214	3215	3216

宋棄疾	宋泣	宋譙
古鉩 1393	古鉩 1407	古鉩 1427
3217	3218	3219

宋壬	宋身	宋帀（師）

古鉨 1396	古鉨 1392	古鉨 1414
3220	3221	3222
宋坿（市）	宋禾	宋綏
古鉨 1418	古鉨 1421	古鉨 1409
3223	3224	3225
宋談	宋佗	宋戲
古鉨 1403	古鉨 1420	古鉨 1423
3226	3227	3228
宋憲	宋鄴	宋焆（焰）

古鉨 1404	古鉨 1425	古鉨 1402
3229	3230	3231
宋恔（夜）	宋覭（瓔）	宋閇
古鉨 1397	古鉨 1416	古鉨 1394
3232	3233	3234
宋正	宋汋	宋褭
古鉨 1406	古鉨 1408	古鉨 1412
3235	3236	3237
宋罞	宋戜（貳）	宋疛

古彙 1415

3238

宋綎

古彙 1422

3239

宋雙

古彙 1424

3240

宋鄉

古彙 1426

3241

宋㦬

古彙 5653

3242

宋㕔

珍秦 65.74

3243

宋劕

古彙 1429

3244

宋常

古彙 1410

3245

宋□

Su

古彙 2480

3246

穌（蘇）奐（爨）

3247 古鉨 2485	3248 古鉨 2483	3249 古鉨 2487
鮴（蘇）波	鮴（蘇）瘁	鮴（蘇）都
3250 古鉨 2484	3251 珍秦 73.91	3252 古鉨 2482
鮴（蘇）疲	鮴（蘇）弜	鮴（蘇）謹
3253 古鉨 2477	3254 古鉨 2476	3255 集粹 2.133
鮴（蘇）虐	鮴（蘇）申	鮴（蘇）頭

3256　　　珍秦 77.98	3257　　　古彙 2479	3258　　　集粹 2.135
魻（蘇）豚	魻（蘇）文	魻（蘇）喜
3259　　　古彙 2488	3260　　　古彙 2486	3261　　　古彙 2489
魻（蘇）囟汙	魻（蘇）待	魻（蘇）子弟
3262　　　古彙 2481	3263　　　古彙 2490	3264　　　古彙 5661
魻（蘇）屓	魻（蘇）顎（瓔）鲞	魻（蘇）痣

集粹 2.134	新璽	古彙 2478
3265	3266	3267
鮇（蘇）猈	鮇（蘇）胥	鮇（蘇）秡

古彙 3100	Sui　　珍秦 75.93	古彙 2473
3268	3269	3270
粟篁（附）	隋（隋）佃人	采（穗）巡

古彙 2474	Sun　　古彙 1523	珍秦 67.78
3271	3272	3273
采（穗）戾	孫弁	孫朝

古鉨 1510	古鉨 1549	古鉨 1544
3274	3275	3276
孫成	孫丹朱	孫宿
古鉨 1512	古鉨 1533	古鉨 1537
3277	3278	3279
孫蕚	孫癸	孫浩
古鉨 1534	古鉨 1519	古鉨 1528
3280	3281	3282
孫和	孫畫	孫裏

古鉩 1542	古鉩 1551	古鉩 1303
3283	3284	3285
孙疾	孙鸠嗌（夷）	孙渴
古鉩 1526	古鉩 1521	古鉩 1539
3286	3287	3288
孙龙	孙悶	孙迷
古鉩 1515	古鉩 1524	古鉩 1518
3289	3290	3291
孙蔑	孙虐	孙喬

集粹 2.98 3292	古彙 1536 3293	古彙 1514 3294
孫慶	孫女（如）曷	孫朮
古彙 1513 3295	古彙 1555 3296	古彙 1540 3297
孫采（穗）	孫忑	孫迢
集粹 2.97 3298	古彙 1527 3299	古彙 1511 3300
孫筴	孫襄	孫辛

古彙 1522	集粹 2.96	古彙 1517
3301	3302	3303
孫忻	孫亞	孫雎
古彙 1516	古彙 1529	古彙 1552
3304	3305	3306
孫炙	孫緇	孫迲瘖（憂）
古彙 1530	古彙 1531	古彙 1550
3307	3308	3309
孫雫	孫雫	孫雫人

古彙 1525 3310	古彙 1535 3311	古彙 1538 3312
孫居	孫弨	孫料
古彙 1543 3313	古彙 1545 3314	古彙 1546 3315
孫痏	孫雁	孫誌
古彙 1547 3316	古彙 1548 3317	集粹 2.99 3318
孫嗀	孫賓	孫諆

集粹 2.100	中大 51	古彙 1532
3319	3320	3321
孫晞	孫耿	孫□

新見 023	Tai　　　古彙 3428	古彙 3350
3322	3323	3324
筍迖痔	大（太）叔計	大（太）叔康

Tang　　　古彙 1565	古彙 1566	新璽
3325	3326	3327
湯勾	湯脅	湯宜

古彙 1564 3328 湯斀	古彙 5421 3329 堂	Tao　古彙 2404 3330 桃聽
古彙 2405 3331 桃買	古彙 2734 3332 窑（陶）君	古彙 2733 3333 窑（陶）同
古彙 2732 3334 窑（陶）麼	Te　古彙 2679 3335 忑壄（野）	Tian　古彙 5339 3336 宊（天）

3337	古彙 5340	3338	古彙 5342	3339	甘露 76
宩（天）		宩（天）		田	

3340	古彙 1483	3341	古彙 1494	3342	古彙 1503
畋（田）隼（雔）		畋（田）返		畋（田）估	

3343	古彙 1487	3344	古彙 1490	3345	古彙 1488
畋（田）翚		畋（田）遛		畋（田）慶	

古彙 1495

3346

敀（田）朮

古彙 1491

3347

敀（田）筡

古彙 1482

3348

敀（田）䇍（信）

古彙 1497

3349

敀（田）遊

古彙 1492

3350

敀（田）豫

古彙 1484

3351

敀（田）礜

古彙 1493

3352

敀（田）隊

古彙 1496

3353

敀（田）䰇

古彙 1499

3354

敀（田）膔

Ting	古彙 1691	Tong	珍秦 43.36		集粹 2.103
3355		3356		3357	

邾浌（滕）　　　桐木角　　　童□

Tou	古彙 3090	Tu	古彙 2615		古彙 2617
3358		3359		3360	

毁胙　　　徒鲞　　　徒屯俏（脂）

	古彙 2614		古彙 2616		珍秦 73.89
3361		3362		3363	

徒痁　　　徒疼　　　瘩裹

古璽 1662	古璽 1667	Tui　　　古璽 3336
3364	3365	3366
土目	坿（土）淠（滕）	輷中月

Tuo　　　古璽 2583	Wang　　　古璽 0435	古璽 0399
3367	3368	3369
沱青	王鼻	王夋（鞭）

中大 29	古璽 0501	古璽 0437
3370	3371	3372
王參	王漕	王丞

3373 古彙 0374  王成	3374 古彙 0375  王成	3375 古彙 0376  王成
3376 古彙 0414  王處	3377 古彙 0506  王逌	3378 古彙 0507  王逌
3379 古彙 0444  王喘	3380 古彙 0515 王訬	3381 古彙 0496  王綽

陽文 3382	古彙 0536 3383	古彙 0452 3384
王淳歸	王鲞	王垐（從）
集粹 1.49 3385	古彙 0401 3386	古彙 0421 3387
王聽	王大	王丹
珍秦 55.59 3388	古彙 0394 3389	古彙 0393 3390
王得	王羝	王羝

古彙 0518	古彙 0516	古彙 0517
3391	3392	3393
王豎（地）	王豎（地）	王豎（地）
古彙 0418	古彙 0379	古彙 0380
3394	3395	3396
王丁	王罕（犢）	王罕（犢）
古彙 0500	古彙 0524	古彙 0508
3397	3398	3399
王法	王镦（附）	王逯

古璽 0509 3400 王逯	古璽 0493 3401 王衦	古璽 0371 3402 王更
古璽 0445 3403 王駒	集粹 1.47 3404 王沽	古璽 0424 3405 王罟
古璽 0427 3406 王固	古璽 0434 3407 王瓜	古璽 0431 3408 王蓳

古鉩 0432	古鉩 0428	古鉩 0561
3409	3410	3411
王蓳	王國	王胡剔
古鉩 0429	古鉩 0448	古鉩 0497
3412	3413	3414
王畫	王襃	王繯
古鉩 0391	古鉩 0598	古鉩 0466
3415	3416	3417
王幻	王瘧	王疾

古彙 0552

3418

王疾抽

古彙 0473

3419

王瘠

古彙 0560

3420

王緫不

古彙 0492

3421

王建

古彙 0510

3422

王進

古彙 0520

3423

王竘（均）

古彙 0521

3424

王竘（均）

古彙 0422

3425

王客

古彙 0627

3426

王孔

3427　　　古彙 0530  王狂	3428　　　古彙 0537  王績（饋）	3429　　　古彙 0386  王戀
3430　　　古彙 0398  王留	3431　　　古彙 0373  王尨	3432　　　古彙 0407  王尨
3433　　　古彙 0538  王龍	3434　　　古彙 0415 王嚮	3435　　　古彙 0456  王羅

古彙 0483 3436	集粹 1.44 3437	古彙 0370 3438
王闠（間）	王瘝	王買
古彙 0388 3439	古彙 0389 3440	古彙 0372 3441
王悶	王悶	王盟（盟）
古彙 0408 3442	古彙 0534 3443	古彙 0404 3444
王盟（盟）	王敏	王鳴

古玺 0535	古玺 0554	古玺 0532
3445	3446	3447
王鳴	王莫□	王默

珍秦 55.57	古玺 0529	古玺 0522
3448	3449	3450
王歐	王胈	王坡

玺集 20e	玺集二-SY-0016	古玺 0413
3451	3452	3453
王齊	王鄁	王羌

古鉨 0525 3454 王弲（强）	古鉨 0526 3455 王弲（强）	古鉨 0541 3456 王秦
古鉨 0556 3457 王青立	古鉨 0464 3458 王汨	古鉨 0465 3459 王汨
古鉨 0459 3460 王慶	古鉨 0567 3461 王迲（去）骨（禍）	古鉨 0551 3462 王迲（去）瘑（憂）

3463 古彙 0514	3464 古彙 0472	3465 集粹 1.48
王謖（讓）	王瘝	王山
3466 古彙 0494	3467 古彙 0425	3468 古彙 0548
王上高	王上高	王僉（捨）
3469 古彙 0419	3470 古彙 0392	3471 古彙 0568
王生	王市（師）	王氏之坎（璽）

3472　　　　古彙 0461	3473　　　　古彙 0440	3474　　　　古彙 0438
王蜀	王豐（竪）	王采（穗）私玨（璽）
3475　　　　集粹 1.42	3476　　　　古彙 0403	3477　　　　古彙 0442
王湯	王同	王觟
3478　　　　古彙 0443	3479　　　　古彙 0495	3480　　　　古彙 0557
王觟	王綻	王文正

古彙 0458 3481 王五鹿	古彙 0462 3482 王五月	古彙 0446 3483 王武
古彙 0447 3484 王武	古彙 0387 3485 王息	古彙 0486 3486 王戲
古彙 0487 3487 王戲	古彙 0488 3488 王戲	古彙 0390 3489 王憲

3490	中大 31	3491	古彙 0503	3492	古彙 0449
王憲		王餡（餡）		王襄	

3493	珍秦 57.60	3494	古彙 0460	3495	古彙 0406
王相女（如）		王劦		王辛	

3496	古彙 0382	3497	古彙 0383	3498	古彙 0540
王忻		王忻		王翚	

古彙 0416 3499  王薛	古彙 0505 3500  王巡	古彙 0412 3501  王牙
古彙 0533 3502  王鴦	古彙 0384 3503  王怡	古彙 0385 3504  王怡
古彙 0410 3505  王寅	古彙 0478 3506  王癰	古彙 0479 3507  王癰

古彙 0553 3508 **王右車**	珍秦 55.58 3509 **王右車**	古彙 0564 3510 **王噳（魚）**
古彙 0563 3511 **王亡魚**	新見 024 3512 **王鮓**	中大 27 3513 **王暲**
古彙 0559 3514 **王朝**	古彙 0555 3515 **王者奇**	古彙 5637 3516 **王正**

战国玺印

古鉩 0377	古鉩 0378	古鉩 0544
3517	3518	3519
王直	王直	王戠

中大 28	古鉩 0463	古鉩 0558
3520	3521	3522
王志	王中月	王重問

古鉩 0423	古鉩 0405	古鉩 0467
3523	3524	3525
王周	王子	王疒

古鉨 0549	古鉨 0417	古鉨 0397
3526	3527	3528
王蕺	王胙	王晞
古鉨 0426	古鉨 0436	古鉨 0439
3529	3530	3531
王厰	王羹	王罠
古鉨 0450	古鉨 0451	古鉨 0457
3532	3533	3534
王雫	王雫	王騆

3535 古彙 0468  王疹	3536 古彙 0468  王痳	3537 古彙 0471  王疽
3538 古彙 0476  王痕	3539 古彙 0477  王痕	3540 古彙 0485  王臆
3541 古彙 0502  王䀠	3542 古彙 0504  王䀠	3543 古彙 0523  王偺

古彙 0531 3544	古彙 0542 3545	古彙 0543 3546
王狴	王籨	王蓥
古彙 3389 3547	古彙 0400 3548	古彙 0411 3549
王瘯	王□	王□
古彙 0433 3550	古彙 0454 3551	古彙 0455 3552
王□	王□	王□

古彙 0489 3553	古彙 0513 3554	古彙 0547 3555
王□	王□	王□
中大 30 3556	古彙 3141 3557	Wei　　　古彙 3314 3558
王□	圭（往）谷	尾身
古彙 3171 3559	珍秦 79.103 3560	珍秦 81.104 3561
尸（尉）女	尸（尉）泪	尸（尉）山

3562 古彙 3055	3563 古彙 3045	3564 新見 026
巍（魏）盍遻	巍（魏）慧	㠭（魏）君
3565 古彙 3049	3566 古彙 3046	3567 古彙 3047
巍（魏）蠿（龍）	巍（魏）迷	巍（魏）莫
3568 古彙 3052	3569 古彙 3044	3570 古彙 3051
巍（魏）秦	巍（魏）妥	巍（魏）戲

3571　　　　　　古彙 3050	3572　　　　　　古彙 3054	3573　　　　　　古彙 3042
巍（魏）閒	巍（魏）纕	巍（魏）晬
3574　　　　　　古彙 3043	3575　　　　　　古彙 3048	3576　　　　珍秦 85.111
巍（魏）雫	巍（魏）郖	巍（魏）玕
3577　　　　珍秦 107.151	3578　　　　集粹 2.148	3579　Wen　　古彙 2082
巍（魏）□	巍（魏）□	郔（温）御

古鉨 2083	古鉨 2085	古鉨 2086
3580	3581	3582
鄡（溫）豫	鄡（溫）証	鄡（溫）□
古鉨 2891	古鉨 2913	古鉨 2920
3583	3584	3585
文是（氏）犫	文是（氏）適	文是（氏）綽
古鉨 2890	古鉨 2917	古鉨 2914
3586	3587	3588
文是（氏）大心	文是（氏）耳	文是（氏）軨（範）

古彙 2909	古彙 2908	古彙 2908
3589	3590	3591
文是（氏）遐	文是（氏）貴	文是（氏）華
古彙 2906	古彙 2894	古彙 2919
3592	3593	3594
文是（氏）瘠	文是（氏）康	文是（氏）梁
古彙 2895	古彙 3256	古彙 2902
3595	3596	3597
文是（氏）閟	文是（氏）坡	文是（氏）妶

古彙 2901	古彙 2898	古彙 2893
3598	3599	3600
文是（氏）杀（殺）	文是（氏）勀（勝）	文是（氏）市

古彙 2900	古彙 2892	古彙 2921
3601	3602	3603
文是（氏）市	文是（氏）悉	文是（氏）瘩

古彙 2912	珍秦 41.32	古彙 2896
3604	3605	3606
文是（氏）僕	文是（氏）相如	文是（氏）羊（駼）

古鉨 2897	古鉨 2910	古鉨 2916
3607	3608	3609
文是（氏）戌	文是（氏）梢（梢）	文是（氏）𠘧（怡）
古鉨 2899	古鉨 2907	古鉨 2903
3610	3611	3612
文是（氏）怡	文是（氏）嬰（瓔）	文是（氏）汋
古鉨 2904	古鉨 2905	古鉨 2911
3613	3614	3615
文是（氏）瘝	文是（氏）瘁	文是（氏）墜

古彙 2915

3616

文是（氏）[阝歧]（陸）

新璽

3617

文欣

wu

古彙 3143

3618

屋猶

集古 16

3619

吴臂

古彙 1164

3620

吴酉（丙）

集粹 1.69

3621

吴疥

古彙 1174

3622

吴侃

古彙 1180

3623

吴坤

古彙 1176

3624

吴餾

古鉨 1173	古鉨 1177	古鉨 1169
3625	3626	3627
吳明	吳秦	吳慶
古鉨 1182	中大 8	古鉨 1165
3628	3629	3630
吳迲（去）疾	吳阩（陞）	吳脽
古鉨 1175	古鉨 1178	古鉨 1168
3631	3632	3633
吳佗	吳顈（瓔）	吳酉

集粹 1.68	古彙 1167	古彙 1166
3634	3635	3636
吳章	吳暲	吳菁
古彙 1170	古彙 1171	古彙 1172
3637	3638	3639
吳瘁	吳虎	吳疸
古彙 1179	璽集二—SY—0025	珍秦 71.85
3640	3641	3642
吳狼	吳疒	吳寅

中大 42 3643	古彙 1181 3644	古彙 4140 3645
吴遗	吴□	亡（無）丘鞋
古彙 4141 3646	古彙 3583 3647	古彙 3082 3648
亡（無）丘匦	亡（無）羊齒	五（伍）同
古彙 3083 3649	古彙 1320 3650	古彙 1325 3651
五（伍）樊語	武罜（犢）	武州羬

珍秦 67.79 3652	Xi 古彙 3210 3653	集萃 74 3654
武譻	夕喬相	西方齒
印典 3.1664 3655	古彙 3963 3656	古彙 3997 3657
西方侗	西方宜	西郊□
珍秦 41.35 3658	古彙 3216 3659	古彙 2398 3660
西閔（門）沽	西戝	析癥

3661　　　　　古彙 2399	3662　　　　　古彙 2568	3663　　　　　古彙 2573
析伍	堵（昔）閒	昔盐（邢）
3664　　　　　古彙 3182	3665　　　　珍秦 91.126	3666　　　　　古彙 3184
配（熙）丁	配（熙）坨	配（熙）睪（釋）之
3667　　　　　古彙 3181	3668　　　　　古彙 3185	3669　　　　　集粹 2.110
配（熙）竪	匜（熙）拐	郯傅（附）

古璽 2048 3670	古璽 2047 3671	古璽 2049 3672
郂狢	郂眠	郂聞
珍秦 71.86 3673	古璽 3298 3674	古璽 2044 3675
郂夒（瓔）	郂遊	郂暲
古璽 2043 3676	古璽 2045 3677	古璽 2046 3678
郂犴	郂匜	郂膱

新见 027 3679	珍秦 89.122 3680	古彙 2572 3681
邦（郘）君	邦（郘）迲（去）瘇（憂）	邦（郘）恢（夜）
古彙 3331 3682	珍秦 93.129 3683	古彙 2571 3684
邦（郘）纝	邦（郘）憩	邦（郘）□
Xia　古彙 4057 3685	古彙 4060 3686	古彙 4059 3687
下沱敝鞭	下沱繡	下沱綐

新璽 3688	古鉨 3990 3689	古鉨 3989 3690
顆（夏）迪	顆（夏）后墬	顆（夏）后□
古鉨 2725 3691	古鉨 2723 3692	Xian 古鉨 4074 3693
顆（夏）鼳（瓔）	顆（夏）閗	鮮陽慶
古鉨 4020 3694	古鉨 4021 3695	古鉨 4018 3696
鮮于反	鮮于謹	鮮于餡

古鉩 4019 3697	古鉩 4016 3698	古鉩 4017 3699
鮮于瘍	鮮于夭	鮮于直
古鉩 4015 3700	古鉩 1906 3701	古鉩 3435 3702
鮮于窯	鄂（縣）氏鈢（璽）	膚（獻）陽羣（觸）
古鉩 4022 3703	xiang　　古鉩 3985 3704	古鉩 3984 3705
獻于巡	相里圂	相里盩（臧）

3706　古鉥 5375	3707　古鉥 3059	3708　古鉥 2095
郻（襄）	向午	郘（巷）臣
3709　集粹 1.71	3710　古鉥 2094	3711　古鉥 2093
郘（巷）龙	郘（巷）兔	郘（巷）堂（上）
3712　印展	3713　古鉥 2091	3714　古鉥 2090
郘（巷）瘍	郘（巷）瘦（瘦）	郘（巷）澤

古鉩 2092	Xie　　　古鉩 2142	古鉩 3286
3715	3716	3717
㠲（巷）焜	邪窨	燮巨梁
Xin　　　印典 1.360	天津 22	古鉩 1267
3718	3719	3720
辛德	辛奉	辛華
古鉩 1266	古鉩 1268	古鉩 3275
3721	3722	3723
辛謹	辛□	忻五鹿

新璽 3724	古彙 4690 3725	Xing 古彙 2745 3726
新成（城）□	亲（新）鈊（璽）	星汦
古彙 2633 3727	古彙 2627 3728	古彙 2628 3729
行分（冀）	行臧	行臧
古彙 2629 3730	古彙 1982 3731	古彙 1984 3732
行徠	郢闐	郢戕

3733　　　　　古鉨 1981	3734　　　　　古鉨 1980	3735　　　　　古鉨 1983
鄄沽	鄄華	鄄纝
3736　　　　　古鉨 1979	3737　　　　　古鉨 5645	3738　　Xu　　古鉨 5279
鄄衍	鄄敓	吁
3739　　　　　古鉨 5280	3740　　　　　古鉨 3421	3741　　　　　古鉨 3260
吁	疋（胥）茗（落）瓾	疋（胥）于甘

3742 中大 86	3743 古璽 3261	3744 古璽 1941
疋（胥）于暲	疋（胥）于畾	郐（徐）軝（範）
3745 古璽 1940	3746 璽集二－SY－0028	3747 集粹 2.132
郐（徐）譙	郐（徐）玥	鄯（畜）井
3748 古璽 2132	3749 古璽 2605	3750 古璽 2604
鄥（畜）讓	緯（續）柧	緯（續）昫（均）

Xuan　　古彙 2715	Xun　　集粹 2.101	古彙 2140
3751	3752	3753
玄羊勵	箈（旬）習	鄩（旬）瘖

Ya　　新璽	Yan　　古彙 3092	古彙 2981
3754	3755	3756
舀（牙）兔（曩）	言禾朔	脂（閻）瘊

古彙 2979	古彙 2980	古彙 2978
3757	3758	3759
脂（閻）大乇	脂（閻）遏	脂（閻）沽

古彙 2972	古彙 2977	古彙 2970
3760	3761	3762
胎（閻）翟	胎（閻）秦	胎（閻）坿（市）

古彙 2982	古彙 2975	珍秦 79.102
3763	3764	3765
胎（閻）亡（無）智	胎（閻）鵨	胎（閻）襄

古彙 2973	古彙 2971	古彙 2974
3766	3767	3768
胎（閻）訣	胎（閻）狇	胎（閻）栖

古彙 2976	珍秦 87.117	古彙 2881
3769	3770	3771
脂（闇）髙	脂（闇）魯	厰（嚴）猥（瓔）
古彙 1970	古彙 1968	古彙 1967
3772	3773	3774
鄾安	鄾散（措）	鄾耿
古彙 1963	古彙 1962	古彙 1964
3775	3776	3777
鄾譤（繁）	鄾君	鄾袀（均）

印展 3778	古彙 1960 3779	古彙 1976 3780
郾犒	郾留	郾鳴
古彙 1961 3781	古彙 1977 3782	璽集二-SY-0026 3783
郾賨（貧）	郾堂（上）	郾貪
古彙 1975 3784	古彙 1966 3785	古彙 1969 3786
郾筞	郾佗	郾玄

古彙 1965 3787	古彙 1959 3788	古彙 1971 3789
鄖夭	鄖皋	鄖瘦
古彙 1972 3790	古彙 1973 3791	古彙 1974 3792
鄖痰	鄖瘫	鄖痬
古彙 3480 3793	Yang 古彙 3309 3794	古彙 2714 3795
晏肇（鑾）	羊身	羊子

古彙 2313	古彙 4043	古彙 5575
3796	3797	3798
陽成	陽成癟	陽城（成）綽

古彙 4041	古彙 4042	古彙 2312
3799	3800	3801
陽成訑	陽成髙	陽城（成）厌（侯）

中大 90	古彙 4040	古彙 4046
3802	3803	3804
陽城（成）疾	陽成慶	陽成縈

古彙 4045	古彙 4038	古彙 4039
3805	3806	3807
陽成胙	陽成毪	陽成閡
古彙 4044	古彙 2314	古彙 5650
3808	3809	3810
陽成□	陽垍陛	陽貴
古彙 2310	古彙 2311	古彙 2308
3811	3812	3813
陽貿	陽生	陽忈

3814 古彙 2305	3815 古彙 2306	3816 古彙 2566
陽戲	陽閈	場（陽）駬鼻
3817 古彙 2307	3818 古彙 2309	3819 古彙 2392
陽綌	陽瘧	楊魯
3820 古彙 2651	3821 古彙 2652	3822 古彙 2650
瘍赤	瘍鄅	瘍坅

Yao 古彙 1384	Ye 古彙 3258	古彙 2665
3823	3824	3825
藥梁	冶衺	恢（夜）姁
古彙 2670	古彙 2668	古彙 2667
3826	3827	3828
恢（夜）疤	恢（夜）華	恢（夜）謹
古彙 2671	古彙 2669	古彙 2946
3829	3830	3831
恢（夜）劈（强）	恢（夜）慶	夜眠

古璽 2666 3832	集粹 2.82 3833	古璽 2674 3834
悇（夜）䇔	夜縮	悇（夜）亡（無）魁（畏）
古璽 2947 3835	古璽 2663 3836	古璽 2948 3837
夜閒	悇（夜）瘍	夜痄
古璽 2664 3838	古璽 2672 3839	Yi 古璽 2522 3840
悇（夜）敨	悇（夜）遲	猗乍

3841 古鉩 3374	3842 古鉩 3584	3843 古鉩 3124
怡悚	亦章斟	弋踖（堵）
3844 古鉩 5642	3845 古鉩 2570	3846 珍秦 87.115
易寅	圬参	圬康
3847 集粹 2.94	3848 古鉩 2863	3849 古鉩 2859
圬瘁	庱（庚）参	庱（庚）适

古彙 2849	古彙 2862	古彙 2856
3850	3851	3852
厦（庾）羍（觸）	厦（庾）塚（地）	厦（庾）朌
珍秦 97.134	古彙 2865	古彙 2864
3853	3854	3855
厦（庾）偩（附）	寏（庾）劃	厦（庾）箕
古彙 2848	古彙 2852	古彙 2850
3856	3857	3858
厦（庾）龙	厦（庾）卯	厦（庾）豈

古彙 2853	古彙 2854	古彙 2861
3859	3860	3861
庾（庚）慶	庾（庚）山	庾（庚）説
古彙 2851	古彙 2855	新見 036
3862	3863	3864
庾（庚）武	庾（庚）息	庾（庚）相如
古彙 2858	集粹 2.107	古彙 2857
3865	3866	3867
庾（庚）耵	庾（庚）乙	庾（庚）斀

3868 古彙 2866	3869 古彙 2860	3870 珍秦 93.127
庚（庚）月	庚（庚）狴	庚（庚）窬
3871 珍秦 97.135	3872 集粹 2.106	3873 古彙 3254
庚（庚）匜	庚（庚）□	異耳
3874 古彙 3140	3875 古彙 1939	3876 Yin 古彙 3163
異絢（均）	酈睪（斁）之	会（陰）隶

吉大 11.56 3877	古彙 3164 3878	古彙 3138 3879
会（陰）隶	会（陰）官	会（陰）姐
古彙 3165 3880	古彙 3161 3881	古彙 3162 3882
会（陰）堂（上）	会（陰）身	会（陰）縮
集粹 2.73 3883	珍秦 89.121 3884	古彙 5656 3885
会（陰）疢	会（陰）歀	犴梁

古彙 2519 3886 狋青	古彙 2518 3887 狋壽	古彙 2760 3888 肙（尹）安
古彙 2791 3889 肙（尹）不孫	古彙 1299 3890 尹從	古彙 2786 3891 肙（尹）弗
古彙 2765 3892 肙（尹）筥（附）	古彙 2780 3893 肙（尹）遆	古彙 2770 3894 肙（尹）瘠

3895　　　　　　古彙 2176	3896　　　　　　古彙 2779	3897　　　　　　古彙 2767
邘（尹）朧	尹（尹）梁	尹（尹）鬼（稷）月
3898　　　　　　古彙 2766	3899　　　　　　古彙 2781	3900　　　　　　古彙 2764
尹（尹）朋（期）	尹（尹）讓	尹（尹）山
3901　　　　　　古彙 2773	3902　　　　　　古彙 2783	3903　　　　　　古彙 2772
尹（尹）陇（陞）	尹（尹）受	尹（尹）隋

古彙 2769 3904	古彙 2762 3905	古彙 2771 3906
尹（尹）隋	尹（尹）五鹿	尹（尹）閒
古彙 2789 3907	古彙 2778 3908	古彙 2759 3909
尹（尹）相如	尹（尹）腠	尹（尹）羊（駯）
古彙 2777 3910	古彙 2775 3911	古彙 2774 3912
尹（尹）戩	尹（尹）遊	尹（尹）語

古彙 2761 3913	印典 1.589 3914	古彙 2763 3915
胥（尹）閉	尹澤	胥（尹）厩
古彙 2768 3916	古彙 2776 3917	古彙 2782 3918
胥（尹）悥	胥（尹）勋	胥（尹）晭
古彙 1298 3919	古彙 2784 3920	古彙 2785 3921
尹□	胥（尹）□	胥（尹）□

Ying	古彙 2296		古彙 2051		古彙 2052
3922		3923		3924	
英齒		郢訬		郢良	

	古彙 2053	Yong	古彙 2183		古彙 2182
3925		3926		3927	
郢巡		鄘（雍）待		酀（雍）弨	

You	古彙 2289		珍秦 91.124		珍秦 91.123
3928		3929		3930	
莜幻		右痕		右侗	

古鉥 4067 3931	古鉥 4066 3932	Yu 古鉥 2600 3933
右行救	右行忻	紆（于）午
集萃 132 3934	古鉥 2050 3935	古鉥 1286 3936
紆（于）午	邘（于）匽	余濼
古鉥 3311 3937	古鉥 3238 3938	古鉥 2084 3939
余者痂	余者粉	鮙（魚）給

古彙 3227	古彙 2081	古彙 2134
3940	3941	3942
鮂（魚）鮮	鮂（魚）酉	鄅（禺）胙

古彙 5673	古彙 5124	古彙 5125
3943	3944	3945
孚雁（雖）	禹	禹

古彙 3316	古彙 3098	Yuan　古彙 2135
3946	3947	3948
俞谷	欲安	祁（元）詔

3949 　　　　　　古鉩 2139	3950 　　　　　　古鉩 1904	3951 　　　　　　新見 029
鄏（原）壬	睘（袁）蘡	亙（垣）晿
Zai 　　　　　　鹤廬 3952	**Zang** 　　　　珍秦 65.76 3953	3954 　　　　　　古鉩 3086
在（淄）丘傅（附）	牂疠	盬（臧）閒
Zeng 　　　古鉩 3526 3955	**Zha** 　　　　古鉩 5667 3956	**Zhao** 　　　古鉩 3310 3957
戬（矰）鄀（秦）	吒石	朝平

3958　　　　　　　　古彙 3209	A　　　　　　　　古彙 0993 3959	B　　　　　　　　古彙 0916 3960
朝痣	肖（趙）阿	肖（趙）閒（料）
3961　　　　　　　　古彙 1047	3962　　　　　　　　古彙 1061	3963　　　　　　　　古彙 1015
肖（趙）邦	肖（趙）窑（寶）襄	肖（趙）豹
3964　　　　　　　　古彙 1051	3965　　　　　　　　古彙 1067	C　　　　　　　　古彙 0928 3966
肖（趙）朗（鼻）	肖（趙）不□	肖（趙）參

古鉨 1058 3967	古鉨 0967 3968	古鉨 0958 3969

肖（趙）参	肖（趙）蒼	肖（趙）昌
古鉨 0959 3970	古鉨 0960 3971	古鉨 0891 3972

肖（趙）昌	肖（趙）昌	肖（趙）臣
古鉨 0894 3973	古鉨 0912 3974	古鉨 0892 3975

肖（趙）成	肖（趙）齒	肖（趙）赤

3976　　　　　古彙 0929	3977　　　　　古彙 0998	3978　　　　珍秦 107.152
肖（趙）鞶	肖（趙）遹	肖（趙）皂（春）
3979　　　　　古彙 0944	3980　　　　　古彙 0942	3981　　　　　古彙 0943
肖（趙）賜	肖（趙）從	肖（趙）從
3982　　　　　古彙 0996	3983　　　　　古彙 1033	3984　　　　　古彙 1034
肖（趙）從	肖（趙）瘠	肖（趙）瘠

古彙 0985 3985	D　　　　古彙 1041 3986	古彙 0962 3987
肖（趙）諫（諫）	肖（趙）繡	肖（趙）旦
古彙 0913 3988	古彙 0999 3989	古彙 0908 3990
肖（趙）宿（窨）	肖（趙）遏	肖（趙）得
古彙 0910 3991	古彙 0991 3992	古彙 0992 3993
肖（趙）羝	肖（趙）瓹（地）	肖（趙）瓹（地）

古鉨 1000 3994	F 古鉨 0952 3995	古鉨 0898 3996
肖（趙）遞	肖（趙）莔	肖（趙）奉
古鉨 0922 3997	古鉨 1006 3998	G 古鉨 1002 3999
肖（趙）孚	肖（趙）浮	肖（趙）敢
古鉨 1008 4000	古鉨 0923 4001	古鉨 0899 4002
肖（趙）沽	肖（趙）罟	肖（趙）蘸

珍秦 51.48	古彙 0936	**H** 古彙 1043
4003	4004	4005
肖（趙）飢（簋）	肖（趙）果	肖（趙）和
古彙 1017	古彙 0945	古彙 1004
4006	4007	4008
肖（趙）鳰（堆）	肖（趙）虤	肖（趙）嬛
古彙 1057	古彙 0982	**J** 古彙 5620
4009	4010	4011
肖（趙）瘕	肖（趙）慧	肖（趙）脊

古鉨 0974	古鉨 1036	古鉨 0893
4012	4013	4014
肖（趙）忌	肖（趙）痂	肖（趙）角
古鉨 1046	古鉨 1027	古鉨 1028
4015	4016	4017
肖（趙）褐	肖（趙）疥	肖（趙）疥
古鉨 0983	古鉨 0984	古鉨 1018
4018	4019	4020
肖（趙）瑾	肖（趙）瑾	肖（趙）䲉（舊）

4021　　　　　古彙 5599	4022　　　　　古彙 1052	4023　　　　　古彙 1021
肖（趙）駶（舊）	肖（趙）鵑	肖（趙）均（均）
4024　　　　　訒庵 106	4025　K　　　　古彙 0887	4026　　　　　古彙 1012
肖（趙）均（均）	肖（趙）康	肖（趙）狂
4027　　　　　古彙1013	4028　　　　　古彙 1038	4029　　　　　古彙 1039
肖（趙）狂	肖（趙）積（饋）	肖（趙）積（饋）

L 　　　　　　　古彙 0970 4030	古彙 0971 4031	古彙 0909 4032

肖（趙）懰（樂）	肖（趙）懰（樂）	肖（趙）力
古彙 0920 4033	古彙 1050 4034	古彙 0917 4035

肖（趙）留	肖（趙）龍	肖（趙）閔
古彙 0975 4036	M 　　　　　　　古彙 1054 4037	古彙 0961 4038

肖（趙）愳（慮）	肖（趙）買	肖（趙）明

古彙 5617 4039	古彙 1060 4040	N　　　　　　璽集二－SY－0020 4041
肖（趙）明	肖（趙）母	肖（趙）赣
P　　　　　　珍秦 51.49 4042	Q　　　　　　古彙 0953 4043	古彙 0969 4044
肖（趙）坡	肖（趙）㫋（旗）	肖（趙）勥（强）
古彙 1045 4045	古彙 0978 4046	古彙 0979 4047
肖（趙）勥（强）	肖（趙）慶	肖（趙）慶

古鉨 0980	古鉨 1062	R 古鉨 0986
4048	4049	4050
肖（趙）慶	肖（趙）迖（去）痼（憂）	肖（趙）讓
古鉨 1037	S 古鉨 0924	古鉨 0900
4051	4052	4053
肖（趙）痳（痴）	肖（趙）山	肖（趙）堂（上）
古鉨 0901	古鉨 0934	古鉨 0934
4054	4055	4056
肖（趙）堂（上）	肖（趙）堂（上）	肖（趙）上高

古鉨 0905 4057 肖（趙）身	古鉨 1044 4058 肖（趙）慎	集粹 1.62 4059 肖（趙）陘
古鉨 0947 4060 肖（趙）勅（勝）	古鉨 0948 4061 肖（趙）勅（勝）	古鉨 0949 4062 肖（趙）勅（勝）
古鉨 0950 4063 肖（趙）勅（勝）	古鉨 1001 4064 肖（趙）敫	古鉨 1065 4065 肖（趙）睪（釋）之

4066 古彙 1049	4067 古彙 0935	4068 古彙 0921
肖（趙）壽	肖（趙）書	肖（趙）朿
T 4069 古彙 0932	4070 古彙 1007	4071 古彙 1009
肖（趙）踏（堵）	肖（趙）湯	肖（趙）滔
4072 古彙 1026	4073 古彙 0933	4074 中大 70
肖（趙）疾	肖（趙）覀（頭）	肖（趙）狃

古彙 0968 4075 肖（趙）佗	古彙 5616 4076 肖（趙）柁	古彙 1040 4077 肖（趙）絟
古彙 0937 4078 肖（趙）屠（者）	**W** 古彙 1064 4079 肖（趙）亡（無）澤	**X** 古彙 0889 4080 肖（趙）喜
古彙 0890 4081 肖（趙）喜	古彙 0988 4082 肖（趙）餡（餡）	古彙 0989 4083 肖（趙）餡（餡）

古鉨 1005 4084	古鉨 0925 4085	古鉨 1055 4086
肖（趙）相如	肖（趙）襄	肖（趙）辛
古鉨 0973 4087	古鉨 1020 4088	古鉨 0954 4089
肖（趙）忻	肖（趙）䑄	肖（趙）盰
古鉨 0957 4090	古鉨 0997 4091	Y　古鉨 1016 4092
肖（趙）䓹（罐）	肖（趙）巡	肖（趙）犴

珍秦 51.50	古彙 0911	古彙 1053
4093	4094	4095

肖（趙）瘍	肖（趙）夭	肖（趙）脒（榣）
古彙 0976	古彙 0977	古彙 0886
4096	4097	4098

肖（趙）怡	肖（趙）怡	肖（趙）乙
古彙 1063	古彙 1032	古彙 0926
4099	4100	4101

肖（趙）隆（陰）奴	肖（趙）瘖	肖（趙）繁

古鉨 0927	古鉨 1056	古鉨 0994
4102	4103	4104
肖（趙）縈	肖（趙）瘤（憂）	肖（趙）遊

古鉨 0941	古鉨 0907	古鉨 0897
4105	4106	4107
肖（趙）又日	肖（趙）余（餘）子 厶（私）鉨（璽）	肖（趙）玉

Z　古鉨 0964	古鉨 1066	古鉨 1022
4108	4109	4110
肖（趙）戾	肖（趙）乍遅	肖（趙）鮓

古彙 0902 4111	古彙 0903 4112	古彙 0963 4113
肖（趙）章	肖（趙）章	肖（趙）暲
璽集二-SY-0021 4114	古彙 1003 4115	古彙 0895 4116
肖（趙）暲	肖（趙）政	肖（趙）止
古彙 0906 4117	古彙 0972 4118	古彙 0955 4119
肖（趙）峃（止）	肖（趙）志	肖（趙）粥

古彙 1010	古彙 1011	古彙 1024
4120	4121	4122
肖（趙）汋	肖（趙）汋	肖（趙）疒
古彙 0946	古彙 0896	古彙 0888
4123	4124	4125
肖（趙）足	肖（趙）胙	肖（趙）皋
古彙 0918	古彙 0931	古彙 0938
4126	4127	4128
肖（趙）盇	肖（趙）膔	肖（趙）屓

古玺 0939	古玺 0940	古玺 5563
4129	4130	4131
肖（赵）厣	肖（赵）厣	肖（赵）厣
古玺 0951	古玺 0966	古玺 0981
4132	4133	4134
肖（赵）埋	肖（赵）勘	肖（赵）惥
古玺 0990	古玺 0995	古玺 1014
4135	4136	4137
肖（赵）餹	肖（赵）逺	肖（赵）猬

古彙 0904

4138

肖（趙）羍

古彙 1019

4139

肖（趙）牧

古彙 1023

4140

肖（趙）疽

古彙 1029

4141

肖（趙）瘄

古彙 1030

4142

肖（趙）痐

古彙 1031

4143

肖（趙）癥

古彙 1035

4144

肖（趙）痰

古彙 1042

4145

肖（趙）瓹

古彙 1048

4146

肖（趙）劀

4147　　　　　　古彙 5618	4148　　　　　　古彙 0930	4149　　　　　　古彙 1059
肖（趙）甜	肖（趙）戜	肖（趙）壓
4150　　　　　　珍秦 49.47	4151　　　　　　古彙 0914	4152　　　　　　古彙 5619
肖（趙）戁	肖（趙）□	肖（趙）□
Zhen　　　　　古彙 2927 4153	4154　　　　　　古彙 2932	4155　　　　　　古彙 2926
弜安	弜参	弜成

4156　　　　古彙 2929	4157　　　　古彙 2933	4158　　　　古彙 2928
弭從	弭貴	弭褢
4159　　　　古彙 2934	4160　　　　古彙 2943	4161　　　　古彙 2937
弭鬼（九）月	弭馬重（童）	弭隋
4162　　　　中大 46	4163　　　　古彙 2922	4164　　　　古彙 2925
弭筴	弭武	弭幻

古彙 2930	古彙 2941	古彙 2939
4165	4166	4167
弨襄	弨鄩	弨迎

古彙 2923	古彙 2924	古彙 2931
4168	4169	4170
弨屑	弨屑	弨匜

古彙 2935	古彙 2938	古彙 2940
4171	4172	4173
弨桓	弨狻	弨勮

4174 古彙 2942	4175 古彙 2936	4176 古彙 3152
弨瘤	弨念	尞（袗）遉
4177 古彙 3151	4178 Zheng 古彙 5126	4179 古彙 5127
尞（袗）讓	政	政
4180 古彙 1623	4181 古彙 1626	4182 古彙 1620
鄭昌	鄭疢	鄭華

古鉨 1625	集粹 2.141	古鉨 1618
4183	4184	4185
鄭慧	奠（鄭）釿	鄭同

古鉨 1628	珍秦 87.116	古鉨 1627
4186	4187	4188
鄭無戨（畏）	鄭忻	鄭余（餘）子

古鉨 1619	古鉨 1621	古鉨 1622
4189	4190	4191
鄭澤	鄭粥	鄭繰

古彙 1624 4192	**Zhi** 甘露 92 4193	古彙 5370 4194
鄭聬	之	銍
古彙 5371 4195	古彙 5372 4196	古彙 3418 4197
銍	銍	旨盧瘦（瘦）
古彙 3315 4198	古彙 3123 4199	**Zhong** 古彙 2707 4200
姅（智）皐	舩 堂(上)	中勻（軍）蒂

Zhou 古彙 3032	古彙 1191	古彙 1190
4201	4202	4203
周邦	周必月	周遖
古彙 3029 4204	古彙 1189 4205	璽集二-SY-0024 4206
周得	周緊	周晋
古彙 3031 4207	古彙 1199 4208	古彙 1187 4209
周戎	周買	周莫

古彙 1188 4210	古彙 3027 4211	古彙 1186 4212
周紹	周身	周勐（勝）
古彙 1195 4213	古彙 3030 4214	古彙 3026 4215
周事	周忬	周靯
印典 1.89 4216	古彙 5636 4217	古彙 1192 4218
周屯	周□	周□

古玺 1193	Zhu 古玺 2397	古玺 1581
4219	4220	4221
周□	株（朱）参	邾（朱）汛

封泥 5	古玺 1578	戰域 247-9
4222	4223	4224
邾（朱）吴	邾（朱）息	邾（朱）柔（冢）

古玺 1580	古玺 1575	古玺 1579
4225	4226	4227
邾（朱）撰	朱子私鉨（璽）	邾（朱）益

古鉨 1582	中大 94	古鉨 2726
4228	4229	4230
邦（朱）□	邦（朱）□	祝伴

古鉨 1442	古鉨 1443	古鉨 1444
4231	4232	4233
宔（主）宅（庀）	宔（主）宅（庀）	宔（主）宅（庀）

Zhuan　古鉨 1870	古鉨 1872	古鉨 1873
4234	4235	4236
郸安	郸筴	郸釋之

古彙 1871 4237	Zi 集粹 2.158 4238	珍秦 43.38 4239
鄩足	子柏□	子馬紹
古彙 1305 4240	Zong 古彙 1440 4241	古彙 1439 4242
子鮮頭	宗昌	宗疾
中大 43 4243	古彙 1441 4244	Zuo 古彙 1645 4245
宗說	宗戲	左吠

4246　　　　　　　　古彙 1653	4247　　　　　　　　古彙 1651	4248　　　　　　　　古彙 1644
邙（左）貴	左余（餘）子	左暲
4249　　　　　　　　古彙 3147	4250　　　　　　　　古彙 3148	4251　　　　　　　　古彙 1815
作遹	作歐	郯得
4252　　　　　　　　古彙 2138	4253　　　　　　　　古彙 2180	4254　　　　　　　　古彙 2181
舊鄈	郟勑（勝）	郟習

古彙 2259 4255	古彙 2228 4256	古彙 2241 4257
莘蛇（坨）	郟翠	酆丁
古彙 2243 4258	古彙 2250 4259	古彙 2251 4260
鄂（晞）瘀	堇誂（譙）	堇遊
古彙 3312 4261	古彙 3094 4262	古彙 3110 4263
勀棺	餇紿	箄耿

珍秦 17.43	古璽 3166	古璽 3167
4264	4265	4266
簞戲	刧厚	刧丁
古璽 3168	古璽 3169	集粹 2.137
4267	4268	4269
刧勗	刧居	葦筥
古璽 2252	古璽 3250	古璽 3253
4270	4271	4272
葦盲	葦勅（勝）	葦戊

古彙 3251	古彙 3252	古彙 2253
4273	4274	4275
蓳㝵（附）	蓳遉	蓳□

古彙 3301	古彙 2277	古彙 2279
4276	4277	4278
蓳丘	蓍羒	苴年

古彙 2280	古彙 2329	古彙 2525
4279	4280	4281
苴㬊	壄舍	犾粥

4282 　　　　　古璽 2623	4283 　　　　　古璽 2660	4284 　　　　　古璽 2842
胥馭	閔紹	馬黑
4285 　　　　　古璽 2844	4286 　　　　　古璽 2843	4287 　　　　　古璽 2845
馬聚	馬身	馬先
4288 　　　　　古璽 2846	4289 　　　　珍秦 99.139	4290 　　　　　古璽 2847
馬猎	馬孌（㦥）	馬迏（去）疒肎（憂）

晋系・私璽　　0493　◉

古鉨 3190 4291	古鉨 3191 4292	古鉨 3060 4293
馬迲（去）瘄（憂）	馬城軓（範）	寋容
古鉨 3095 4294	古鉨 3040 4295	古鉨 3041 4296
鈃勔	羿從	羿沽
古鉨 3459 4297	古鉨 3243 4298	古鉨 3179 4299
羿窺	勔又日	匜和

4300　　　　古玺 3186	4301　　　　古玺 3214	4302　　　　古玺 3242
座疒	敫栢	蒛皁
4303　　　　古玺 3263	4304　　　　古玺 3304	4305　　　　古玺 3382
聿君	郮 勑（勝）	戉秦
4306　　　　古玺 2230	4307　　　　古玺 3245	4308　　　　古玺 3432
郿赤	髹痟	髹臣

4309	古彙 2624	4310	古彙 2215	4311	古彙 2879
儌赤		鄞平		廊期	
4312	古彙 2618	4313	古彙 2875	4314	古彙 3255
逍墅（地）		屖旦		齸奚昜（傷）	
4315	古彙 3265	4316	古彙 3383	4317	古彙 3460
旵窍		偪鈞		罂遖	

古璽 3471 4318	古璽 3613 4319	古璽 4065 4320
金子	金襛	旟 城 賴
古璽 4097 4321	古璽 5377 4322	古璽 5506 4323
葷居	炆	蘿
古璽 5666 4324	古璽 5702 4325	新璽 4326
鄙赤	戙	邧子

集粹 2.118 4327	中大 15 4328	集粹 2.147 4329
郎留	劢狴	頼言
古彙 3454 4330	古彙 2677 4331	古彙 3283 4332
虩堨金□	鼻□	□老駕
古彙 3299 4333	古彙 3299 4334	古彙 3415 4335
□收虐	□左歐	□車駈（御）

4336 古彙 3475	4337 古彙 2211	4338 古彙 2232
□慶	□乙	□頭
4339 古彙 2295	4340 古彙 2546	4341 古彙 2613
□犀（觸）	□虐	□竅
4342 古彙 2882	4343 古彙 3241	4344 古彙 3246
□慶	□得	□鮓

4345 古彙 3318	4346 古彙 3357	4347 古彙 3365

□硕	□畫	□頵（瓔）
4348 古彙 3381	4349 古彙 3392	4350 古彙 3397

□吕	□朐	□慶
4351 古彙 3400	4352 古彙 3405	4353 古彙 3429

□埕	□曼	□相如

古彙 3450 4354	古彙 3436 4355	古彙 3448 4356
□□相如	□鹽（醬）	□王子
古彙 3451 4357	古彙 3458 4358	古彙 3461 4359
□陽疌（止）	□邦	□牽（犢）
古彙 3470 4360	古彙 3482 4361	古彙 3359 4362
□子	□君	□黯

4363	古彙 2224	4364	古彙 2229	4365	古彙 2302
□□		□□		□□	

4366	古彙 2877	4367	古彙 3393	4368	古彙 3394
□□		□□		□□	

4369	古彙 3396	4370	古彙 3464	4371	古彙 3465
□□		□□		□□	

古彙 3481

4372

□□

古彙 0569

4373

□□

晋系 · 吉语

An	古彙 5098	古彙 5099	古彙 4344

4374

4375

4376

安

安

安官

古彙 4345	古彙 4346	古彙 4347

4377

4378

4379

安官

安官

安官

古彙 4348	古彙 4349	古彙 4350

4380

4381

4382

安官

安官

安官

古鉥 4351	古鉥 4352	古鉥 4353
4383	4384	4385
安官	安官	安官
古鉥 4354	古鉥 4355	古鉥 4356
4386	4387	4388
安官	安官	安官
古鉥 4357	古鉥 4358	古鉥 4359
4389	4390	4391
安官	安官	安官

4392 古彚 4360	4393 古彚 4361	4394 古彚 4362
安官	安官	安官
4395 古彚 4363	4396 甘露 186	4397 古彚 4571
安官	安官	安鉨（璽）
Bai 4398 古彚 4699	4399 古彚 3281	4400 古彚 4700
百禾	百年	百年

4401　　　　　古彙 1205	4402　　　　　古彙 3280	4403　　　　　古彙 4739
百牛	百牛	百萬
4404　　　　　古彙 4919	4405　　　　　古彙 4920	4406　　　　　古彙 4921
百萬千秋昌	百萬千秋昌	百萬千秋昌
4407　　　　　古彙 4922	4408　　Bao　　古彙 4923	4409　　　　　古彙 4924
百萬千秋昌	勹又上下生	勹又上下生

Bi 古彙 5221 4410	古彙 5222 4411	古彙 5223 4412
必正	必正	必正
古彙 5224 4413	chang 古彙 5301 4414	古彙 0761 4415
必正	長	長昌
古彙 4624 4416	古彙 4625 4417	古彙 4626 4418
長官	長官	長官

古鉨 4627 4419	古鉨 4628 4420	古鉨 4629 4421
長官	長官	長官
古鉨 4630 4422	古鉨 4631 4423	甘露 190 4424
長官	長官	長官
古鉨 5609 4425	古鉨 0700 4426	甘露 29 4427
長明	長明	長善

古鉨 4404 4428	甘露 11 4429	古鉨 4672 4430
長生	長身（信）	長身（信）
古鉨 4673 4431	古鉨 4674 4432	古鉨 5615 4433
長身（信）	長身（信）	長亘
Chu　古鉨 4912 4434	古鉨 5595 4435	Da　古鉨 4560 4436
出內（入）大吉	出內（入）大吉	大福

4437	古彙 5577	4438	古彙 4738	4439	古彙 4866
	大吉		大吉昌		大吉昌内

4440	古彙 4867	4441	古彙 4868	4442	古彙 4869
	大吉昌内		大吉昌内		大吉昌内

4443	古彙 4870	4444	古彙 4871	4445	古彙 4872
	大吉昌内		大吉昌内		大吉昌内

4446 　　　　　古彙 4873	4447 　　　　　古彙 4874	4448 　De　　　古彙 3135
大吉昌内	大吉昌内	得
4449 　　　　　古彙 4343	4450 　　　　　古彙 3377	4451 　　　　　古彙 4336
得時	得志	得志
4452 　　　　　古彙 4337	4453 　　　　　古彙 4338	4454 　　　　　甘露 93
得志	得志	得志

新見 045 4455	古彙 4339 4456	古彙 4341 4457
得志	得紸（志）	得衆
古彙 4342 4458	甘露 123 4459	Ding　古彙 4907 4460
得衆	得衆	丁日日心
古彙 4908 4461	Feng　古彙 5209 4462	Fu　古彙 3368 4463
丁日日心	豐	福大

4464 古彙 5100	4465 古彙 5101	4466 古彙 5102
富	富	富
4467 古彙 4423	4468 古彙 4417	4469 古彙 4418
富安	富昌	富昌
4470 古彙 4419	4471 古彙 4420	4472 古彙 4421
富昌	富昌	富昌

4473　　　　　　古鉩 4422	4474　　　　　　古鉩 4409	4475　　　　　　古鉩 4410
富昌	富生	富生
4476　　　　　　古鉩 4411	4477　　　　　　古鉩 4412	4478　　　　　　古鉩 4413
富生	富生	富生
4479　　　　　　古鉩 4414	4480　　　　　　古鉩 4415	4481　　　　　　古鉩 4416
富生	富生	富生

4482　　甘露 199	4483　　甘露 61	**Gan**　　古彙 5263 4484
富生	富心	甘
4485　　古彙 5264	**Gong**　　古彙 5085 4486	4487　　古彙 5086
甘	公	公
4488　　古彙 5087	4489　　古彙 5088	4490　　古彙 5089
公	公	公

古鉨 5090	古鉨 5091	古鉨 5092
4491	4492	4493
公	公	公
古鉨 5093	古鉨 5129	古鉨 5130
4494	4495	4496
公	共（恭）	共（恭）
古鉨 5131	古鉨 5132	古鉨 5133
4497	4498	4499
共（恭）	共（恭）	共（恭）

4500　　　　　　古鉨 5134	4501　　　　　　古鉨 5135	4502　　　　　　古鉨 5136
共（恭）	共（恭）	共（恭）
4503　　　　　　古鉨 5137 	4504　　　　　　古鉨 5138 	4505　　　　　　古鉨 5139
共（恭）	共（恭）	共（恭）
4506　　　　　　古鉨 5140 	4507　　　　　　古鉨 5141	4508　　　　　　古鉨 5142
共（恭）	共（恭）	共（恭）

古鉨 5143 4509 共（恭）	古鉨 5144 4510 共（恭）	古鉨 5145 4511 共（恭）
古鉨 5146 4512 共（恭）	古鉨 5147 4513 共（恭）	古鉨 5148 4514 共（恭）
古鉨 5149 4515 共（恭）	古鉨 5150 4516 共（恭）	古鉨 5151 4517 共（恭）

4518　古彙 5152	4519　古彙 5389	4520　甘露 132
共（恭）	恭	共（恭）
4521　甘露 133	4522　新見 046	4523　Guan　古彙 5096
共（恭）	舘（信）思	官
4524　古彙 5097	4525　Gui　古彙 4675	4526　古彙 4676
官	貴身	貴身

4527	新見 047	4528 **He**	古彙 5112	4529	古彙 5113
	貴天		禾		禾
4530	古彙 5114	4531	古彙 5115	4532	古彙 5116
	禾		禾		禾
4533	古彙 5117	4534	古彙 5118	4535	古彙 5119
	禾		禾		禾

甘露 79 4536 禾	古彙 5107 4537 和	古彙 5108 4538 和
古彙 5109 4539 和	古彙 5110 4540 和	古彙 5111 4541 和
Ji 古彙 4761 4542 吉昌内	新見 048 4543 吉訢（信）	Jing 古彙 5310 4544 青（精）

古鉨 5374 4545 精	甘露 55 4546 精	古鉨 3337 4547 精弋（壹）
古鉨 3155 4548 青（精）中（忠）	古鉨 3156 4549 青（精）中（忠）	古鉨 3157 4550 青（精）中（忠）
古鉨 3158 4551 青（精）中（忠）	古鉨 4643 4552 青（精）中（忠）	古鉨 4644 4553 青（精）中（忠）

4554 古彙 4647	4555 古彙 4648	4556 古彙 4649
青（精）中（忠）	青（精）中（忠）	青（精）中（忠）
4557 古彙 4650	4558 古彙 4651	4559 古彙 4652
青（精）中（忠）	青（精）中（忠）	青（精）中（忠）
4560 古彙 5385	4561 甘露 56	4562 古彙 5323
青（精）中（忠）	青（精）中（忠）	芍（敬）

4563	甘露 135	4564	甘露 136	4565	古彙 5004
	敬		敬		敬

4566	古彙 5005	4567	古彙 5006	4568	古彙 5009
	敬		敬		敬

4569	古彙 5010	4570	古彙 5011	4571	古彙 5012
	敬		敬		敬

古鉩5013	古鉩5014	古鉩5015
4572	4573	4574
敬	敬	敬
古鉩5016	古鉩5017	古鉩5018
4575	4576	4577
敬	敬	敬
古鉩5019	古鉩5020	古鉩5021
4578	4579	4580
敬	敬	敬

4581	古鉨 5022	4582	古鉨 5023	4583	古鉨 5024

敬　　　　　　　　敬　　　　　　　　敬

4584	古鉨 5025	4585	古鉨 5026	4586	古鉨 5027

敬　　　　　　　　敬　　　　　　　　敬

4587	古鉨 5028	4588	古鉨 5029	4589	古鉨 5030

敬　　　　　　　　敬　　　　　　　　敬

4590	古玺 5031	4591	古玺 5032	4592	古玺 5038
	敬		敬		敬
4593	古玺 5693	4594	古玺 4759	4595	古玺 4760
	敬		敬公正		敬金□
4596	古玺 4255	4597	古玺 4225	4598	古玺 4226
	敬老		敬命		敬命

4599 　　　　古鉩 4227	4600 　　　　古鉩 4228	4601 　　　　古鉩 4229
敬命	敬命	敬命
4602 　　　　古鉩 4230	4603 　　　　甘露 115	4604 　　　　古鉩 4715
敬命	敬命	敬其上
4605 　　　　古鉩 4716	4606 　　　　古鉩 4717	4607 　　　　古鉩 4718
敬其上	敬其上	敬其上

古彙 4719	古彙 4720	古彙 4721
4608	4609	4610
敬其上	敬其上	敬其上

古彙 4722	古彙 4723	古彙 4724
4611	4612	4613
敬其上	敬其上	敬其上

古彙 4725	古彙 4726	甘露 168
4614	4615	4616
敬其上	敬其上	敬其上

古鉨 4200	古鉨 4201	古鉨 4202
4617	4618	4619
敬上	敬上	敬上
古鉨 4203	古鉨 4204	古鉨 4205
4620	4621	4622
敬上	敬上	敬上
古鉨 4206	古鉨 4207	古鉨 4208
4623	4624	4625
敬上	敬上	敬上

4626 古壐 4209	4627 古壐 4210	4628 古壐 4211
敬上	敬上	敬上
4629 古壐 4212	4630 古壐 4213	4631 古壐 4214
敬上	敬上	敬上
4632 古壐 4215	4633 古壐 4216	4634 古壐 4217
敬上	敬上	敬上

古鉨 4218	古鉨 4219	古鉨 4220
4635	4636	4637
敬上	敬上	敬上
古鉨 4221	古鉨 4222	古鉨 4223
4638	4639	4640
敬上	敬上	敬上
甘露 166	古鉨 4257	古鉨 4258
4641	4642	4643
敬上	敬身	敬身

古彙 4701 4644	甘露 169 4645	古彙 4142 4646
敬身	敬慎其上	敬事
古彙 4143 4647	古彙 4144 4648	古彙 4145 4649
敬事	敬事	敬事
古彙 4146 4650	古彙 4147 4651	古彙 4148 4652
敬事	敬事	敬事

古陶 4149 4653	古陶 4150 4654	古陶 4151 4655
敬事	敬事	敬事
古陶 4152 4656	古陶 4153 4657	古陶 4154 4658
敬事	敬事	敬事
古陶 4155 4659	古陶 4156 4660	古陶 4157 4661
敬事	敬事	敬事

古鉩 4158	古鉩 4159	古鉩 4160
4662	4663	4664
敬事	敬事	敬事
古鉩 4161	古鉩 4162	古鉩 4163
4665	4666	4667
敬事	敬事	敬事
古鉩 4164	古鉩 4165	古鉩 4166
4668	4669	4670
敬事	敬事	敬事

4671　　　　　古玺 4167	4672　　　　　古玺 4168	4673　　　　　古玺 4169
敬事	敬事	敬事
4674　　　　　古玺 4170	4675　　　　　古玺 4171	4676　　　　　古玺 4172
敬事	敬事	敬事
4677　　　　　古玺 4173	4678　　　　　古玺 4174	4679　　　　　古玺 4175
敬事	敬事	敬事

古彙 4176	古彙 4177	古彙 4179
4680	4681	4682
敬事	敬事	敬事
古彙 4180	古彙 4181	古彙 4182
4683	4684	4685
敬事	敬事	敬事
古彙 4183	古彙 4184	古彙 4185
4686	4687	4688
敬事	敬事	敬事

古鉨 4186	古鉨 4187	古鉨 4188
4689	4690	4691
敬事	敬事	敬事
古鉨 4189	古鉨 4190	古鉨 4191
4692	4693	4694
敬事	敬事	敬事
古鉨 4192	古鉨 4193	古鉨 4194
4695	4696	4697
敬事	敬事	敬事

古鉩 4195	古鉩 4196	古鉩 4197
4698	4699	4700
敬事	敬事	敬事

古鉩 4198	甘露 153
4701	4702
敬事	敬事

甘露 154	甘露 155	甘露 170
4703	4704	4705
敬事	敬事	敬祀

古鉨 4259	古鉨 4247	古鉨 4248
4706	4707	4708
敬土	敬立（位）	敬立（位）

古鉨 4249	古鉨 4236	古鉨 4237
4709	4710	4711
敬立（位）	敬文	敬文

古鉨 4238	古鉨 4239	古鉨 4240
4712	4713	4714
敬文	敬文	敬文

古鉩 4241	古鉩 4242	甘露 102
4715	4716	4717
敬文	敬文	敬文
古鉩 4250	古鉩 4251	古鉩 4252
4718	4719	4720
敬鉩	敬鉩	敬鉩
古鉩 4253	甘露 139	古鉩 5704
4721	4722	4723
敬鉩	敬鉩	敬信

4724 古彙 4254	4725 甘露 159	4726 古彙 3366
敬行	敬行	敬言
4727 古彙 4243	4728 古彙 4244	4729 古彙 4245
敬之	敬之	敬之
4730 古彙 3363	4731 古彙 4703	4732 古彙 4704
敬中（忠）	敬□□	敬□□

古彙 4705	古彙 4706	古彙 4707
4733	4734	4735
敬□□	敬□□	敬□□

古彙 4713	Jun　　　　古彙 4663	古彙 4664
4736	4737	4738
敬□	君壽	君壽

古彙 4665	古彙 4666	古彙 4667
4739	4740	4741
君壽	君壽	君壽

4742　　　古陶 4668	4743　　　古陶 4669	4744　　　甘露 75
君壽	君壽	君子之右
Ke　4745　　古陶 4864	4746　　　古陶 4865	4747　　　甘露 20
可以正曲	可以正曲	可以正氏
4748　　　古陶 4860	4749　　　古陶 4861	4750　　　甘露 21
可以正氏	可以正氏	可以正勿

4751 古彙 4852	4752 古彙 4853	4753 古彙 4854
可以正下	可以正下	可以正下
4754 古彙 4855	4755 古彙 4856	4756 古彙 4857
可以正下	可以正下	可以正下
4757 古彙 4858	4758 古彙 4859	4759 古彙 4862
可以正下	可以正下	可以正下

4760	古鉨 4863	4761	甘露 19	4762	古鉨 4918
可以正下		可以正下		可以正下鉨（璽）	
Ming 4763	古鉨 4374	4764	古鉨 4375	4765	古鉨 4376
明上		明上		明上	
4766	古鉨 4377	4767	古鉨 4378	4768	古鉨 4379
明上		明上		明上	

4769 古彙 4380  明上	4770 古彙 4381  明上	4771 古彙 4382  明上
4772 古彙 4383  明上	4773 古彙 4384 明上	4774 古彙 4385 明上
4775 古彙 4386  明上	4776 古彙 4387 明上	4777 古彙 4388  明上

古鉨 4389 4778 明上	古鉨 4390 4779 明上	古鉨 4391 4780 明上
古鉨 4392 4781 明上	古鉨 4393 4782 明上	古鉨 4394 4783 明上
古鉨 4395 4784 明上	古鉨 4396 4785 明上	古鉨 4397 4786 明上

4787 古彙 4398  明上	4788 甘露 196  明上	4789 草原 2013—2:44  明上
4790 古彙 4911  明上□下	4791 古彙 4400  明下	4792 古彙 4401  明下
4793 古彙 4402  明下	4794 古彙 4403  明下	4795 甘露 197  明下

Mu 甘露 86	Qi 古彙 4747	古彙 4048
4796	4797	4798
母（毋）相忘	亓（其）有百	犾（祈）求迲（去）痟（憂）
Qian 古彙 4482	古彙 4483	古彙 4742
4799	4800	4801
千百	千百	千百牛
古彙 4743	古彙 4744	古彙 4745
4802	4803	4804
千百牛	千百牛	千百牛

古鉨 4746	古鉨 4479	古鉨 4480
4805	4806	4807
千百牛	千金	千金

古鉨 4481	古鉨 4677	古鉨 3456
4808	4809	4810
千金	千牛	千牛百羊

古鉨 4910	古鉨 4430	古鉨 4431
4811	4812	4813
千牛百羊	千秋	千秋

古鉨 4432	古鉨 4433	古鉨 4434
4814	4815	4816
千秋	千秋	千秋
古鉨 4435	古鉨 4436	古鉨 4437
4817	4818	4819
千秋	千秋	千秋
古鉨 4438	古鉨 4439	古鉨 4440
4820	4821	4822
千秋	千秋	千秋

古彙 4441	古彙 4442	古彙 4443
4823	4824	4825
千秋	千秋	千秋
古彙 4444	古彙 4445	古彙 4446
4826	4827	4828
千秋	千秋	千秋
古彙 4447	古彙 4448	古彙 4449
4829	4830	4831
千秋	千秋	千秋

古彙 4450
4832

千秋

古彙 4451
4833

千秋

古彙 4452
4834

千秋

古彙 4453
4835

千秋

古彙 4454
4836

千秋

古彙 4455
4837

千秋

古彙 4456
4838

千秋

古彙 4457
4839

千秋

古彙 4458
4840

千秋

古鉩 4459	古鉩 4460	古鉩 4425
4841	4842	4843
千秋	千秋	千歲
古鉩 4426	古鉩 4427	古鉩 4428
4844	4845	4846
千歲	千歲	千歲
古鉩 4429	古鉩 4466	古鉩 4467
4847	4848	4849
千歲	千萬	千丏（萬）

	古鉩 4468		古鉩 4469		古鉩 4470
4850		4851		4852	
	千丏（萬）		千丏（萬）		千丏（萬）
4853	古鉩 4471	4854	古鉩 4472	4855	古鉩 4473
	千丏（萬）		千丏（萬）		千丏（萬）
4856	古鉩 4474	4857	古鉩 4475	4858	古鉩 4476
	千丏（萬）		千丏（萬）		千丏（萬）

古彙 4477	古彙 4478	古彙 4461
4859	4860	4861
千丏（萬）	千丏（萬）	千羊

古彙 4462	古彙 4463	古彙 4464
4862	4863	4864
千羊	千羊	千羊

古彙 4465	Ri 古彙 4260	古彙 4890
4865	4866	4867
千羊	日敬	日入千丏（萬）

4868　　　甘露 142	4869　　　古彙 4891	shan　　　古彙 5581 4870
日慎	日□□□	善
4871　　　古彙 5387	4872　　　古彙 5388	4873　　　甘露 31
善	善	善壽
4874　　　甘露 110	4875　　　古彙 3379	Shang　　　古彙 5429 4876
善宜	善仲	吐（上）

4877 古彚 5430	4878 甘露 41	4879 古彚 4844
吐（上）	上	上士之右
4880 古彚 4845	4881 古彚 4846	4882 古彚 4847
上士之右	上士之右	上士之右
4883 古彚 4848	4884 古彚 4849	4885 古彚 4850
上士之右	上士之右	上士之右

4886 古彙 4851	4887 甘露 101	4888 甘露 82
上士之右	上文	上下和
4889 古彙 4730	4890 古彙 4637	4891 甘露 195
上下和	上行	上又生
4892 古彙 4635	4893 古彙 4636	4894 古彙 4916
上□	上□	上□□□

4895	甘露 42	4896	考古 2001—8:93c	4897	古彙 5527
	尚		尚		尚

4898	古彙 3076	4899	古彙 3285	4900	Shen 甘露 1
	尚言		尚□		身

4901	古彙 4927	4902	古彙 4928	4903	古彙 4929
	慎		慎		慎

古鉩 4930 4904	古鉩 4931 4905	古鉩 4932 4906
慎	慎	慎
古鉩 4933 4907	古鉩 4934 4908	古鉩 4935 4909
慎	慎	慎
古鉩 4936 4910	古鉩 4937 4911	古鉩 4938 4912
慎	慎	慎

4913　　　　　　　　古彙 4939	4914　　　　　　　　古彙 4940	4915　　　　　　　　古彙 4941
慎	慎	慎
4916　　　　　　　　古彙 4942	4917　　　　　　　　古彙 4943	4918　　　　　　　　古彙 4944
慎	慎	慎
4919　　　　　　　　古彙 4945	4920　　　　　　　　古彙 4946	4921　　　　　　　　古彙 4947
慎	慎	慎

古鉨 4948	古鉨 4949	古鉨 4950
4922	4923	4924
慎	慎	慎
古鉨 4951	古鉨 4952	古鉨 4953
4925	4926	4927
慎	慎	慎
古鉨 4954	古鉨 4955	古鉨 4956
4928	4929	4930
慎	慎	慎

4931 古鉨 4957	4932 古鉨 4958	4933 古鉨 4959

慎	慎	慎
4934 古鉨 4960	4935 古鉨 4961	4936 古鉨 4962

慎	慎	慎
4937 古鉨 4963	4938 古鉨 4964	4939 古鉨 4965

慎	慎	慎

4940　　　　　　　　　古鉥 4966	4941　　　　　　　　　古鉥 4967	4942　　　　　　　　　古鉥 4968
慎	慎	慎
4943　　　　　　　　　古鉥 4969	4944　　　　　　　　　古鉥 4971	4945　　　　　　　　　甘露 141
慎	慎	慎
4946　　　　　　　　　古鉥 4300	4947　　　　　　　　　古鉥 4301	4948　　　　　　　　　古鉥 4302
慎官	慎官	慎官

古鉩 4303	古鉩 4304	甘露 189
4949	4950	4951
慎官	慎官	慎官

甘露 119	古鉩 4900	古鉩 4283
4952	4953	4954
慎禾敬聽	慎禾敬聽	慎命

甘露 116	古鉩 4297	古鉩 4298
4955	4956	4957
慎命	慎上	慎上

古鉨 4299 4958	甘露 167 4959	甘露 201 4960
慎上	**慎上**	**慎生**
古鉨 4292 4961	古鉨 4293 4962	古鉨 4294 4963
慎事	**慎事**	**慎事**
古鉨 4295 4964	古鉨 4296 4965	甘露 156 4966
慎事	**慎事**	**慎事**

甘露 157 4967	古彙 4679 4968	古彙 4680 4969
慎事	慎鉨（璽）	慎鉨（璽）
古彙 4321 4970	古彙 4322 4971	古彙 4323 4972
慎鉨（璽）	慎鉨（璽）	慎鉨（璽）
古彙 4324 4973	古彙 4325 4974	古彙 4326 4975
慎鉨（璽）	慎鉨（璽）	慎鉨（璽）

4976	古彙 4327	4977	古彙 4328	4978	古彙 4329
慎鈢（璽）		慎鈢（璽）		慎鈢（璽）	
4979	古彙 4330	4980	甘露 145	4981	古彙 4313
慎鈢（璽）		慎鈢（璽）		慎行	
4982	古彙 4314	4983	古彙 4315	4984	古彙 4316
慎行		慎行		慎行	

古鈢 4317	古鈢 4318	古鈢 4319
4985	4986	4987
慎行	慎行	慎行
古鈢 4320	甘露 160	古鈢 4284
4988	4989	4990
慎行	慎行	慎言
古鈢 4285	古鈢 4286	古鈢 4287
4991	4992	4993
慎言	慎言	慎言

4994 古鉨 4288	4995 古鉨 4289	4996 古鉨 4290
慎言	慎言	慎言
4997 古鉨 4291	4998 甘露 164	4999 古鉨 4901
慎言	慎言	慎正司敬
5000 古鉨 4305	5001 古鉨 4306	5002 古鉨 4307
慎之	慎之	慎之

5003 　　　　古彙 4308	5004 　　　　古彙 4309	5005 　　　　古彙 4310
慎之	慎之	慎之
5006 　　　　古彙 4311	5007 　　　　古彙 4312	5008 　　　　古彙 4711
慎之	慎之	慎之
5009 　　　　甘露 146	5010 　　　　甘露 126	5011 　　　　甘露 17
慎之	慎終	慎終如始

Sheng 　　　古鉨 5598 5012 生	古鉨 3291 5013 生畐（福）	古鉨 4698 5014 生畐（福）
古鉨 4511 5015 聖人	**Shi** 　　　古鉨 4670 5016 士身（信）	古鉨 4671 5017 士身（信）
古鉨 4925 5018 有羌士昌生	古鉨 4926 5019 有羌士昌生	古鉨 4882 5020 士正亡（無）私

古彙 4883 5021 士正亡（無）私	古彙 4881 5022 士正亡（無）私	古彙 4756 5023 士□鈢（璽）
Shou 古彙 5298 5024 守	古彙 4231 5025 守敬	古彙 4232 5026 守敬
古彙 4233 5027 守敬	古彙 4234 5028 守敬	古彙 4235 5029 守敬

Shu 古彙 5187	古彙 5188	古彙 5189
5030	5031	5032
書	書	書

Si 古彙 4827	古彙 4828	古彙 4829
5033	5034	5035
私公之鈢（璽）	私公之鈢（璽）	私公之鈢（璽）

古彙 4830	古彙 4831	古彙 4832
5036	5037	5038
私公之鈢（璽）	私公之鈢（璽）	私公之鈢（璽）

5039　　　　古彙 4833  私公之鉨（璽）	5040　　　　古彙 4834  私公之鉨（璽）	5041　　　　古彙 4835  私公之鉨（璽）
5042　　　　古彙 4836  私公之鉨（璽）	5043　　　　古彙 4837  私公之鉨（璽）	5044　　　　古彙 4838  私公之鉨（璽）
5045　　　　古彙 4839  私公之鉨（璽）	5046　　　　甘露 85  私公之鉨（璽）	5047　　　　甘露 147  私敬

5048 秦风 249d	5049 古彙 4537	Tong 5050 古彙 4499
思事	私行	同心
5051 古彙 4500	Wan 5052 古彙 4484	5053 古彙 4485
同心	萬金	萬金
5054 古彙 4486	5055 古彙 4487	5056 古彙 4488
萬金	萬金	萬金

5057 古彙 4489	5058 古彙 4490	5059 古彙 4491
萬金	萬金	萬金

5060 古彙 4492	5061 Wang 古彙 4893	5062 甘露 203
萬金	王亓（其）有正	王亓（其）有正

5063 古彙 4903	5064 古彙 4904	5065 古彙 4905
王上之□	王上之□	王上之□

5066 古彙 4906	5067 古彙 4892	5068 古彙 4824

王上之□	王有大吉	王之上士
5069 甘露 181	5070 古彙 4894	5071 古彙 4895
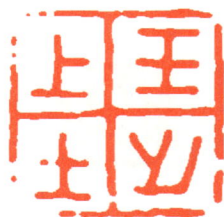		
王之上士	王□敬□	王□敬□
5072 古彙 4896	5073 古彙 4897	5074 古彙 4898

王□敬□	王□敬□	王□敬□

古彙 4899	甘露 173	Wu　　　古彙 4525
5075	5076	5077
王□敬□	王□□□	亡（無）私

古彙 4526	古彙 4527	古彙 4528
5078	5079	5080
亡（無）私	亡（無）私	亡（無）私

Xia　　　古彙 3476	Xin　　　古彙 2561	古彙 5190
5081	5082	5083
下上安	㥼（信）	䤰（信）

古鉨 5191	古鉨 5192	古鉨 5193
5084	5085	5086
䂤（信）	䂤（信）	䂤（信）

古鉨 5194	古鉨 5195	古鉨 5283
5087	5088	5089
䂤（信）	䂤（信）	䂤（信）

古鉨 5287	甘露 5	甘露 6
5090	5091	5092
䂤（信）	䂤（信）	息（信）

甘露 14	古彙 3344	古彙 5593
5093	5094	5095
躬（信）	息（信）人	身（信）士
古彙 3345	古彙 3129	古彙 4660
5096	5097	5098
息（信）鉌（璽）	舠（信）言	身（信）言
古彙 4661	古彙 4662	古彙 5450
5099	5100	5101
身（信）言	身（信）言	躬（信）言

Xing	古彙 4535		古彙 2631		甘露 18
5102		5103		5104	
行吉		行可		行可	
	古彙 4694	Xiu	甘露 2	Yi	古彙 4909
5105		5106		5107	
行□		修身		以身（信）上之	
	甘露 103		古彙 4265		古彙 4266
5108		5109		5110	
宜		宜官		宜官	

古彙 4267	古彙 4268	古彙 4269
5111	5112	5113
𨚕（宜）官	𨚕（宜）官	𨚕（宜）官
古彙 4270	古彙 4271	甘露 187
5114	5115	5116
宜官	宜官	𨚕（宜）官
甘露 188	古彙 4279	古彙 4280
5117	5118	5119
𨚕（宜）官	宜禾	宜禾

5120	古鉨 4281	5121	甘露 106	5122	古鉨 4740
	宜禾		宜禾		宜千金

5123	古鉨 4538	5124	古鉨 4539	5125	古鉨 4276
	宜善		宜善		宜生

5126	古鉨 4277	5127	甘露 200	5128	古鉨 3474
	宜生		宜生		宜事

古彙 4272	甘露 107	古彙 4261
5129	5130	5131
丞（宜）事	丞（宜）事	宜王
古彙 4262	古彙 4263	古彙 4264
5132	5133	5134
宜王	宜王	宜王
甘露 191	古彙 4278	甘露 109
5135	5136	5137
宜王	宜立（位）	宜立（位）

古彙 4273 5138	古彙 4274 5139	古彙 4275 5140
宜行	宜行	丕（宜）行
古彙 4536 5141	甘露 108 5142	新見 049 5143
丕（宜）行	丕（宜）行	宜行
古彙 4741 5144	古彙 4748 5145	古彙 4749 5146
宜有百	宜有百	宜有百

5147 古鉨 4750	5148 甘露 113	5149 古鉨 4812
宜有百	宜有百金	宜有百金
5150 古鉨 4813	5151 甘露 114	5152 古鉨 4806
宜有百金	宜有百萬	宜有百萬
5153 古鉨 4807	5154 古鉨 4808	5155 古鉨 4809
宜有百萬	宜有百萬	宜有百萬

5156 古彙 4810	5157 古彙 4811	5158 甘露 111
宜有百萬	宜有百萬	宜有君士
5159 古彙 4902	5160 古彙 4805	5161 古彙 4793
宜有君士	宜有千金	宜有千萬
5162 古彙 4794	5163 古彙 4795	5164 古彙 4796
宜有千萬	宜有千萬	宜有千萬

古鉨 4797	古鉨 4798	古鉨 4799
5165	5166	5167
宜有千萬	宜有千萬	宜有千萬
古鉨 4800	古鉨 4801	古鉨 4802
5168	5169	5170
宜有千萬	宜有千萬	宜有千萬
古鉨 4803	古鉨 4804	甘露 112
5171	5172	5173
宜有千萬	宜有千萬	宜有上士

甘露 104 5174	甘露 105 5175	You　古彙 3385 5176
宜正	宜正	又（有）道
古彙 3386 5177	古彙 3387 5178	古彙 3388 5179
又（有）道	又（有）道	又（有）道
古彙 4559 5180	古彙 4814 5181	古彙 4815 5182
又（有）福	有千百萬	有千百萬

5183　　　　　　古彙 4816	5184　　　　　　古彙 4817	5185　　　　　　古彙 4818
有千百萬	有千百萬	有千百萬
5186　　　　　　古彙 4736	5187　　　　　　古彙 4737	5188　　　　　　古彙 4751
有千萬	有千萬	有私鉨（璽）
5189　　　　　　甘露 8	5190　　　　　　古彙 4513	5191　　　　　　古彙 4514
有息（信）	有志	有志

5192 古彙 4515	5193 古彙 4516	5194 甘露 98
有志	有志	有志
Zheng 5195 古彙 5094	5196 古彙 5095	5197 古彙 5400
正	正	正
5198 古彙 5703	5199 甘露 46	5200 新見 065
正	正	正

古玺 4529	古玺 4530	甘露 131
5201	5202	5203
正下	正下	正下
古玺 4364	古玺 4365	古玺 4366
5204	5205	5206
正行	正行	正行
古玺 4367	古玺 4368	古玺 4369
5207	5208	5209
正行	正行	正行

古彙 4370	古彙 4371	古彙 4372
5210	5211	5212
正行	正行	正行
古彙 4373	甘露 62	甘露 63
5213	5214	5215
正行	正行	正行
甘露 65	甘露 66	甘露 67
5216	5217	5218
正行亡（無）私	正行亡（無）私	正行亡（無）私

古鉩 4763	古鉩 4764	古鉩 4765
5219	5220	5221

正行亡（無）私	正行亡（無）私	正行亡（無）私
古鉩 4766	古鉩 4767	古鉩 4768
5222	5223	5224

正行亡（無）私	正行亡（無）私	正行亡（無）私
古鉩 4769	古鉩 4770	古鉩 4771
5225	5226	5227

正行亡（無）私	正行亡（無）私	正行亡（無）私

古鉩 4772	古鉩 4773	古鉩 4774
5228	5229	5230
正行亡（無）私	正行亡（無）私	正行亡（無）私
古鉩 4775	古鉩 4776	古鉩 4777
5231	5232	5233
正行亡（無）私	正行亡（無）私	正行亡（無）私
古鉩 4778	古鉩 4779	古鉩 4780
5234	5235	5236
正行亡（無）私	正行亡（無）私	正行亡（無）私

古彙 4781 5237  正行亡（無）私	古彙 4782 5238  正行亡（無）私	古彙 4783 5239  正行亡（無）私
古彙 4784 5240  正行亡（無）私	古彙 4785 5241  正行亡（無）私	古彙 4786 5242  正行亡（無）私
古彙 4787 5243  正行亡（無）私	古彙 4788 5244  正行亡（無）私	古彙 4789 5245  正行亡（無）私

5246	古彙 4790	5247	古彙 4791	5248	古彙 4792
正行亡（無）私		正行亡（無）私		正行亡（無）私	
5249	古彙 4914	5250	草原 2013—2:44	5251	Zhong 甘露 45
正行亡（無）私		正行亡（無）私		中	
5252	甘露 28	5253	甘露 180	5254	古彙 4509
中善		中士		中行	

古彙 4531	古彙 4532	甘露 47
5255	5256	5257
中正	中正	中正
古彙 2708	甘露 22	古彙 4655
5258	5259	5260
中□	忠	中（忠）恶（愛）
古彙 4639	古彙 2688	古彙 2689
5261	5262	5263
中（忠）身（信）	中（忠）身（信）	中（忠）身（信）

古鉨 2690 5264  中（忠）身（信）	古鉨 2691 5265  中（忠）身（信）	古鉨 2692 5266  中（忠）身（信）
古鉨 2693 5267  中（忠）身（信）	古鉨 2694 5268  中（忠）身（信）	古鉨 2695 5269  中（忠）身（信）
古鉨 2696 5270  中（忠）身（信）	古鉨 2697 5271  中（忠）身（信）	古鉨 2698 5272  中（忠）身（信）

古匋 2699 5273	古匋 2700 5274	古匋 2701 5275
中（忠）身（信）	中（忠）身（信）	中（忠）身（信）
古匋 2702 5276	古匋 2703 5277	古匋 2704 5278
中（忠）身（信）	中（忠）身（信）	中（忠）身（信）
古匋 2705 5279	古匋 2706 5280	古匋 4639 5281
中（忠）身（信）	中（忠）身（信）	中（忠）身（信）

5282	古彙 4640	5283	古彙 4641	5284	古彙 4642
中（忠）身（信）		中（忠）身（信）		中（忠）身（信）	
5285	古彙 4653	5286	古彙 4654	5287	甘露 7
中（忠）息（信）		中（忠）息（信）		中（忠）息（信）	
5288	甘露 9	5289	甘露 15	5290	古彙 2681
中（忠）身（信）		中（忠）躬（信）		中（忠）躬（信）	

古玺 2682	古玺 2683	古玺 2684
5291	5292	5293
中（忠）躬（信）	中（忠）躬（信）	中（忠）躬（信）
古玺 2685	古玺 2686	古玺 2687
5294	5295	5296
中（忠）躬（信）	中（忠）躬（信）	中（忠）躬（信）
Zi　　甘露 137	古玺 4657	古玺 4658
5297	5298	5299
自敬	自曲	自曲

5300 古彙 4659	5301 甘露 138	5302 古彙 4656
自曲	自曲	自以
Zong 古彙 4678 5303		
宗昌		

战国玺印

（分域音序）

胡长春 ◎ 著

下册

人民出版社

楚系·官玺

An　　古彙 0178	古彙 5603	Bei　　古彙 0339
5304	5305	5306
安昌里鉨（璽）	安埏之鉨（璽）	北孚東曲
古彙 5554	Bu　　古彙 5128	古彙 0228
5307	5308	5309
北州之鉨（璽）	卜正	尃（簿）室之鉨（璽）
古彙 0229	璽集二—GY—0036	古彙 0133
5310	5311	5312
尃（簿）室之鉨（璽）	尃（簿）室之鉨（璽）	不正腐（府）鉨（璽）

Cang　　珍秦 19.5 5313	Chang 璽集二—SY—0074 5314	Chen　　古彙 0281 5315
寴（藏）室	長信侯雁（雁）	陣（陳）之新都
Cheng　　古彙 0219 5316	Chu　　古彙 0181 5317	Chuan　　古彙 0203 5318
成（盛）繺（樂）之鉨（璽）	楮里之鉨（璽）	遫（傳）遷（徙）之鉨（璽）
Chui　　珍秦 15.1 5319	Chun　　古彙 5601 5320	璽集二—GY—0034 5323
陲戉匀（軍）	惇公里鉨（璽）	大莫囂(敖) 鉨（璽）

Cuo 5321　　　古彙 0288（疑偽）  鄦（厝）將洰（渠）傳鉨（璽）	5324　　　古彙 5590 大廄（厰）
Da 5322　　　古彙 0127  大貨（貲）	**Dian** 5325　　　古彙 0171  訨（典）陽門

Dong 5326　古彙 0310  東郖（國）戠（職）交	**E** 5327　璽集二—GY—0031  鄂宛大夫鉨(璽)	**Fang** 5328　古彙 3749 方正敿芝

古鉨 3750	Fu 古鉨 0180	Gao 古鉨 0132
5329	5330	5331
方正戠（職）豐（豐）	郢里之鉨（璽）	高賓（府）之鉨（璽）
古鉨 0311	古鉨 0144	Gong 古鉨 5560
5332	5333	5334
高陵車（關）	高旅官鉨（璽）	公䢃（卒）之三
Gou 古鉨 0274	Hao 古鉨 0283	例舉
5335	5336	5337
詢里隹（進）鉨（璽）	蒿夌（陵）竽鉨（璽）	鄗（蒿）閒㞢笿

Hou 古彙 3759	Ji 古彙 0137	古彙 0138
5338	5339	5340
后戠（職）歲鈢（璽）	計官之鈢（璽）	計官之鈢（璽）

古彙 0139	古彙 0140	Jian 古彙 5559
5341	5342	5343
計官之鈢（璽）	計官之鈢（璽）	閼（閭）安虚鈢（璽）

Jiang 古彙 0101	Jiu 古彙 0268	Jun 古彙 5486
5344	5345	5346
江坙（陵）行宛大夫鈢（璽）	故（廄）左馬鈢（璽）	君

5347 　　　　　　古彙 4512	5348 　　　　　　精粹	5349 　　　　　　古彙 0210
君子	匀（均）君	軍計之鉩（璽）
Ke 5350 　　　　　　古彙 0221	**Ku** 5351 　　　　　　古彙 2550	**Le** 5352 　　　　　　古彙 0179
旂述（遂）之鉩（璽）	佸寪（府）	樊（樂）成（成）里鉩（璽）
Li 5353 　　　　　　古彙 0183	5354 　　　　　　集粹 1.6	**Lian** 5355 　　　　　　古彙 0318
郢開（闈）愚（愧）大夫鉩（璽）	李是（氏）之州	連囂（敖）之三

古彙 0145 5356	Liang　　　古彙 0206 5357	Lin　　　古彙 3747 5358
連尹之鉥（璽）	良寏（國）之鉥（璽）	眷（廩）之鉥（璽）
Ling　　　湖南 59 5359	Liu　　　古彙 0212 5360	Lu　　　古彙 0209 5361
夌（菱）邾（夫）□鉥（璽）	流飤之鉥（璽）	鄗（盧）埜（陵）之鉥（璽）
古彙 0130 5362	璽通 98 5363	Mi　　　古彙 0348 5364
邝（六）行廥（府）之鉥（璽）	陸官之鉥（璽）	眷（蜜）鉥（璽）

Mo 5365	文物 02.1	Nan 5366	古彙 0168	N ü 5367	古彙 3580
夯（莫）囂（敖）之鈢（璽）		南門出鈢（璽）		女信	
Pan 5368	封泥 94	Ping 5369	古彙 0317		古彙 0102 5370
酆宛大夫鈢（璽）		坪（平）阿		坪(平)夅(與)大夫之鈢(璽)	
Pu 5371	珍秦 99.140	Qi 5372	璽集二—SY—0088	Qiao 5373	古彙 0163
酅（濮）昜（陽）信鈢（璽）		靳宋城父		喬（喬）戒之鈢（璽）	

战国玺印

Qing 古彙 0326 5374  青□絅（怡）	Qu 璽集二—GY—0037 5375  區夫相鈢（璽）	璽集二—SY—0065 5376  曲昜（陽）君胤（胤）
Quan 古彙 0230 5377  雚（權）君之鈢（璽）	Qun 古彙 0160 5378  羣（群）粟客鈢（璽）	Shan 印典 2.1140 周秦古璽菁華 145 5379 山桑行宛大夫鈢（璽）
古彙 0207 5380  善壂（城）之鈢（璽）	Shang 古彙 0170 5381 上東門	古彙 0169 5382  上東門鈢（璽）

古彙 0008 5383	古彙 0099 5384	璽集二—GY—0039（复原） 5385
上鞈(贛)君之証(謂)鉨(璽)	上場（唐）行宛大夫鉨（璽）	上相邦鉨（璽）
古彙 0100 5386	Shi 璽集二—SY—0059 5387	古彙 4731 5388
上厤宛大夫之鉨（璽）	士	士君子
古彙 4732 5389	古彙 4733 5390	古彙 4734 5391
士君子	士君子	士君子

5392 古研 22.176	5393 古彙 4581	5394 古彙 0146
市人之鈢（璽）	士鈢（璽）	士尹之鈢（璽）
Si 5395 古彙 0081	5396 古彙 0065	5397 古彙 5538
司工（空）	司寇之鈢（璽）	司馬之寶（府）
5398 古彙 0024	5399 古彙 0042	5400 古彙 5529
司馬之鈢（璽）	司馬夲（卒）鈢（璽）	郜（寺）人

Sui	珍秦 15.2		珍秦 19.6	Tai	雜識
5401		5402		5403	
述(遂)保之鈢（璽）		隧革		大（太）虛之鈢（璽）	
璽集二—GY—0030		Tian	古彙 0270		古彙 0231
5404		5405		5406	
大（太）虛之鈢（璽）		畋鈢（璽）		田窯之鈢（璽）	
Wai	古彙 3215	Wang	古彙 4825	Wen	璽集二—SY—0061
5407		5408		5409	
外闊（間）		王之上士		文府信鈢（璽）	

Wu　　　　古彙 0343 5410	古彙 0135 5411	古彙 0295 5412
五渚正鉨（璽）	伍官之鉨（璽）	勿正（征）闇（關）鉨（璽）
Xi　　　　天津 27 5413	古彙 0316 5414	Xia　　　　古彙 0097 5415
西門	西州洰（渠）四	下郶（蔡）宛大夫
分域 118 5416	古彙 0309 5417	xiang　　　古彙 0141 5418
下郶（蔡）行（衡）宗（麓）	下郶（蔡）哉（織）襄（纕）	襄官之鉨（璽）

5419　　　　　　　　古鉩 0164	**Xin** 5420　書鉴 412 鉩集二—GY—0032 文物 1988.6.89	5421　　　　　　　　古鉩 0143
鄉（湘）埜（陵）莫囂（囂）	新東楊宛大夫鈢（璽）	新（新）邦官鈢（璽）
5422　　　　　　　　古鉩 0218	**Xing** 5423　　　　古鉩 0134	5424　　　　　　　文物 2005.1
新（新）盠（舒）之鈢（璽）	行惪（德）寶（府）鈢（璽）	行寶（府）
5425　　　　　　　　古鉩 0128	5426　　　　　　　　古鉩 0129	5427　　　　　　　　古鉩 0214
行寶（府）之鈢（璽）	行寶（府）之鈢（璽）	行寮（麓）之鈢（璽）

古彙 0165	古彙 0166	Xiu 古研 22.176
5428	5429	5430
行士鈢（璽）	行士之鈢（璽）	郊（秀）厚行宛大夫鈢（璽）
Xu 古彙 0269	Ya 集萃 20	Yang 古彙 5548
5431	5432	5433
旴（吁）昜（陽）□鈢（璽）	亞瘠（將）軍鈢（璽）	羊壴（府）謁客
古彙 0267	書法 84.4	集粹 1.2
5434	5435	5436
羊□之出鈢（璽）	昜（陽）孫之鈢（璽）	昜（陽）淖（朝）命（令）鈢（璽）

集萃 1.2 5437	安里 5438	**Yi** 文物 88.6 璽集—GY—0028 5439
陽郦之述（遂）	样鈇遮鈢（璽）	黃里貣（貸）鈢（璽）
古彙 0276 5440	古彙 0002 5441	**Yin** 古彙 0204 5442
弋昜（陽）邦栗鈢（璽）	邙（弋）昜（陽）君鈢（璽）	珵邽（國）之鈢（璽）
古彙 3653 5443	**Ying** 印典 5444	古彙 5605 5445
尹之厶鈢（璽）	郢再	郢官䜌叕

古鉨 5549 5446 郢粟客鉨（璽）	璽集二—GY—0033 5447 郢室畏户之鉢（璽）	古鉨 0335 5448 郢職過敷（傅）
You 古鉨 0280 5449 右斯政（正）鉨（璽）	古鉨 0185 5450 右州之鉨（璽）	古鉨 0001 5451 右酷王鉨（璽）
Yu 古鉨 0278 5452 俞壄（城）戠鉨（璽）	文物 66.5 5453 於王既正（征）	古鉨 0346 5454 竿鉨（璽）

古彙 0347

5455

魚鍴（璽）

集粹 3

5456

敀（漁）鍴（璽）

安里

5457

𣃔（於）呈（郢）之鍴（璽）

Yuan　璽通 52

5458

沅昜（陽）衜（衡）鍴（璽）

Zai　古彙 0142

5459

剚（宰）官之鍴（璽）

Zang　古彙 1333

5460

臧英宛鍴（璽）

Zao　古彙 0131

5461

诰（造）廑（府）之鍴（璽）

Zhao　璽通 52

5462

𨛭（昭）竽

Zheng　古彙 0136

5463

正（征）官之鍴（璽）

5464　　　文物 2005.1	Zhi　　　古彙 5482 5465	古彙 0320 5466
正（征）鈢（璽）	戠（職）	戠（職）分之鈢（璽）
古彙 0213 5467	古彙 0217 5468	古彙 0205 5469
戠（職）室之鈢（璽）	戠（職）飲之鈢（璽）	戠（職）歲之鈢（璽）
Zhong　　　官璽 13 5470	璽集二—GY—0040 5471	文物 88.6 5472
中戠（織）室鈢（璽）	中戠（織）室鉢（璽）	中州之鈢（璽）

Zhou 古彙 0184	Zhu 文物	考古 64.1
5473	5474	5475
州鈢（璽）	者（諸）矦（侯）之旅	鑄其京（亭）鈢（璽）
古彙 0161	Zhuo 古彙 5701	Zou 古彙 0263
5476	5477	5478
鑄巽客鈢（璽）	叕（叕）	耶隨逐鈢（璽）
古彙 0261	Zuo 古彙 0162	文物 88.6
5479	5480	5481
趄圖命鈢（璽）	左□客鈢（璽）	左□鈢（璽）

古彙 0351 5482  貪（賒）鈢（璽）	古彙 0167 5483  鄩行士鈢（璽）	古彙 0252 5484  粘㘴埜（野）鈢（璽）
古彙 5602 5485  斂坿（市）象鈢（璽）	古彙 5594 5486 斂	古彙 0337 5487  僻廞（府）
古彙 0358 5488  隙鈢（璽）	古彙 3736 5489  □計之鈢（璽）	古彙 0315 5490  □□之鈢（璽）

類編
5491

□之鉨（璽）

楚系・私玺

Bai 5492 古彙 3648	Bei 5493 精粹 12	Bi 5494 印典 3.2145
百兮（賓）	卑應之鈢（璽）	罼（畢）點
5495 分域 224	5496 古彙 3523	5497 古彙 5671
罼（畢）關	罼（畢）□	弼羿
Bian 5498 古彙 2208	Bing 5499 古彙2097	Cai 5500 古彙 2189
邶（弁）爐	邴華	蔡昌

5501　　古彙 3696	5502　　古彙 2188	5503　　古彙 2190
蔡己信鉨（璽）	蔡事	蔡乙
Chang　　古彙 2556 5504	5505　　古彙 3756	5506　　古彙 2565
倀山	倀疢	場訢　訢錄
5507　　鉨集二—SY—0055	Chen　　鉨集—SY—0077 5508	5509　　珍秦 101.143
場挴	陳達	陣（陳）稔（稻）

古璽 1461	璽集—SY—0078	分域 199
5510	5511	5512
陳崟（附）	陳基信鈢（璽）	陣（陳）筥（籃）

新見 007	中大 95	古璽 1470
5513	5514	5515
陳聯	陣（陳）袙（帕）	陳潘

古璽 1477	古璽 1474	古璽 1459
5516	5517	5518
陳酉信鈢（璽）	陳遒	陳壤

5519　　　　　　　古鉨 3565	5520　　　　　　　古鉨 5624	5521　　　　　　　古鉨 1467
陳山	陳涉	陳四
5522　　　　　　　古鉨 5567	5523　　　　　　　古鉨 1458	5524　　　　　　　集粹 1.30
陳忞	陳厃（尉）	陣（陳）文酉
5525　　　　　　　古鉨 5623	5526　　　　　　　古鉨 1471	5527　　　　　　　古鉨 1476
陳緩（纓）	陳玉	陳章丘

古彙 1456 5528	印典 2.871 5529	Cheng　古彙 1309 5530
陳子	陸（陳）□	成獏
古彙 1319 5531	古彙 4519 5532	古彙 3501 5533
盛（成）念	呈（逞）志	再（稱）桀
Chi　古玉 12.65 5534	古彙 3199 5535	Chun　印典 1.150 5536
齒訓	畜才	春商

珍秦 65.75	古彙 4024	Cui 古彙 5515
5537	5538	5539
春子	敦（淳）于筐（附）	翠（翠）

Dai 中大 170	古彙 3487	Deng 集古 6.18
5540	5541	5542
帶	旹（戴）虐	跉（登）徒紳

古彙 1931	古彙 1930	古彙 1929
5543	5544	5545
登土	登（鄧）遞	登（鄧）癸

5546　　　　　古彙 5663	5547　　　　　湖南 7	5548　　　　　古彙 1932
登（鄧）聊（聯）	登（鄧）艫信鈢（璽）	登（鄧）紳
Dian　　　　古彙 1617 5549	Ding　　　　古彙 2236 5550	Dong　　　　战域 180.6 5551
奠岡敬	邧（丁）訓（順）	東方賜
5552　　　　　古彙 3994	5553　　　　　古彙 3993	5554　　　　　古彙 3995
東陽暴虎	東昜（陽）□鈢（璽）	東埜（野）兤

Fan 古彙 3517	Fei 新見 039	古彙 3536
5555	5556	5557
軓（范）壽	妃	肥訾
Fu 古彙 2064	古彙 2068	古彙 3528
5558	5559	5560
邡目	邡上志	邡隨
古彙 2067	古彙 2066	古彙 2065
5561	5562	5563
邡榆	邡戠（造）	邡正

5564　　　　古鉩 2154	5565　　　　古鉩 5512	**Gan**　　　　古鉩 3593 5566
郭宛（忧）	筥（附）	干得
5567　　　　古鉩 5697	**Gao**　　　集萃 1.28 5568	5569　　　　古鉩 3531
赣	高鐶	咎（皋）鞍
Gong　　　古鉩 3928 5570	5571　　　　珍秦 39.29	5572　　　　古鉩 3907
公孫	公孫昌	公孫圩（野）

5573 古彙 3911	5574 古彙 3858	5575 古彙 5674
公孫柯	公孫上	公叔（祖）繯
5576 古彙 1882	5577 璽集二—SY—0066	5578 古彙 3658
邔巫金	邔俘	恭夜佗
5579 古彙 3390	5580 古彙 3391	5581 Gou 分域 219
龔	龔	可（苟）□

Gu　　　古彙 5050	古彙 3558	Guan　　　古彙 2500
5582	5583	5584
古	鹽朔	輨筐（附）

古彙 2499	Heng　　　古彙 5700	Hu　　　古彙 3624
5585	5586	5587
輨□	恒	胡鼻

Huan　　　古彙 3644	Huang　　　古彙 3562	古彙 5639
5588	5589	5590
𩨒定	皇脖	黄昌

精萃 19.14 5591	珍秦 67.757 5592	湖南 1956 5593
黃痤	黃貸	黃惑
璽集二—SY—0057 5594	古彙 1259 5595	古彙 1260 5596
黃惑	黃加	黃加
古彙 1261 5597	古彙 3545 5598	古彙 1254 5599
黃加	鄭（黃）間	黃轇

古匋 1251 5600	古匋 1258 5601	古匋 5565 5602
黄壤	黄申	黄呀
古匋 1250 5603	古匋 1253 5604	古匋 5605
黄要	黄義	黄塈 （與）
古匋 1257 5606	璽集二—SY—0079 5607	古匋 1249 5608
黄鑄	黄鑄	黄子

璽集二—SY—0097 5609	分域 203 璽集二—SY—0083 5610	古彙 1256 5611
黃翼	黃至之鉩（璽）	黃□
集粹 1.29 5612	Huo　古彙 3734 5613	Ji　古彙 5289 5614
黃□	藿（霍）敆鉩（璽）	惎
古彙 3219 5615	古彙 2534 5616	Jie　古彙 2607 5617
計君子	計坪	結□

Jin 古彙3654	集粹1.31	精粹21
5618	5619	5620
金才多	金交	晉□
Jing 新見013	璽集二—SY—0089	古彙3130
5621	5622	5623
競（景）安	競（景）人之鉨（璽）	競（景）訓
古彙3131	古彙3132	古彙0275
5624	5625	5626
競（景）訓	競（景）訓	競（景）忢（巡）厶（私）鉨（璽）

Ju 古彙 2558 5627	分域 203 5628	**Kai** 古彙 5488 5629
居利	愳（懼）丘	鍇
Ke 分域 214 5630	璽集二—SY—0069 5631	古彙 2257 5632
苛无	苛敬	苛慶
古彙 3221 5633	古彙 5651 5634	古彙 3220 5635
可（苛）剔（傷）	苛訓	可（苛）惢

玺集二—SY—0070 5636	古彙 3230 5637	Lai　　集粹 1.33 5638
苛荐（脘）	岢繡	杢
Lei　　古彙 3694 5639	古彙 2528 5640	古彙 2529 5641
畾族枽（舒）鈢（璽）	諫（諫）圩（野）	諫（諫）聚
古彙 2403 5642	Li　　新見 014 5643	古彙 3611 5644
枏□	李奇	李道

5645　　　　　　古鉥 3503	5646　　　　　　集粹 1.25	Lian　　璽集二—GY—0027 5647
李羿	李□	連嚚（敖）
Liu　　　　　　新見 016 5648	Long　　　　　集粹 1.23 5649	5650　　　　　　古鉥 3615
翏枅	龍虞	龍□
Lou　　　　　　古鉥 3522 5651	Lu　　　　　　　古鉥 3606 5652	5653　　　　　　古鉥 3607
婁辡	盧佢	盧金

5654　　　　　　　古彙 1593	5655　　　　　　　古彙 1592	L ü　　　　　　古彙 1643 5656
鲁戍	鲁達	郘（吕）步
5657　　　　　　　古彙 3647	5658　　　　　　　珍秦 71.87	5659　　　　　　　古彙 1640
郘（吕）羅	郘（吕）章	吕玉章
Luan　　　　　古彙 3552 5660	Lun　　　　　文物 59.9.61 5661	Ma　　　　　战域 179.7 5662
孌（欒）偖稷	鄰（綸）氏	馬齹

	古彙 2758	Man	古彙 3223	Mang	古彙 2304
5663		5664		5665	

馬涉	圝（滿）憙	芒□

Mao	古彙 2121		古彙 2249	Mei	璽集一—SY—0072
5666		5667		5668	

邟（毛）□	茅紳	某（梅）蜀

	古彙 2278	Mo	璽集二—SY—0075		璽集二—SY—0076
5669		5670		5671	

某（梅）蕈	莫繡	莫腏信鉩（璽）

Mu　　　　　古鉩 3556	古鉩 3527	古鉩 3511
5672	5673	5674
睦得	穆𦎎（附）	穆佗人
襄樊 99.1.59	Niu　　　　　印典 1.203	印典 1.203
5675	5676	5677
穆□	牛君	牛敦
Nong　　　　　古鉩 2872	Peng　　　　　古鉩 3720	Pi　　　　　古鉩 3745
5678	5679	5680
辰（弄）獏	倗（倗）酉信鉨（璽）	不（丕）負□鉨（璽）

Pu 5681 古彙 3035	古彙 3034 5682	Qi 5683 古彙 2111
戠（賦）蓶	戠（賦）寅	邟（期）□
5684 古彙 2112	5685 璽集二—SY—0058	5686 古彙 3217
邟（期）□信鈛（璽）	啓	脊霖
Qian 5687 古彙 5505	5688 新發	Qiao 5689 集粹 1.32
錢	伙	樵（譙）子

Qie 古彙 5491	Qin 古彙 5588	Qiu 古彙 5584
5690	5691	5692
妾	秦豹	郜
古彙 5503	Qu 中大 74	古彙 3338
5693	5694	5695
鉛（釚）	屈悆	取女
古彙 3509	Rao 古彙 5362	Ri 璽集二—SY—0063
5696	5697	5698
叵(區)□	橈	日弅

Shan 古彙 2985 5699 善何	古彙 2983 5700 善羊（特）	古彙 2984 5701 善懲
Shang 璽集二—SY—0221 5702 尚	**Shao** 新見 032 5703 邵不患	**Sheng** 璽集二—SY—0098 5704 盛買
古彙 1318 5705 盛固	**Shi** 新見 017 5706 石靫（鞍）	古彙 1866 5707 事疠

珍秦 103.147	古彙 1867	古彙 1868
5708	5709	5710
事敊（勝）	事□	事□

古彙 3656	**Shou** 古彙 3645	古彙 3376
5711	5712	5713
奭寏	首童頁	首之鱓

Shu 古彙 5633	古彙 5634	新見 018
5714	5715	5716
舒詞	舒青	舒行

古彙 3302 5717	**Shuai** 璽集二—SY—0054 5718	**Shui** 古彙 5531 5719
蜀子	率	脽（屍）
Si 集粹 1.38 5720	**Song** 璽集二—SY—0067 5721	古彙 3505 5722
私鉨（璽）	宋難	宋乤
古彙 1432 5723	**Su** 古彙 5696 5724	古彙 2554 5725
宋事	橌（穌）	僝（夙）邦

古玺 2553 5726	Sui 古玺 5331 5727	古玺 5481 5728
儍（夙）眚	達	達
Sun 古玺 1558 5729	古玺 1559 5730	古玺 1557 5731
孫參	孫浩	孫鄏
古玺 5626 5732	Suo 古玺 3586 5733	Tan 古玺 3616 5734
孫□袞	所興	倓鉨（璽）

Tao 古彙 5518 5735	**Te** 珍秦 15.41 5736	**Ting** 古彙 5580 5737
媂	忑勁	耵（聽）
古彙 4524 5738	古彙 5485 5739	**Wan** 古彙 2179 5740
壬志	絙（緢）	鄐（宛）才
古彙 3629 5741	古彙 3595 5742	**Wang** 古彙 3617 5743
宛戎夫	鄐（宛）遤	亡迖

5744	襄樊	5745	玺集—SY—0060	5746	玺集—SY—0318
王		王		王	

5747	古玺 0636	5748	古玺 0618	5749	古玺 0617
王大乘		王糶		王鴄	

5750	集萃 51	5751	分域 493	5752	古玺 3930
王仁		王豫		王孙	

古玉 5753	集萃 51 5754	**Wei** 古彙 2299 5755
王子寅鈢（璽）	王□	萺幾
Wen 古彙 3079 5756	**Wu** 古彙 1183 5757	古彙 1184 5758
文果	吳昜（陽）	吳嬰
古彙 3521 5759	古彙 3084 5760	古彙 3540 5761
虘（吾）睪	五（伍）昜（陽）	五（伍）豫

古彙 5648 5762	集粹 1.20 5763	鉨集—SY—0062 5764
五（伍）□	五（伍）□	五（伍）□之鉨（璽）
古彙 1323 5765	古彙 1324 5766	Xi　分域 230 5767
武倉	武□	夕孫達
吉大 5768	古彙 3224 5769	Xia　古彙 3643 5770
西都壓（地）	酏（熙）昜（陽）	顕（夏）悇（疑）

Xiang	分域 203	Xin	古彙 5288		璽集二—SY—0219
5771		5772		5773	
罨（巷）上月		心		訐（信）	
	新見 064	Xiu	古彙 5404	Xu	古彙 5638
5774		5775		5776	
訐（信）		休		邻（徐）□	
Xue	古彙 2282		古彙 2281	Xun	古彙 5285
5777		5778		5779	
鄑（薛）强		鄑（薛）義		訓	

Yan 古彙 3231	古彙 3661	Yang 璽集—SY—0080
5780	5781	5782
言□	產（顏）償	陽緩
湖南 15	璽集—SY—0071	古彙 5478
5783	5784	5785
陽緩	易（陽）孫之鉨（璽）	絉
Yi 新見 038	古彙 3668	古彙 3670
5786	5787	5788
尸（夷）易（陽）畫	臭萬	酌陸

古彙 5359	Yin 古彙 1300	Ying 古彙 3640
5789	5790	5791
懌	尹宋	嬰遠
Yong 古彙 5665	Yu 古彙 5267	古彙 2262
5792	5793	5794
雝琰	堣（禹）	芊（于）筐（附）
古彙 2290	Yuan 璽集二—GY—0024	Yue 分域 230
5795	5796	5797
芊（于）呇悆	沅陽	郕（越）朝

古彙 3748	Zai 古彙 3627	Zang 古彙 1328
5798	5799	5800
郘（越）鞅信鈢（璽）	宰訓	臧（臧）堵
珍秦 105.150	新見 030	古彙 1330
5801	5802	5803
臧芋	臧（臧）让	臧（臧）昜（陽）
古彙 1329	古彙 1332	古彙 1331
5804	5805	5806
臧（臧）習（友）	臧（臧）终古	臧（臧）劻

新見 031 5807 臧（臧）蟹（蠶）	珍秦 105.148 5808 臧（臧）□	珍秦 105.150 5809 臧（臧）□
Zao 古彙 5496 5810 竃	**Zhang** 古彙 2560 5811 張魯人	分域 216 璽集二—SY—0073 5812 張女
古彙 5589 5813 張瑤	湖南 19 5814 張瑤	古彙 2744 5815 章欪

Zhao 古彙 2555	古彙 2552	古玉 9.48
5816	5817	5818
恕（昭）鼻	邵（昭）剀	邵（昭）申
古彙 2551	古彙 3486	Zhen 古彙 5484
5819	5820	5821
邵（昭）□	邵（昭）□	遀
Zheng 古彙 3578	古彙 5568	古彙 3033
5822	5823	5824
正□	奠（鄭）克	奠（鄭）□

Zhi	古彙 3559		古彙 5670	Zhong	集粹 1.27
5825		5826		5827	
旨辿		志□		重（鍾）明	
Zhou	古彙 1198		分域 199		古彙 3710
5828		5829		5830	
周痤		周果		周惑信鈢（璽）	
	古彙 3507		古彙 1199		中大 11
5831		5832		5833	
周克		周買		周隧	

古彙 1201	古彙 1196	古彙 1197
5834	5835	5836
周午信	周易（陽）	周易（陽）

古彙 5679	古彙 3028	古彙 3741
5837	5838	5839
周易（陽）信鈢（璽）	周□	周□信鈢（璽）

Zhu 古彙 1568	古彙 1569	古彙 1573
5840	5841	5842
絑（朱）諫	絑（朱）埜（野）	絑（朱）綏（纓）

5843　　　　　　古彙 1575	5844　　　　　　古彙 1587	5845　　　　　　古彙 1570
朱子私鈐（璽）	邾歛	絑（朱）□
5846　　　　　　古彙 1571	5847　　　　　　古彙 1572	5848　　　　　　古彙 1583
絑（朱）□	絑（朱）□	邾□
5849　　　　　　分域 212	Zhuang　　　古彙 3520　 5850	Zuo　　　　印典 2.792　 5851
祝辻	粒（壯）角	左臂

古彙 1649	古彙 1648	古彙 1646
5852	5853	5854
左文于	左□	左□
古彙 5480	古彙 3618	古彙 5499
5855	5856	5857
纏	鍠慧（慧）	疹
新見 034	古彙 3200	古彙 3201
5858	5859	5860
郣涤	舳潼	舳潼

集粹 2.89 5861	古彙 3596 5862	古彙 2246 5863
冹困頁	紋鈢（璽）	□隨
集粹 1.34 5864	古彙 4011 5865	中大 82 5866
□貹（市）	□宋	□鈢（璽）
古彙 3602 5867	古彙 3708 5868	印 典 2.1519 5869
□牛	□□信鈢（璽）	□□安鈢（璽）

5870　　　　　　古彙 5530	5871　　　　　　玺集—SY—0053	5872　　　　　　玺集—SY—0064
□	□	□
5873　　　　　　玺集—SY—0068	5874　　　　　　玺集—GY—0025	5875　　　　　　古彙 3542
□	□（m）	□□
5876　　　　　　古彙 3574	5877　　　　　　古彙 3628	
□□	□□	

楚系·吉语

Bai　　　玺集二—SY—0270	Da　　　　　古玺 4533	Fu　　　　　古玺 4683
5878	5879	5880
百□	大吉	福壽

古玺 4684	古玺 4685	古玺 4686
5881	5882	5883
福壽	福壽	福壽

古玺 4687	古玺 4688	Ji　　　　　古玺 5053
5884	5885	5886
福壽	福壽	吉

5887 　　　　古匋 5054	5888 　　　　古匋 5471	5889 Jing　　　古匋 5048
吉	吉	敬
5890 　　　　古匋 5424	5891 　　　　古匋 5425	5892 　　　　古匋 5426
芍（敬）	芍（敬）	芍（敬）
5893 　　　　古匋 5579	5894 　　　　古匋 5698	5895 　璽集二—GY—0038
敬	敬	敬

古彙 3529 5896	古彙 3655 5897	Qian　　　古彙 4735 5898
敬□	敬事	千百丐（萬）
Shan　　　新見 060 5899	新見 061 5900	Tong　　　古彙 4501 5901
善	善	同心
Wan　　璽集二—SY—0280 5902	You　　　新見 044 5903	Zhong　　　甘露 10 5904
萬金	又（有）百萬	中（忠）身（信）

新見 050

5905

忠訐（信）

古彙 2557

5906

忠（忠）訐（信）

秦系・官印

An 秦集 142 5907  安豐丞印	秦風 31f 5908  安民正印	秦風 30a 5909  安平鄉印
秦風 30e 璽集 50c 5910  安石里典	秦集 67 5911  安臺丞印	集證 附148（246） 5912  安臺丞印
集證 附148（247） 5913  安臺丞印	集證 附148（248） 5914  安臺丞印	集證 附148（249） 5915  安臺丞印

	秦集 198		集證 附142（147）		秦集 124
5916		5917		5918	

安臺左墼　　　　　　　安臺左墼　　　　　　　安武[丞印]

	秦風 30b		集證 附154（334）		秦集 110
5919		5920		5921	

安陽鄉印　　　　　　　安邑丞印　　　　　　　安邑丞印

Bai	秦集 215		集證 附149（254）		秦集 72
5922		5923		5924	

白狼之丞　　　　　　　白水弋丞　　　　　　　白水苑丞

集證 附148（253） 5925	秦集 71 5926	集證 附157（391） 5927

白水之苑	白水之苑	般陽丞印
集證 附157（392） 5928	秦集 132 5929	Bang　秦風 33a 5930

般陽丞印	般陽丞印	邦候
秦風 33d 5931	秦風 20f 5932	秦風 20b 5933

邦候	邦候丞印	邦司馬印

秦風 32b 5934	Bei 5935　　　　秦泥 85	集證 附135（34） 5936
  邦印	 北[宫]	 北[宫]
秦集 181 5937	秦集 64 5938	集證 附135（36） 5939
  北[宫]	 北宫榦丞	 北宫工丞
秦集 63 5940	集證 附134（31） 5941	集證 附135（32） 5942
  北宫工丞	 北宫宦丞	 北宫宦丞

秦集 65	集證 附135（33）	集證 附135（39）
5943	5944	5945

北宮宦丞	北宮宦□	北宮私丞
秦集 65	集證 附135（37）	秦集 64
5946	5947	5948

北宮私丞	北宮弋丞	北宮弋丞
集證 附144（186）	秦風 25b	印舉 2.57
5949	5950	5951

北私庫印	北私庫印	北鄉

集證 附158（404） 秦風29b 5952  北鄉之印	集證 附135（35） 5953  北□斡丞	秦集 181 5954  北□司□
Bo 秦集 205 5955  博昌	秦集 205 5956  博昌丞印	秦集 130 5957  溥（薄）道
秦集 131 5958  溥（薄）道丞印	**Bu** 秦集 147 5959  步嬰	**Cai** 秦集 29 5960  采青丞印

集證 附141（127） 5961	集證 附154（341） 5962	秦集 187 5963

采司空印	蔡陽丞印	蔡陽丞印
Cang　　　　秦風 40c 5964	文物 2003−9：13 5965	Chai　　　秦集 100、125 5966

倉	蒼	茝丞之印
集證 附152（302） 5967	集證 附152（303） 5968	秦集 99 5969

茝陽丞印	茝陽丞印	茝陽丞印

秦風 22d 5970	天津 40 5971	Chan 古彙 3232 集證 附158（410） 秦風 19f 5972
莖陽少內	莖陽少內	顓里典
Chang 集證 附159（425） 秦風 28d 5973	秦風 28f 5974	集證 附155（352） 秦集 189 5975
昌武君印	長安君	長平丞印
秦風 30d 5976	秦集 114 5977	秦集 107 5978
長平鄉印	長社丞印	長武丞印

集證 附150（275）	秦風 27a	璽集 521d
5979	5980	5981

長夷涇橋	長夷涇橋	長夷涇橋
Che　集證 附144（187）	秦集 12	秦集 61
5982	5983	5984

車府	車府	圻禁丞印
Cheng　集證 附133（2）	集證 附156（372）	秦集 187
5985	5986	5987

丞相左印	成都丞印	成都丞印

秦集 190 5988 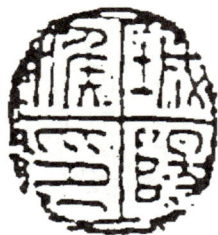 城陽侯印	集證 附156（369） 5989  承丞之印	集證 附156（370） 5990  承丞之印
秦集 120 5991  承印	**Chi** 秦集 80 5992  池室之印	秦風 34d 5993  池印
Chuan 秦風 25e 徵存 12.60 5994  傳舍之印	**Chui** 集證 附155（363） 5995  腄丞之印	秦集 211 5996  腄丞之印

Ci	集證 附133（13）	集證 附133（12）	秦集 4
5997		5998	5999

祠廚　　　　　祠祀　　　　　祠祀

Da	集證 附136（58）	秦集 25	秦集 26
6000		6001	6002

大官丞印　　　　泰（大）内　　　泰（大）内丞印

	秦集 22	Dai	秦集 214	集證 附156（379）
6003		6004		6005

泰（大）行　　　　代丞之印　　　代馬丞印

集證 附156（380） 6006  代馬丞印	秦風 27f 6007  代馬丞印	秦集 92 6008  代馬丞印
Deng 集證 附154（340） 6009  鄧丞之印	秦集 186 6010  鄧丞之印	**Di** 秦集 9 6011  厎柱丞印
Dian 集證 附160（435） 6012  典達	秦集 157 6013  典達	**Ding** 秦集 71 6014  鼎胡苑丞

集證 附157（396） 6015  定陶丞印	秦集 202 6016  定陶丞印	集證 附159（424） 6017  定陽市丞
秦集 197 6018  定陽市丞	Dong 秦集 216 6019  東安平丞	秦集 133 6020  東阿丞印
秦集 93 6021  東晦□馬	秦集 192 6022  東郡司馬	集證 附155（362） 6023  東牟丞印

	秦集 208		秦風 37d		秦集 75

6024 秦集 208

6025 秦風 37d

6026 秦集 75

東平陵丞

東鄉

[東]園□□

6027 秦集 58

6028 集證 附148（250）

6029 秦集 58

東苑

東苑丞印

東苑丞印

Du 6030 集證 附158（397）

6031 秦集 13

6032 集證 附143（170）

都昌丞印

都船

都船丞印

6033　　　　　　　秦集 14	6034　　　　　　　秦風 33c	6035　　　　　　　秦集 16
都船丞印	都候	都厩
6036　　　　集證 附159（421）	6037　　　　集證 附150（280）	6038　　　　集證 附150（281）
都市	都水丞[印]	都水丞印
6039　　　　　　　秦集 9	6040　　　　　　　秦風 36f	6041　　　　集證 附151（297）
都水丞印	都亭	杜丞之印

集證 附151（298）	集證 附151（299）	秦集 99
6042	6043	6044
杜丞之印	杜丞之印	杜丞之印
秦集 68	集證 附148（252	集證 附153（327）
6045	6046	6047
杜南苑丞	杜南苑 [丞]	杜陽左尉
秦風 26c	Dun　　　秦風 33e	Fa　　　秦風 32f
6048	6049	6050
杜陽左尉	敦浦	發弩

Fan　　　　　秦集 141	Fang　　　　　秦集 188	秦集 137
6051	6052	6053

蕃丞之[印]	方輿丞印	方□除丞

Fei　　集證 附153（330）	集證 附153（331）	秦集 103
6054	6055	6056

廢丘	廢丘	廢丘

集證 附153（329）	秦集 104	秦風 23e　徵存 7.36
6057	6058	6059

廢丘丞印	廢丘丞印	灊（廢）丘左尉

Feng　集證 附152（304） 6060	集證 附152（305） 6061	秦泥 6062
酆[丞]	酆丞	酆[丞]
集證 附133（7） 秦集 173 6063	再讀 6064	Fu　秦集 129 6065
奉丞□[印]	奉印	邞丞□印
秦集 134 6066	秦集 112 6067	秦風 40b 6068
符离	浮陽丞印	府

秦風 35e	集證 附144（184）	集證 附144（185）
6069	6070	6071
府尚	府印	府印

秦集 81	秦集 206	集證 附149（261）
6072	6073	6074
府印	傅陽丞印	蕢陽宮印

Gan　集證 附140（119）	集證 附140（120）	秦集 34
6075	6076	6077
[榦]膚都丞	榦膚都丞	榦膚都丞

Gao 集證 附152（307）	秦集 96	集證 附158（402）
6078	6079	6080
高陵丞印	高陵丞印	高陵鄉印
集證 附152（308）	秦風 27c	集證 附155（360）
6081	6082	6083
高陵右尉	高陵右尉	高密丞印
秦集 218	集證 附154（337）	秦集 203
6084	6085	6086
高密丞印	高陽丞印	高陽丞印

集證 附136（50） 6087  高章宦丞	集證 附136（51） 6088  高章宦丞	集證 附136（52） 6089  高章宦丞
秦集 67 6090  高章宦丞	集證 附136（53） 6091  高章宦者	秦集 66 6092  高章宦者
Gong　　古彙 0151 　　　　　秦風 19c 6093  工師之印	集證 附139（98） 6094  公車司馬丞	集證 附139（99） 6095  公車司馬丞

秦集 11 6096 公車司馬丞	古考 202a 6097 公行□□	秦風 26e 6098 公主田印
集證 附138（88） 6099 宮臣丞印	集證 附146（214） 6100 宮厩	秦集 15 6101 宮厩
集證 附146（212） 6102 宮厩丞印	集證 附146（213） 6103 宮厩丞印	秦集 15 6104 宮厩丞印

战国玺印

6105　　　　　秦代	6106　　　集證 附141（138）	6107　　　集證 附141（139）
宮水	宮司空丞	宮司空丞
6108　　　　　秦集 86	6109　　　集證 附141（136）	6110　　　集證 附141（137）
宮司空丞	宮司空印	宮司空印
6111　　　　　秦集 85	6112　Gou　　秦集 113	6113　Gu　　　秦泥
宮司空印	[緱]氏丞印	罟趄丞印

6114 古考 202b	6115 **Guan** 集證 附150（270）	6116 集證 附150（271）
固□	官臣丞印	官[臣]丞[印]
6117 秦集 78	6118 秦集 176	6119 集證 附147（237）
官臣丞印	官厩丞印	官厩□□
6120 秦風 22b	6121 **Guang** 集證 附159（426）	6122 新见 069
官田臣印	廣武君印	廣武君印

Guo	秦集 144	Hai	秦集 143	Han	玺集 184d
6123		6124		6125	

鼻（郭）丞□□　　　晦（海）陵丞印　　　韓大夫

集證 附142（151）	集證 附142（152）	秦集 91
6126	6127	6128

[邯鄲]造[工]　　　邯鄲造工　　　邯鄲造工

集證 附157（381）	集證 附157（382）	秦集 90
6129	6130	6131

邯鄲之丞　　　邯[鄲]之[丞]　　　邯鄲之丞

集證 附142（153）	秦集 91	集證 附138（91）
6132	6133	6134

邯造工丞	邯造工丞	罕士
秦集 161	**Hao** 秦集 108	**He** 秦集 90
6135	6136	6137

旱丞之印	好畤丞印	河間尉印
Heng 秦集 94	**Hong** 秦集 129	**Hu** 秦集 119
6138	6139	6140

恒[山]侯[丞]	虹丞之印	虖□丞印

6141　　　集證 附149（259）	Hua　　　集證 附136（49） 6142	6143　　　秦集 61

虎□之□	華陽丞印	華陽丞印
6144　　　秦集 60	Huai　　　集證 附153（317） 6145	6146　　　秦集 101

[華]陽禁印	懷德丞印	懷德□□
6147　　　秦集 201	6148　　　秦集 140	Huan　　　印舉 2.55 6149

懷令之印	淮陽弩丞	圁（圜）水

6150 秦集 42	6151 集證 附134（28）	6152 集證 附134（29）
宦者	宦者丞印	宦者丞印
6153 秦集 42	6154 再讀	6155 秦集 43
宦者丞印	宦走	宦走丞印
6156 集證 附134（30）	6157 Huang 集證 附155（364）	6158 秦集 212
宦走丞印	黃丞之印	黃丞之印

秦集 161	Hui 秦集 170	Ji 秦集 218
6159	6160	6161
皇□采□	晦□丞□	即墨

集證 附155（357）	集證 附155（358）	秦集 217
6162	6163	6164
即墨丞印	即墨丞印	即墨丞印

集證 附151（288）	集證 附151（287） 秦集 196	集證 附157（394）
6165	6166	6167
即墨太守	濟北太守	濟陰丞印

集證 附157（395） 6168  濟陰丞印	秦集 132 6169  濟陰丞印	集證 附156（377） 6170  冀丞之印
Jia　　秦風 37f 6171  家府	集證 附137（74） 6172  家馬	秦風 32a 6173 家璽
秦風 32d 6174  家璽	秦風 40d 6175 家印	Jian　　秦風 38a 6176 菅里

	印舉 2.58 秦風 38d		新見 070		集證 附156（368）
6177		6178		6179	
菅里		建安君印		建陵丞印	

	秦集 185	Jiang	集證 附141（130）		秦集 29
6180		6181		6182	
建陵丞印		江右鹽丞		江右鹽□	

	秦集 28	Jiao	秦集 54	Jie	秦風 37e
6183		6184		6185	
江左鹽丞		狡士之印		街鄉	

Jing 集證 附137（79）	**Jiu** 秦集 195	秦風 22c
6186	6187	6188

涇下家馬	九江守印	厩田倉印
秦風 36b	秦風 36c	**Ju** 集證 附136（54）
6189	6190	6191

厩印	厩印	居室丞印
集證 附136（55）	集證 附136（56）	秦集 36
6192	6193	6194

居室丞印	居室丞印	居室丞印

集證 附139（104）6195	秦集 37　　6196	秦集 81　　6197
居室寺從	居室寺從	橘官
集證 附153（326）秦風 23f 徵存 6.34　　6198	集證 附149（260）6199	秦集 69　　6200
枸邑尉印	具園	具園
Juan　　秦集 202　　6201	Jun　　璽集 171e　　6202	集證 附143（169）6203
卷丞之印	君成	軍假司馬

古彙 5708 秦風 20e	集證 附140（113）	集證 附140（114）
6204	6205	6206
軍市	郡右邸印	[郡]右邸印
集證 附140（115）	秦集 23	集證 附140（111）
6207	6208	6209
郡右邸印	郡右邸印	郡左邸印
集證 附140（112）	秦集 22	印典 2.57
6210	6211	6212
郡左邸印	郡左邸印	雋都

Kang 秦集 60	秦集 70	Ku 秦風 34b
6213	6214	6215
康泰□寢	康園	庫印
Lan 集證 附156（378）	集證 附156（367）	集證 附151（296）
6216	6217	6218
蘭干丞印	蘭陵丞印	藍田丞[印]
秦集 98	Lang 集證 附143（167）	秦集 191
6219	6220	6221
藍田丞印	琅邪發弩	琅邪侯印

6222 秦集 198	6223 集證 附141（142）	6224 秦集 191

琅邪水丞	琅邪司丞	琅邪司馬
6225 秦集 199	6226 秦集 213	6227 官璽 1

琅邪左□	琅邪□丞	琅鹽左丞
6228 集證 附138（92）	6229 集證 附138（93）	6230 秦集 10
		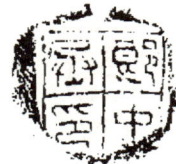
郎中丞印	郎中丞印	郎中丞印

集證 附149（267）	集證 附149（268）	秦集 10
6231	6232	6233

郎中左田	郎中左田	郎中左田
秦集 136	Li　集證 附153（320）	秦集 104
6234	6235	6236

閬中丞印	犛丞之印	犛丞之印
陽文	秦集 6	秦代 1467
6237	6238	6239

犛市	麗山飤官	麗山飤官

6240 　　　　　　秦集 122	6241 　　　　　　秦風 27d	6242 　Liang　集證 附157（393）
歷陽丞印	利陽右尉	梁鄒丞印
6243 　　　　　　秦集 207	6244 　Liao　集證 附150（284）	6245 　　　　　　秦集 196
梁鄒丞印	潦（遼）東守印	潦（遼）東守印
6246 　　　　　　秦風 159a	6247 　Lin　集證 附152（311）	6248 　　　　集證 附152（312）
靳募學伍	臨晉丞印	[臨]晉丞印

6249 秦集 209  臨朐丞印	6250 集證 附155（356）  臨菑丞印	6251 秦集 209  臨菑丞印
6252 秦集 192  臨菑司馬	Liu 6253 秦風 33b  留浦	Lu 6254 集證 附158（398）  盧丞之印
6255 秦集 133  盧丞之印	6256 秦集 62  盧山禁丞	6257 秦集 110  盧氏丞印

集證 附157（384） 6258	集證 附157（385） 6259	秦集 126 6260

魯丞之印	魯丞之印	魯丞之□
秦集 131 6261	秦集 206 6262	Lü　　秦集 140 6263

魯陽丞[印]	蓼城丞印	呂丞之印
Lüe　　秦集 123 6264	Luo　集證 附154（346） 6265	戰域 351−7 6266

略陽丞印	[洛都]丞印	洛都丞印

6267　秦集 138  洛都□□	6268　秦集 111  雒陽丞印	Mang　集證 附156（373） 6269  芒丞之印
Mei　　　　　再讀 6270  美陽	集證 附153（321） 6271  美陽丞印	集證 附153（322） 6272  美陽丞印
6273　秦集 105  美陽丞印	Mi　集證 附149（257） 6274  麋圈	集證 附149（258） 6275  麋圈

秦集 70	Mu　　　秦集 84	Nan　　　秦風 31a
6276	6277	6278
麋圈	募人丞印	南池里印
秦集 184	集證　附155（353）	集證　附138（94）
6279	6280	6281
南頓	南頓丞印	南宮郎丞
秦集 63	秦集 62	秦風 23a
6282	6283	6284
南宮郎丞	南宮郎中	南宮尚浴

6285　　　　秦風 20c	6286　　　集證 附160（430）	6287　　　　秦風 37b
南海司空	南郡侯印	南鄉
6288　　　　秦風 29f	6289　　　集證 附156（374）	6290　　　　秦集 123
南鄉喪吏	南鄭丞印	南鄭丞印
Nei　古彙 3358 6291　集證 附145（198）	6292　　　集證 附136（59）	6293　　　集證 附136（60）
内府	内官丞印	内官丞印

6294 秦集 43	6295 集證 附150（282）	6296 集證 附150（283）
内官丞印	内史之印	内史之印
6297 秦集 4	6298 集證 附136（61）	6299 秦集 39
内史之印	内者	内者
6300 集證 附136（62）	6301 秦集 40	6302 Ning 集證 附151（295）
内者府印	内者府印	寧秦丞印

战国玺印

秦集 95 6303 寧秦丞印	Nong　　　　　　秦風 22e 6304 弄狗厨印	秦泥 76 6305 弄陶□印
集證 附137（73） 6306 弄陽御印	秦集 80 6307 弄陽御印	集證 附137（72） 6308 弄陰御印
Nu　　　　　　秦集 87 6309 [奴]盧丞印	秦集 86 6310 奴盧府印	集證 附160（441） 6311 奴盧之印

6312 秦集 182	6313 秦集 27	Peng 6314 秦集 142

奴盧之印	弩工室印	彭城丞印
6315 秦集 143	Pi 6316 秦風 27e	Pin 6317 集證 附152（310）

彭陽丞印	邳郚尉印	蘋陽丞印
6318 秦集 94	Ping 6319 秦集 139	6320 秦集 73

蘋陽丞印	平城丞印	平阿禁印

6321 秦集 210	6322 Pu 集證 附154（335）	6323 集證 附154（336）
平壽丞印	蒲反（阪）丞印	蒲反（阪）丞印
6324 秦集 111	6325 秦集 130	6326 秦集 131
蒲反（阪）丞印	溥道	溥道丞印
6327 Qi 秦集 105	6328 秦風 32e	6329 秦集 201
漆丞之印	漆工	岐丞之印

集證 附148（238）	秦集 13	秦集 193
6330	6331	6332

騎馬丞印	騎馬丞印	齊左尉印
Qing 秦集 195	Qiu 秦集 163	Qu 秦風 26f
6333	6334	6335

清河太守	杭之丞印	曲陽左尉
Ren 秦集 126	集證 附157（388）	秦集 127
6336	6337	6338

任城	任城丞印	任城丞印

Ri 集證 附150（277）	Rong 秦集 154	秦集 154
6339	6340	6341

日馬丞	容趄	容趄丞印

Ru 集證 附155（351）	秦集 115	秦集 116
6342	6343	6344

女（汝）陽丞印	女（汝）陽丞印	女（汝）陰

集證 附155（350）	秦集 183	San 集證 附151（292）
6345	6346	6347

女（汝）陰丞印	女（汝）陰丞印	參川尉印

秦集 194 6348  參川尉印	**Sang** 秦集 74 6349  桑林	秦集 74 6350  桑林丞印
秦風 36a 6351  喪尉	秦風 36e 6352  喪尉	**Shang** 集證 附153（332） 6353  商丞之印
秦集 108 6354  商丞之印	秦風 34e 6355  商庫	集證 附137（75） 6356  上家馬丞

集證 附137（76）	秦集 20	集證 附160（429）
6357	6358	6359

上[家]馬丞	上家馬丞	上郡侯丞
集證 附148（243）	秦集 50	秦風 29d
6360	6361	6362

上林丞印	上林丞印	上林郎池
秦集 109	集證 附135（47）	集證 附136（48）
6363	6364	6365

上雒丞印	上寑	上寑

6366 <div align="right">秦集 59</div><div align="center">上寢</div>	6367 <div align="right">秦集 46</div><div align="center">尚冠</div>	6368 <div align="right">秦集 46</div><div align="center">尚冠府印</div>
6369 <div align="right">秦集 48</div><div align="center">尚佩府印</div>	6370 <div align="right">秦集 179</div><div align="center">尚書</div>	6371 <div align="right">秦集 44</div><div align="center">尚帷中御</div>
6372 <div align="right">秦集 179</div><div align="center">尚臥</div>	6373 <div align="right">秦集 31</div><div align="center">尚臥倉印</div>	6374 <div align="right">秦泥 78</div><div align="center">尚衣</div>

集證 附135（45）	秦集 45	集證 附135（43）
6375	6376	6377

尚衣府印	尚衣[府]印	尚浴
秦集 47	集證 附135（44）	秦集 47
6378	6379	6380

尚浴	尚浴府印	尚浴府印
秦集 45	西安	集證 附135（46）
6381	6382	6383

尚御弄虎	尚御弄虎	尚□

Shao 集證 附134（16） 6384  少府	秦集 32 6385  少府	集證 附134（24） 6386  少[府]斡丞
秦集 33 6387  少府斡丞	集證 附134（23） 6388  少府工丞	秦集 33 6389  少府工丞
集證 附134（22） 6390  少府工室	秦集 32 6391  少府工室	秦風 22a 6392  少内

She 秦風 39c	Shen 秦集 117	Shi 秦集 208
6393	6394	6395

射官	慎丞之印	菁丞之印
甘露 177	陽文	秦風 35f
6396	6397	6398

士璽	市北	市器
秦風 35c	秦風 34c	Shou 秦集 121
6399	6400	6401

市亭	市印	壽春丞印

秦集 114	Shu 再讀	秦風 31d
6402	6403	6404
壽陵丞印	書府	蜀邸倉印

秦集 41	再讀	集證 附139（110）
6405	6406	6407
蜀左織官	屬邦	屬邦工丞

秦集 24	集證 附139（109）	秦集 24
6408	6409	6410
屬邦工丞	屬邦工室	屬邦工室

6411　　　　　秦集 23	6412　　　　　秦風 39f	Shui　　　　秦風 35a 6413

屬邦之[印]	屬印	水印
Si　　　　　秦風 38e 6414	6415　　　　　秦風 38b	6416　　　　　秦風 38c

私倉	私府	私府
6417　　　　　秦風 38f	6418　　　　　秦風 39a	6419　　　　　秦風 39b

私府	私府	私府

秦風 39d 6420  私府	秦風 39e 6421  私府	集證 附144（179） 6422  私府
集證 附144（180） 6423  私府	集證 附144（181） 6424  私府	集證 附144（182） 6425  私府丞印
集證 附144（183） 6426  私府丞印	秦集 56 6427  私府丞印	秦集 44 6428  私官丞印

集證 附143（168） 6429  四川輕車	集證 附151（289） 6430  四川太守	秦集 92 6431  四川太守
秦集 93 6432  四□尉□	集證 附139（106） 6433  寺車丞印	集證 附139（107） 6434  寺車丞印
秦集 53 6435  寺車丞印	集證 附139（100） 6436  寺從	秦集 52 6437  寺從

集證 附139（101）	集證 附139（102）	集證 附139（103）
6438	6439	6440
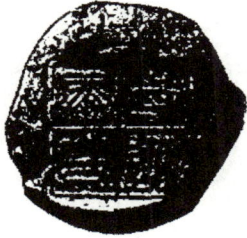		
寺從丞印	寺從丞印	寺從丞印

秦集 52	集證 附139（105）	秦風 25f
6441	6442	6443

寺從丞印	寺從市府	寺從市府

秦風 35b	集證 附142（149）	集證 附142（150）
6444	6445	6446

寺工	寺工丞印	寺工丞印

秦集 51	集證 附142（148）	秦集 50
6447	6448	6449

寺工丞印	寺工之印	寺工之印

秦代	秦集 8	Sui　　秦集 87
6450	6451	6452

寺水	寺樂左瑟	方隧大夫

集證 附159（413）	Tai　　秦集 193	秦集 173
6453	6454	6455

方隧大夫	太官丞印	太醫丞印

集證 附151（286） 6456  太原守印	秦集 194 6457  太原守印	集證 附140（121） 6458  泰倉
秦風 33f 6459  泰倉	秦集 30 6460  泰倉	集證 附140（122） 6461  泰倉丞印
秦集 31 6462  泰倉丞印	秦集 34 6463  泰官	集證 附136（57） 6464  泰官丞印

秦集 35	集證 附145（202）	秦集 35
6465	6466	6467

泰官丞印	泰官庫印	泰官庫印
集證 附140（116）	集證 附140（117）	秦集 22
6468	6469	6470

泰行	泰行	泰行
集證 附143（158）	秦集 51	集證 附147（234）
6471	6472	6473

泰匠丞印	泰匠丞印	泰厩丞印

秦集 174	秦集 25	集證 附145（197）
6474	6475	6476
泰廄丞印	泰内	泰内丞印

秦集 26	秦集 59	秦風 23b
6477	6478	6479
泰内丞印	泰上寢印	泰上窹（寢）左（佐）田

集證 附133（9）	秦集 2	秦集 3
6480	6481	6482
泰醫丞印	泰醫丞印	泰醫右府

秦集 3	秦集 5	Tan 秦集 130
6483	6484	6485

泰醫左府	泰宰	郯丞之印

Tang 集證 附156（365）	秦集 118	Te 集證 附145（203）
6486	6487	6488

堂邑丞印	堂邑丞印	特庫丞印

秦集 82	集證 附145（204）	秦集 82
6489	6490	6491

特庫丞印	特庫之印	特庫之印

Tian　集證 附140（126）	Tie　集證 附143（159）	秦集 27
6492	6493	6494

田膚	鐵兵[工丞]	[鐵]兵[工]室

秦集 26	集證 附159（423）	秦集 177
6495	6496	6497

鐵兵□□	鐵市丞印	鐵市丞印

Ting　秦集 21	秦風 31c	Tong　秦集 135
6498	6499	6500

廷尉之印	亭印	僮丞之印

Tu	秦集 164	Tun	集證 附154（338）	Wai	集證 附138（86）
6501		6502		6503	

突原禁丞

屯留

外樂

	集證 附138（87）		秦集 8	Wang	秦風19d 古彙5707
6504		6505		6506	

外樂

外樂

王戎兵器

Wei	集證 附139（96）		集證 附139（97）		秦集 11
6507		6508		6509	

衛士丞[印]

衛士[丞印]

衛士丞印

集證 附139（95） 6510 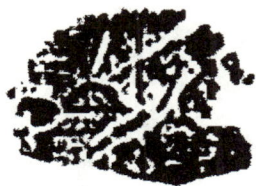 衛尉之印	**Wen** 秦集 112 6511  溫丞之印	新見 071 6512  文信君印
集證 附141（140） 6513  聞陽司空	秦風 21d 6514  聞陽司空	**Wu** 集證 附156（376） 6515  吳丞之印
秦集 135 6516  吳丞之印	集證 附160（440） 6517  吳炊之印	秦集 158 6518  吳炊之印

秦集 167	秦風 31e	秦集 83
6519	6520	6521
無□丞□	武柏私府	武庫
集證 附145（201）	秦集 84 Xi 集證 附141（129）	
6522	6523	6524
武庫丞印	武庫丞印	西采金印
秦集 30	集證 附156（375）	秦集 188
6525	6526	6527
西采金印	西成丞印	西成丞印

集證 附134（27）	秦集 77	秦風 23d
6528	6529	6530

西方謁者	西方謁者	西宮中官
集證 附157（383）	秦集 125	秦集 119
6531	6532	6533

西共丞印	西共丞印	西陵丞印
秦集 162	秦風 37a	集證 附141（128）
6534	6535	6536

西田□□	西鄉	西鹽

秦集 28	秦集 77	秦風 37c
6537	6538	6539
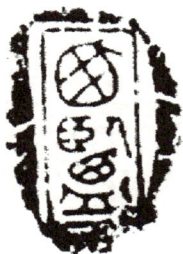		
西鹽	西中謁府	谿鄉
集證 附152（306）	秦集 103	Xia　集證 附151（300）
6540	6541	6542

戲丞之印	戲丞□□	下[邽]丞印
集證 附152（301）	秦集 96	集證 附137（78）
6543	6544	6545

下邽丞印	下邽丞印	下家[馬丞]

	秦集 20		秦集 176		集證 附147（236）
6546		6547		6548	

下家[馬]丞　　　下厩　　　下厩[丞]印

	秦集 177		集證 附155（359）		秦集 217
6549		6550		6551	

下厩[丞]印　　　下密丞印　　　下密丞印

	秦集 127		秦集 144	Xian	集證 附151（293）
6552		6553		6554	

下相丞印　　　下邑丞印　　　咸陽

集證 附151（294）	秦集 89	集證 附142（143）
6555	6556	6557
	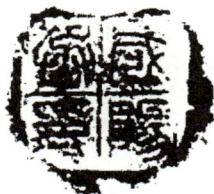	
咸陽丞印	咸陽丞印	咸陽工室丞
秦集 89	集證 附159（415）	秦集 88
6558	6559	6560

咸陽工室丞	咸陽亭丞	咸陽亭丞
集證 附159（414）	秦集 88	秦風 29e
6561	6562	6563

[咸]陽亭印	咸陽亭印	咸陽右鄉

Xiang 集證 附156（371）	秦集 120	集證 附154（347）
6564	6565	6566

相丞之印	相丞之印	襄[城]丞印
秦集 183	**Xiao** 集證 附147（232）	集證 附147（233）
6567	6568	6569

襄城丞印	小厩丞印	小厩丞印
秦集 19	集證 附147（230）	集證 附147（231）
6570	6571	6572

小厩丞印	小厩將馬	小厩將馬

秦風 24b	秦集 19	秦風 22f
6573	6574	6575
小厩將馬	小厩將□	小厩南田
秦風 250b	Xin　集證 附154（333）	秦集 200
6576	6577	6578
效上士	新安丞印	新安丞印
秦集 116	集證 附154（348）	秦集 122
6579	6580	6581
新蔡丞印	新[城]丞印	新城父丞

秦集 134 6582	秦集 214 6583	秦集 121 6584
新東陽丞	新淦丞印	新陽城丞
秦集 163 6585	秦集 150 6586	集證 附144（188） 6587
新陰□□	新□	信宮車府
新見 072 6588	Xing　秦集 159 6589	秦集 160 6590
信陵君	行車	行平官印

Xiu 6591 秦風 30c	6592 秦風 25c	Xu 6593 璽集 51g

脩故亭印	脩武庫印	胥浦侯印
6594 秦集 128	6595 秦集 139	6596 秦集 136

徐丞之印	徐無丞印	昫衍道丞
Xuan 6597 集證 附160（442）	Xue 6598 集證 附157（389）	6599 集證 附157（390）

宣曲喪吏	薛丞之印	薛丞之印

秦集 128	**Ya** 集證 附152（314）
6600	6601

薛丞之印

衙丞之印

秦集 200

6602

衙丞[之]印

Yang 秦集 184

6603

陽安丞印

秦集 124

6604

陽丞之印

集證 附149（256）

6605

陽陵禁丞

秦集 69

6606

陽陵禁丞

秦泥 130

6607

陽陵□丞

秦風 28b

6608

陽平君印

6609 　　　　　秦集 141	6610 　　　　　秦集 149	6611 　　　　　秦集 80

陽夏丞印	陽印	陽御弄印
Ye　　集證 附155（361） 6612	6613 　　　　　秦集 211	6614 　集證 附154（339）

夜丞之印	夜丞之印	葉丞之印
6615 　　　　　秦集 186	6616 　集證 附134（26）	6617 　　　　　秦集 76

葉丞之印	謁者之印	謁者之印

集證 附134（25） 6618  謁者□印	**Yi** 秦集 138 6619  夷輿丞印	秦集 68 6620  宜春禁丞
秦風 23c 6621  宜陽津印	再讀 6622  宜陽之丞	秦風 29c 6623  宜野鄉印
Yin 秦集 137 6624  陰密丞印	秦集 79 6625  陰御弄印	**Ying** 集證 附155（349） 6626  潁陽丞印

6627	秦集 115	6628	Yong 集證 附153（323）	6629	集證 附153（325）
穎陽丞印		雍丞之印		雍丞之印	

6630	秦集 106	6631	秦風 28a	6632	秦集 5
雍丞之印		雍丞之印		雍祠丞印	

6633	秦集 107	6634	秦集 106	6635	集證 附138（85）
雍工室丞		雍工室印		雍左樂鐘	

6636 　　　　　秦集 174	6637 　　　　集證 附134（20）	6638 　　　　集證 附134（21）

雍左樂鐘	[永]巷	永巷
6639 　　　　　秦集 38	6640 　　　　集證 附134（18）	6641 　　　　集證 附134（19）

永巷	永巷丞印	永巷丞印
6642 　　　　　秦集 39	6643 　**You**　　　秦風 34a	6644 　　　　集證 附156（366）

永巷丞印	郵印	游陽丞印

6645 秦集 118	6646 秦集 159	6647 集證附133（5）

游陽丞印	右般私官	右丞相印
6648 集證 附133（6）	6649 秦集 1	6650 集證 附150（272）

右丞相印	右丞相印	右公田印
6651 秦風 26d	6652 秦風 29a	6653 集證 附147（227）

右公田印	右褐府印	右厩

集證 附147（228）	集證 附147（229）	秦集 18
6654	6655	6656

右[厩]丞印	右厩丞印	右厩丞印
秦風 24c	秦風 24f	印典 1.685
6657	6658	6659

右厩將馬	右厩將馬	右牧
秦代	秦集 178	秦風 21a
6660	6661	6662

右水	右司空丞	右司空印

6663　　　　秦風 21b	6664　　　　秦集 160	6665　　集證 附160（434）

右司空印	右猷丞印	右礜[桃]丞
6666　　　　秦集 156	6667　　　　秦集 155	6668　　　　秦集 73

右礜桃丞	右礜桃支	右雲夢丞
6669　　　　秦集 40	6670　　集證 附137（77）	6671　　Yu　　秦集 207

右織	右中馬丞	於陵丞印

秦集 158	集證 附143（173）	集證 附144（174）
6672	6673	6674

吳（虞）炮（庖）之印	御府丞印	御府丞印
集證 附144（175）	秦風 28c	秦集 57
6675	6676	6677

御府丞印	御府丞印	御府丞印
集證 附144（176）	集證 附144（177）	秦集 57
6678	6679	6680

御府之印	御府之印	御府之印

秦集 175	秦集 172	集證 附136（63）
6681	6682	6683
御厩丞印	御史之印	御羞丞印

集證 附137（64）	秦集 48	Yuan 秦風 26b
6684	6685	6686
御羞丞印	御羞丞印	原都左尉

Yue 秦集 204	秦集 216	秦集 215
6687	6688	6689
樂安丞印	樂城	樂城之印

集證 附138（82）	秦集 6	集證 附138（80）
6690	6691	6692

樂府	樂府	樂府丞印
集證 附138（81）	秦集 7	秦集 203
6693	6694	6695

樂府丞印	樂府丞印	樂陵
秦集 204	秦風 28e	新見 148
6696	6697	6698

樂陵丞印	樂平君印	樂衛

6699 秦風 20d  樂陰右尉	6700 秦集 97  櫟陽丞印	6701 秦風 30f  櫟陽鄉印
6702 集證 附142（144）  櫟陽右工室丞	6703 秦集 97  櫟陽右工室丞	6704 Yun 秦集 102  雲陽
6705 集證 附153（318）  雲陽丞印	6706 集證 附153（319）  雲陽丞印	6707 秦集 102  雲陽丞印

Zai 6708	古彙 5497	Zan 6709	秦集 109	Zhai 6710	集證 附152（309）

宰　　　　　　　鄾丞之印　　　　　　翟道丞印

6711	秦集 101	Zhan 6712	秦集 162	Zhang 6713	集證 附146（210）

翟道丞印　　　　　斬丞之印　　　　　　章厩丞印

6714	集證 附146（211）	6715	秦集 14	6716	集證 附146（209）

章厩丞印　　　　　章厩丞印　　　　　　章厩將馬

6717　　　　　秦風 24a	6718　　　　　秦風 24d	6719　　集證 附148（244）
章厩將馬	章厩將馬	章臺
6720　　集證 附148（245）	6721　　　　　秦集 66	6722　Zhao　　秦風 31b
章臺	章臺	召亭之印
6723　　　　　秦風 32c	6724　　集證 附142（156）	6725　　集證 附142（157）
詔發	詔事丞印	詔事丞印

6726　　　　　　　秦集 53	6727　　　集證 附142（155）	6728　　　　　　　秦集 180
詔事丞印	詔事之印	詔事之印
6729　　　集證 附149（263）	**Zheng** 集證 附159（428） 6730	**Zhi**　　　　　　秦風 20a 6731
趙郡左田	鄭大夫	銍粟將印
Zhong 集證 附144（189） 6732	6733　　　集證 附145（190）	6734　　　集證 附145（191）
中車府丞	中車府丞	中車府丞

	秦集 12		集證 附145（192）		集證 附145（193）
6735		6736		6737	

中車府丞	中府丞印	中府丞印

	秦集 54		集證 附138（89）		秦集 55
6738		6739		6740	

中府丞印	中宮	中宮

	集證 附135（41）		秦集 56		秦集 55
6741		6742		6743	

中官丞印	中官丞印	中官幹丞

集證 附146（215）	集證 附146（216）	集證 附146（218）
6744	6745	6746

中廄	中廄	中廄丞印
集證 附146（219）	集證 附146（220）	秦集 16
6747	6748	6749

中廄丞印	中廄丞印	中廄丞印
秦集 17	集證 附146（217）	秦集 17
6750	6751	6752

中廄丞印	中廄將馬	中廄將馬

集證 附146（207） 6753  中厩馬府	集證 附146（208） 6754  中厩馬府	秦集 18 6755  中厩馬府
秦風 21f 6756  中司馬印	再讀 6757  中尉	集證 附143（162） 6758  中尉之印
秦集 83 6759  中尉之印	集證 附137（69） 6760  中行羞府	秦風 21c 6761  中行羞府

6762	秦集 180	6763	集證 附137（65）	6764	集證 附137（66）

中行羞府

中羞丞印

中羞丞印

6765	集證 附137（67）	6766	秦集 49	6767	集證 附137（70）

中羞丞印

中羞丞印

中羞府印

6768	秦集 49	6769	集證 附138（90）	6770	秦集 75

中羞府印

中謁者

中謁者

秦集 76 6771 中謁者府	秦風 21e 6772 中宜徒府	文物 1988−6 6773 中郵吏印
集證 附145（196） 6774 冢府	集證 附152（315） 6775 重泉丞印	集證 附152（316） 6776 重泉丞印
秦集 95 6777 重泉丞印	Zhu　　集證 附133（10） 6778 祝印	集證 附133（11） 6779 祝印

6780　　　　秦集 2	**Zong**　6781　　集證 附133（14）	6782　　　集證 附133（15）
祝印	宗正	宗正
6783　　　　秦集 25	**Zou**　6784　　集證 附157（386）	6785　　集證 附157（387）
宗正	騶丞之印	騶丞之印
6786　　集證 附160（438）	6787　　　　秦集 78	6788　　集證 附160（439）
走士	走士	走士丞印

秦集 79	集證 附160（437）	秦集 157
6789	6790	6791
走士丞印	走翟丞印	走翟丞印

Zuo 秦集 158	集證 附133（3）	集證 附133（4）
6792	6793	6794
左般私官	左丞相印	左丞相印

秦集 1	印舉 2.56	集證 附147（224）
6795	6796	6797
左丞相印	左府	左厩丞印

6798 秦集 175 左厩丞印	6799 秦風 24e 左厩將馬	6800 秦風 25a 左厩將馬
6801 印典 2.881 左市	6802 印典 2.879 左水	6803 印典 2.879 左司
6804 集證 附141（131） 左司空丞	6805 集證 附141（135） 左司空丞	6806 秦集 38 左司空丞

秦集 37 6807	秦風 34f 6808	集證 附149（265） 6809
左司空印	左田	左田之印
集證 附149（266） 6810	秦風 26a 6811	秦風 35d 6812
左田之印	左田之印	左尉
印典 2.881 6813	集證 附160（431） 6814	秦集 156 6815
左鄉	左礜桃丞	左礜桃丞

6816

6817

6818

左礜桃支　　　　　　左礜桃支　　　　　　左礜桃支

集證 附138（83）　　　集證 附138（84）　　　　　秦集 7

6819

6820

6821

左樂丞印　　　　　　左樂丞印　　　　　　左樂丞印

秦集 174　　　　　集證 附149（255）　　　　　秦集 72

6822

6823

6824

左樂雍鐘　　　　　　左雲夢丞　　　　　　左雲夢丞

6825 秦風 25d	6826 秦集 41	6827 集證 附135（38）

左中將馬	左□縵丞	佐弋丞印
6828 秦集 36	6829 集證 附141(134)	6830 集證 附143（161）

佐弋丞印	□司空丞	□尉之印
6831 集證 附147（235）	6832 集證 附160（436）	6833 集證 附151（290）

□厩丞印	□趨丞印	□陽□守

集證 附151（291）	秦集 87	秦集 113
6834	6835	6836

□□太守	□盧丞印	□武陽丞
秦集 164	秦集 168	秦集 197
6837	6838	6839

□陽[苑]丞	□中材廥	□川府丞
秦集 85	秦集 117	秦集 167
6840	6841	6842

□劍□印	□頓□印	□□司空

秦集 169	秦集 165	秦集 165
6843	6844	6845
□茜□印	□陽	□□□守

秦集 166	秦集 166	秦集 168
6846	6847	6848
□其□□	□厩	□□□印

秦集 169	秦集 170	秦集 171
6849	6850	6851
□□帷□	□	□□

秦系·私印

Bai 秦風 214b	秦風 113f	秦風 107a
6852	6853	6854
白更	柏如	柏奢

新見 166	Ban 璽集 166b	印典 3.1805
6855	6856	6857
柏中默	般午	般午

古彙 1276 秦風 157d	Bao 甘露 120	集粹 4.410
6858	6859	6860
半則（購）	保家	保印

秦風 226h 6861	**Bi** 新見 196 6862	新璽 6863
鮑可舍	彼死	畀我
秦風 167f 6864	新見 004 6865	秦風 139f 6866
畀毋齒	笉孌	畢朵
秦風 103d 6867	新璽 6868	秦風 124a 6869
畢攬	畢繆	畢賢

6870　　　　　　秦風 143e	6871　　　集證 附181（716）	**Bing**　　　　　秦風 223b 6872
畢取	箅齊	丙笱
Bo　　　　　　秦風 195c 6873	**Bu**　　　集證 附177（656） 　　　　　秦風48e 6874	秦風 180f 6875
搏方	補猻	不識
秦風 86c 6876	新見 073 6877	**Cai**　　　　　秦風 126a 6878
步強	步行	蔡欤

6879　　　　　　　陽文	6880　　　　　　秦風 91c	Cao　　　　　秦風 123c 6881
蔡慶□印	蔡把	鼀（曹）譊
6882　　　　　秦風 208f	6883　　　　　　璽集 27a	Chan　　　　　璽集 27d 6884
鼀（曹）女	鼀（曹）陽	孱印
Chang　　　　秦風 181c 6885	Chen　　　　　秦風 156a 6886	6887　　　　　　秦風 63d
昌敢	臣芻	臣虎

新見 169	秦風 154c	集證 附165（507） 秦風 93e
6888	6889	6890
臣獲	臣靜	臣雕
秦風 155a	秦風 154a	秦風 109b
6891	6892	6893
臣鍇	臣夸	臣離
秦風 115j	秦風 212f	中大 37.50
6894	6895	6896
臣孟	臣平	臣戎人

6897　　　　　　秦風 154f	6898　　　　集證 附165（508）	6899　　　　　　秦風 65d
臣勝	臣勝、勝	臣拾
6900　　　　　　秦風 196e	6901　　　　　　秦風 156k	6902　　　　　　璽集 171h
臣碩	臣巳	臣招
6903　　　　　　秦風 76b	6904　　　　　　秦風 61f	6905　　　　　　秦風 154i
臣豚	臣憙	臣欣

秦風 186c	秦風 154g	秦風 75d
6906	6907	6908
臣欣	臣鞅	臣寅
新見 170	秦風 169f	江漢 2005－4：22/23
6909	6910	6911
臣樂至印	陳蒼	陳達
新見 074	新見 075	秦風 167d
6912	6913	6914
陳爟	陳駕	陳解

6915　　　　秦風 56c	6916　　　　秦風 206d	6917　　　　秦風 225f
陳萌	陳視	陳術
6918　　　　秦風 172d	6919　　　　秦風 161c	6920　　　　秦風 212b
陳遬	陳武	陳義渠
6921　　　　秦風 124e	6922　　　　秦風 43b	6923　Cheng　分域 500
陳雍	疢璽	成庚

	集粹 5.470		中大 29.34		秦風 132d
6924		6925		6926	
	成悍		成黑		成憍

	新見 076		秦風 140e		秦風 165a
6927		6928		6929	
	成卿		成山		成玉人

	璽集 24f		新見 077		秦風 167a
6930		6931		6932	
	城北		城忠		程更

6933　　　　　　新見 078	6934　　　　　　秦風 84a	**Chi**　　　　古彙 5534 6935
程黂	程□	袳
Chou　　分域 504 　　　　　　秦風 69a 6936	6937　　　　　　分域 504	6938　　　　　　秦風 113h
瘳印	瘳游	醜夫
Chu　　　　璽集 171c 6939	6940　　　　　　秦風 46b	**Chuan**　　　秦風 146f 6941
芻容	楚萃	船虞

秦風 152h 6942	Chun 新見 197 6943	秦風 221f 6944
稼	淳歸	淳于鼻
秦風 215c 6945	秦風 194c 6946	秦風 212a 6947
淳于駭	淳于齊	淳于慶忌
秦風 211a 6948	璽集 166d 6949	Cong 古彙 3657 秦風 229g 6950
淳于愿	淳旨	從淳狐

甘露 95	秦風 248b	甘露 96
6951	6952	6953
從志	從志	從志

古彙 4340 集證 附185（769） 秦風 248e	Cui　　　　秦風 150d	集證 附183（740）
6954	6955	6956
從志	袞	翠

秦風 151a	Cuo　　　　秦風 118a	Da　　　　秦風 216e
6957	6958	6959
萃	錯	大犢

玺集 19g 6960	玺集 166i 6961	秦風 50e 古彙 5572 分域 509 6962
大夫固	大夫係	大夫肄
秦風 159e 6963	Dai 秦風 106c 6964	秦風 226c 6965
大夫奕私印	帶錯	戴昌
玺集 29b 6966	秦風 175a 6967	秦風 129a 6968
戴挈印	戴黑	戴糇

Dan　　　印典 2.846	秦風 228e	De　　　秦風 114e
6969	6970	6971
丹驨	旦宕	得臣
Deng　　　新見 080	秦集 98	秦集 151
6972	6973	6974
鄧訢	鄧印	鄧印
Di　　　新見 035	Dian　　　新見 079	Ding　　　新見 081
6975	6976	6977
鄮（狄）君	蕇私	丁布

新見 082	秦風 231a	秦風 221e
6978	6979	6980
丁駕	丁市	丁堅

Dong 秦風 91a 集成 107	秦風 188c	印典 1.117
6981	6982	6983
東門脫	董得	董得

秦風 176a	集粹 5.524	璽集 27g
6984	6985	6986
董多牛	董糞	董亥

6987 　　　　秦風 208e	6988 　　　　秦風 221d	6989 　　　　秦風 223c
董竪	董它人	董同
6990 　　　　秦風 61e	6991 　　　　秦風 144a	6992 　　　　秦風 147b
董文	董歈	董歈
6993 　　　　秦風 165f	6994 　　　　新見 083	6995 　　　集證 附179（682） 　　　　秦風 179f
董畜	董媤	董寂

秦風 91f	Dou　　　　新見 085	新見 084
6996	6997	6998
董□	郘文	寶當

Du　　　　秦風 226a	秦風 215d	秦風 219e
6999	7000	7001
督光	杜安	杜長

秦風 89f	璽集 168i	璽集 177a
7002	7003	7004
杜顛	杜胡	杜嘉

秦風 177f 7005 杜獎	新見 086 7006 杜孔	秦風 63c 7007 杜夸
秦風 52e 7008 杜祿	秦風 62e 7009 杜卯	璽集 177h 7010 杜錡
印典 2.1071 7011 杜戎	璽集 176g 7012 杜申	秦風 72c 7013 杜佗臣

7014 璽集 22g	7015 天津 79	7016 秦風 49e
杜閒	杜相	杜胥
7017 秦風 158a	7018 集粹 8.833	7019 新見 087
杜殷周印	杜隱	杜狀
7020 秦風 73e	7021 Duan 秦風 188b	7022 秦風 142c
杜子	段齒	段慧

7023 新見 088	7024 璽集 24e	7025 中大 33.41
段甲私璽	段鈞	段繚
7026 新見 089	7027 新見 090	7028 集粹 8.815
段豭	段肄	段瘠
Duo 7029 璽集 168e	7030 秦風 75c	Fan 7031 新見 091
多酒	多有	樊到

7032 璽集 172g	7033 秦風 95a	7034 秦風 158d 集证 附170（566）
笆（笵）柏	笆（笵）帶	笆（笵）仫子印
7035 秦風 54f	7036 璽集 27e	7037 秦風 80f
笵臣	笵煩	笵高
7038 秦風 60c	7039 中大 31.38	7040 集粹 7.673
笵賀	笵賀	笵蠡

秦風 138e 7041 笵卯	秦風 99e 7042 笵黽	秦風 77c 7043 笵平
秦風 216b 7044 笵欺	秦風 142f 7045 笵撟	璽集 28f 7046 笵慶
新見 092 7047 笵乙	新見 093 7048 笵義	集粹 7.762 7049 笵癰

7050　　　　　　秦風 208a	7051　　　　　　秦風 210b	7052　　　　　　秦風 101c
笵脅	笵政	笵□
7053　　　　　　秦風 112f	7054　　　　　　集粹 5.508	7055　　　　　　秦風 207a
笵□	笵□	笵□奴
Fang　　　　秦風 188e 7056	7057　　　　　　秦風 228a	7058　　　　　　秦風 210f
方將吉印	方言身	方□私印

Fei 秦風 177b 7059 費默	**Feng** 秦風 116d 7060 封苦	秦風 185a 7061 逢虒
秦風 230d 7062 逢襄	集粹 7.692 7063 馮昌	陽文 7064 馮得
秦風 140c 7065 馮尳	陽文 7066 馮兼	集粹 5.515 7067 馮快

集粹 5.514	璽集 26f	中大 26.27
7068	7069	7070
馮潘	馮觭	馮戎臣

秦風 202a	秦風 138b	璽集 26c
7071	7072	7073
馮勝	馮士	馮唐

秦風 48a	秦風 100c	秦風 116j
7074	7075	7076
馮癰	馮□	馮□

Fu 7077	璽集 50b 7078	秦風 187b 7079
古彙 3597		
專奠	扶車	茀欿
7080	秦風 226e 7081	秦風 76d 7082
秦風 170d		
符黔	福遺	輔驚
7083	璽集 28i 7084	秦風 248c 7085
秦風 128e		
輔武	輔宣	富昌

新見 094 7086	秦風 174c 7087	集粹 7.664 7088
傅藂	傅廣秦	傅疾
秦風 106f 7089	Gan 秦風 183e 7090	璽集 19h 7091
傅枚	干改	干矣
秦風 220a 7092	中大 34.44 7093	秦風 228b 7094
干欺	干未	干信

Gao 　　　　　　　甘露 44	考略 　　　　　　集證 附172（589）	璽集 179b
7095	7096	7097
高	高	高成
秦風 59b	秦風 220d	秦風 156g
7098	7099	7100
高成之印	高丹	高得臣
秦風 229c	秦風 127c	秦風 223d
7101	7102	7103
高改	高宮	高疾耳

7104 秦風 197a	7105 秦風 160f	7106 古彙 5628
高居樛競	高聚	高廈
7107 秦風 175f	7108 中大 23.21	7109 秦風 160b
高窮	高勝	高未央
7110 秦風 156h	7111 秦風 213d	7112 新璽
高務	高延	高齛

Geng 秦風 154j 集證 附168（550） 7113	秦風 114h 7114	**Gong** 印典 4.2561 秦風 36d 7115
更名、臣欣	耿佗	弓舍
秦風 93a 7116	秦風 140b 7117	秦風 137c 7118
公柏	公乘	公耳異
秦風 189a 7119	秦風 196a 7120	秦風 144b 7121
公故私印	公曰馼	公替

7122　　　　秦風 60b	7123　　　　新見 167	7124　　　　新見 198
公禄	公上雠	公孫
7125　　　　中大 33.42	7126　　　　印典 1.196	7127　　　　秦風 207d
公孫驚	公孫齒	公孫賀
7128　　　　璽集 20c	7129　　　　印典 1.196	7130　　　　秦風 205b
公孫舉	公孫詵	公孫市

古彙 3920	秦風 211e	秦風 160d
7131	7132	7133
公孫遂	公孫徒得	公孫齮
集粹 8.754	秦風 136f	集粹 8.812
7134	7135	7136
公孫取	公宣	公贊
秦風 81d	秦風 141a	印典 3.1592
7137	7138	7139
公中	公子沓	公子竈

秦風 190b	秦風 230g	璽集 30a
7140	7141	7142
公□籍	攻身	龔義

集粹 5.530	秦風 203b	新見 095
7143	7144	7145
鞏痤	鞏光	鞏魯

秦風 135e	集粹 5.531	秦風 191a
7146	7147	7148
鞏目	鞏女	鞏佗

7149　　　　　集粹 8.837	7150　　　　　秦風 53c	7151　　　　　印典 1.570
鞏窅	鞏繹	鞏□
7152　　集證 附165（511）	Gou 7153　　　　　秦風 68f	7154　　　　　秦風 180b
共恬	笱競	笱康
7155　　　　　秦風 148i	7156　　集證 附164（500） 　　　　　秦風 186f	Guan 7157　　　　　集粹 7.735
笱石	觳必	關穿

7158　　　　　　　　秦風 181d	Guang　　　　集粹 5.469	Guō　　　　　秦風 166a
管眉	光衿	鲑匡
7161　　　　　　　　秦風 120f	古彙 5489	秦風 172f
圭□	鰼	郭鷔
7164　　　　　　　　秦風 194b	7165　　　　　　　　秦風 105b	7166　　　　　　　集粹 8.808
郭鷔	郭黽	稾（郭）臣

秦風 179b 7167	秦風 159f 7168	秦風 181f 7169
高（郭）疇	高（郭）歡	高（郭）哎
新見 096 7170	秦風 227f 7171	秦風 109f 7172
郭福	郭歸	郭橫
集粹 5.489 7173	秦風 163b 7174	璽集 25i 7175
高（郭）會	郭祭尊印	高（郭）屬

7176 玺集 25f	7177 集證 附175（633） 秦風 172c	7178 文物春秋 2002—3:71
啇（郭）駕	啇（郭）講	啇（郭）狡
7179 秦風 168f	7180 集粹 5.490	7181 集證 附176（640） 秦風 210e
郭京閒	啇（郭）君	啇（郭）圂
7182 陽文	7183 集證 附173（605）	7184 集證 附175（632） 秦風 129b
郭欬	郭夸、臣夸	啇（郭）臘

秦風 163c 7185	伏廬 32 集證 附175（635） 秦風 97e 7186	秦風 223a 7187
郭頰	啻（郭）闠（闦）	郭馬童
秦風 227a 7188	集粹 7.643 7189	伏廬 16 7190
郭目	啻（郭）南	郭尼
秦風 204f 7191	集證 附175（636） 7192	集粹 5.487 7193
郭其奴	啻（郭）起	啻（郭）羌

伏廬 33	秦風 100e	秦風 176e
7194	7195	7196
啚（郭）詔	啚（郭）随	郭頭

集粹 7.644	集粹 7.643	秦風 96e
7197	7198	7199
啚（郭）頬	啚（郭）次	郭閒

集證 附175（638）	新璽	秦集 148
7200	7201	7202
啚（郭）訢	啚（郭）行	啚（郭）延

集粹 5.491 7203	中大 62 集證 附175（637） 7204	璽集 171g 7205
亯（郭）鞅	亯（郭）洋	亯（郭）陽
秦風 191e 7206	秦風 200c 7207	集粹 5.488 7208
郭虞	郭圉	亯（郭）哲
集證 附175（634） 秦風 214d 7209	秦風 163e 7210	Han 秦風 225a 7211
亯（郭）閖	亯（郭）□	韓成

秦風 229i	秦風 197b	新見 098
7212	7213	7214
韓得	韓丁	韓悍
秦風 205f	集粹 7.732	秦風 71d
7215	7216	7217
韓駕	韓決	韓枯
集粹 7.731	秦風 171b	新見 099
7218	7219	7220
韓目	韓杞	韓書

	秦風 193f		秦風 115f		集證 附182（725）
7221		7222		7223	
	韓妥		韓賢		韓綃

	秦風 203c		秦風 55a		秦風 209c
7224		7225		7226	
	韓陽		韓窯		韓□

	秦風 226g	Hao	秦風 107f		新見 100
7227		7228		7229	
	韓□馬		郝印		郝羅

中大 25.26 7230 郝（郝）慶	集證 附171（574） 7231 郝氏	秦風 57b 7232 郝氏
集粹 7.649 7233 郝（郝）朔	秦風 156l 7234 郝巳	秦風 177c 7235 郝（郝）野
璽集 170f 7236 郝印	新見 101 7237 郝嬰	秦風 65b 7238 郝趙

He 集粹 5.420	秦風 232b	集粹 5.502
7239	7240	7241
和士	和午	和陽
秦風 137d	璽集 27c	Hei 集粹 7.680
7242	7243	7244
和仲印	褐印	黑臣
Heng 秦風 134c	集粹 7.683	集萃 128
7245	7246	7247
恒繙	恒黑	恒脊

Hong　　新见 103	Hou　　秦風 85f	古彙 5654
7248	7249	7250
弘祿	侯歇	侯疵
秦風 198a	新见 104	秦風 69f
7251	7252	7253
侯蒙	侯赧	侯同
秦風 161a	秦風 92c	秦風 182e
7254	7255	7256
侯偃	侯宜	侯嬰

秦風 209e 7257	璽集 24h 7258	**Hu** 秦風 103b 7259
侯章	侯馘	狐第印
秦風 194f 7260	秦風 143a 7261	秦風 60a 7262
狐瞫	狐瑣	胡長
中大 27.30 7263	秦風 94e 7264	秦風 55c 7265
胡赤	胡類	胡牟

秦風 202f	秦風 218d	秦風 221b
7266	7267	7268
胡市	胡禿娖	胡毋偃

秦風 133b	秦風 147a	秦風 149b
7269	7270	7271
胡贊	壺辰	壺劼

秦風 160c	Hua 秦風 174e	Huai 秦風 233a
7272	7273	7274
濩留	華井	裹

7275 秦風 130f	7276 集粹 7.705	7277 Huan 古彙 5536
襄（懷）任	襄（懷）田	謹
7278 秦風 118d	7279 璽集 30g 秦風 150a	7280 印典 2.1113
謹	謹	桓安之
7281 秦風 192b	7282 集證 附170（573）	7283 秦集 148
桓不梁	桓段	桓段

7284 印典 2.1113	7285 印典 2.1113	7286 中大 37.49
桓單	桓嬰	環兼
7287 秦集 151	7288 Huang 秦風 170f	7289 集證 附176（643）
缓	黄瘞	黄尚
7290 集證 附176（642）	7291 秦風 213b	7292 璽集 26g、173h
黄騰	黄戉	黄鑄

Hui	秦風 151c		秦風 153i	Ji	天津 79
7293		7294		7295	
	會		慧		箕良
	秦風 90e		秦風 165e		新見 105
7296		7297		7298	
	箕嘣		即成		忌景
	璽集 22c		璽集 171i		秦風 154k
7299		7300		7301	
	忌噴		忌歇		忌周

7302 集粹 7.641	7303 秦風 52f	7304 秦風 92d
忌敼	忌裸	季狀
7305 秦風 140d	7306 秦風 198c	7307 秦風 216f
季□	紀闌多	祭敬
7308 秦風 140f	7309 新璽	7310 Jia 中大 36.48
冀駢	劚	家脊

7311　　　　　　　秦風 47c	7312　　　　　　　秦風 47a	7313　　　　　　中大 22.19
家歟	賈等	賈房
7314　　　　　　　新見 106	7315　　　　　　　秦風 130e	7316　　　　　　　秦風 85d
賈豐	賈閿	賈鈞
7317　　　　　　　秦風 95e	7318　　　　　　　秦風 83c	7319　　　　　　　秦風 90c
賈悝	賈聯	賈禄

	印選 15		秦風 110e		中大 22.20
7320.		7321		7322	
	賈牟		賈取		賈眉

秦風 162e	Jian	秦風 156e	Jiang	璽集 175b
7323	7324		7325	
賈□欻	兼之		江犹	

秦風 229d		秦風 155i		秦風 155j
7326	7327		7328	
江蠿	江去疾		江去疾	

集古 7 7329 江文	秦風 182f 7330 羗（姜）百賞	集粹 8.82 7331 姜曋
伏盧 32 秦風 95c 7332 羗（姜）敬	秦風 217e 7333 羗（姜）孟	集證 附170（570） 7334 羗（姜）毋智
中大 34.43 7335 姜□弗印	秦風 179a 7336 將匠安	秦風 189e 7337 將□

Jiao 秦風 188d	秦風 55d	印典 3.2126
7338	7339	7340
焦安	焦得	焦恒
秦風 134b	秦風 155h	秦風 219f
7341	7342	7343
焦敬	焦午	焦嬰
秦風 228h	秦風 235d	秦風 236a
7344	7345	7346
鄡（焦）嬰	撟	蟜

Jie　　　　　秦風 74b	秦風 176c	Jin　　　　　秦風 76f
7347	7348	7349
芥癉	芥歐	进欼
秦風 90a	集粹 7.701	集粹 7.700
7350	7351	7352
晉歲	靳廖	靳戲
Jing　　　　　秦風 229h	秦風 120b	秦風 187a
7353	7354	7355
井耤	邢	景除

战国玺印

秦風 105d 7356	Jiu　　　　　秦風 120c 7357	璽集 24a 7358
竟印	樛	救挈
秦風 206f 7359	Ju　　　　　秦風 50d 7360	秦風 168c 7361
莟朝	苴欤	鞠毌望
秦風 138f 7362	秦風 195b 7363	Juan　　　集粹 7.652 7364
據丙	遽更	捐疾

集證 附175（627） 秦風 153e 7365	Jue 古彙 5511 7366	Jun 秦風 139e 7367
捐	般	君事
Ke 新見 040 7368	秦風 251e 7369	Kong 古彙 3983 7370
柯	可思	空桐劈
秦風 212d 7371	秦風 191c 7372	秦風 170a 7373
孔別	孔柏	孔龔

7374　　　　　　　　玺集 21a	7375　　　　　　　　秦風 148a	7376　　　　　　　　古彙 2721
孔龔	孔疾	孔瞽
7377　　　　　　　　古彙 2722	7378　　　　　　　　玺集 24c	Ku　　秦風　133d 7379　　集證　附180（701）
孔□	恐戲	頜印
Kuai　　　　　　秦風 74e 7380　　　　　　　玺集 171f	Kui　　　　　　秦風 46f 7381	7382　　　　　　　　秦風 220b
快印	隗都	隗鉅

7383　　　　　秦風 182b	7384　　　　　秦風 79b	7385　　　　　秦風 116i
隗圖	隗笑	隗周
Kun　　　　　古彙 5311 7386	Lang　　　　　集粹 7.654 7387	新見 199 7388
昆	狼儋	狼胥
Li　　　　　　璽集 30c 7389	秦風 54a 7390	秦風 115e 7391
李	李驁	李柏

7392 秦風 75b	7393 新見 106	7394 秦風 128f
李薄	李不	李不識
7395 秦風 88b	7396 秦風 185b	7397 秦風 63e
李參	李黽	李昌
7398 秦風 214c	7399 秦風 116e	7400 秦風 57e
李昌	李昌	李朝

璽集 22a、175f	璽集 173a	秦風 92f
7401	7402	7403
李朝	李𪩘	李池
秦風 95b	秦風 137f	秦風 52d
7404	7405	7406
李赤	李次非	李萃
分域 495	秦風 123f	秦風 183d
7407	7408	7409
李達	李𩍇	李段

秦風 63a 集證 附167（533） 7410	印典 2.1056 7411	秦風 136d 7412
李朵	李伐	李夫
集粹 8.846 7413	秦風 166d 7414	秦風 141e 7415
李夫胥	李敢	李高
集粹 5.479 7416	璽集 175i 7417	中大 16.7 7418
李廣	李何	李狐

7419 集成 93	7420 秦風 60d	7421 新見 107
李恢	李脊	李忌
7422 秦風 61d	7423 秦風 202c	7424 秦風 155f
李季	李嘉	李甲
7425 秦風 199b	7426 秦風 156f	7427 秦風 208d
李肩	李兼	李翦

7428　　　　　　秦風 181b	7429　　　　　　璽集 22e	7430　　　　　　集粹 1.24
李建	李沮	李欻
7431　　　　　　古彙 2475	7432　　　　　　中大 17.9	7433　　　　　　秦風 62a
李康	李可□	李快印
7434　　　　　　秦風 208c	7435　　　　　　秦風 103c	7436　　　　　　璽集 22h
李欸	李禮	李禄

秦風 138c	秦風 178c	秦風 78c
7437	7438	7439
李逯虖	李掄	李買

新見 108	集證 附167（542）	秦風 97c
7440	7441	7442
李買	李牟	李年

秦風 173e	秦風 193b	新見 109
7443	7444	7445
李聘	李平	李起

7446 新見 110	7447 秦風 54d	7448 秦風 84c
李拑	李羥	李清
7449 集成 107	7450 秦風 56f	7451 集粹 5.480
李去疢	李拳	李冄
7452 秦風 224d	7453 秦風 138a	7454 秦風 191f
李茸	李氏	李壽者

中大 16.8	秦風 132e	秦風 105e
7455	7456	7457
李逨	李虎	李隋
秦風 186a	秦風 69b	秦風 100d
7458	7459	7460
李臺	李駘	李駘
秦風 79f	集粹 8.817	秦風 76a
7461	7462	7463
李唐	李唐	李庫

7464 秦風 115i	7465 秦風 208b	7466 璽集 169a
李佗	李佗	李文
7467 秦風 180a	7468 集成 92	7469 集證 附167（536） 秦風 71b
李毋人	李喜	李閒
7470 璽集 22d	7471 秦風 85c	7472 分域 495
李獢	李曉	李觟

7473　　　　　　　秦風 96d	7474　　　　　　　秦風 50b	7475　　　　　　集粹 8.816
李戌	李疟	李宜
7476　　　　　　　秦風 169b	7477　　　　　　　秦風 179d	7478　　　　　　　秦風 149a
李疑	李疑	李繹
7479　　　　　　　秦風 112a	7480　　　　　　　秦風 88d	7481　　　　　　　秦風 79d
李隱	李印	李癰

秦風 98f	秦風 65a	秦風 173f
7482	7483	7484
李援	李贊	李澤之

集成 93	秦風 108a	秦風 86a
7485	7486	7487
李章	李狀	李騽

秦風 172e	秦風 190d	新見 111、114
7488	7489	7490
李寡	李欽	李緩 【綠松石】

集粹 5.481	秦風 55b	秦風 95f
7491	7492	7493
李□	李□	李□
秦風 111e	秦風 165c	秦風 217d
7494	7495	7496
李□	李□	李□
甘露 117	秦風 49a	秦風 97d
7497	7498	7499
禮	離印	離印

秦風 58a 7500	Lian　　秦風 67a 7501	秦風 69d 7502
利紀	連㤤	連戎
璽集 170e 7503	Liang　　新見 112 7504	秦風 128d 7505
戀	良道	梁緩
秦風 176b 7506	秦風 224f 7507	Ling　　考略 璽集 30b、30e 7508
梁起	梁凶	泠賢

璽集 21g 7509 令國	秦風 104a 7510 令狐臣	秦風 179e 7511 令狐得之
秦風 78d 7512 令狐皋	秦風 198e 7513 令狐寅	秦風 206a 7514 令狐椎
Liu　　古彙 5360 7515 留	秦風 117h 7516 留薺	秦風 120a 7517 柳

Long 集證 附179（690） 7518	Lou 古彙 5521 7519	秦風 152i 7520
龍多	庱	庱
Lu 秦風 202b 7521	秦風 84d 7522	秦風 155k 7523
盧利	陸都	路
秦風 117j 7524	秦風 156i 7525	秦風 156j 7526
路髪	路得	路定

	集證 附183（736）	
秦風 72e	秦風 151b	秦風 192e
7527	7528	7529
路夫	玂	露毋忌

L ü　集證 附181（714）	秦風 201b	秦風 170b
7530	7531	7532
閭民信	閭丘勝	閭枝鬌

集粹 5.472	秦風 88a	秦風 175b
7533	7534	7535
吕安	吕安	吕昌

秦風 108d 7536	秦風 166e 7537	秦風 190a 7538
吕昌	吕池	吕炊
印典 2.955 7539	秦風 190e 7540	秦風 117f 7541
吕丹	吕得之	吕都
集粹 5.471 7542	璽集 172h 7543	集粹 5.474 7544
吕夫	吕福	吕赳

秦風 72f 7545	璽集 167b 7546	璽集 167i 7547
吕赽	吕堅	吕疥
陽文 7548	秦風 77f 7549	秦風 212e 7550
吕君	吕鈞	吕欿
秦風 127f 7551	秦風 161e 7552	秦風 45e 7553
吕佗	吕陰	吕執

新見 115 7554 吕諸唯	古彙 1641 7555 吕□	Luan　　新見 116 7556 巒止蓷
秦風 43a 7557 巒璽	Lun　　秦風 152e 7558 掄	Luo　　秦風 92b 7559 駱癚
璽集 29e 7560 駱地	秦風 97f 7561 駱茀	新見 113 7562 駱娓【綠松石】

秦風 87b 7563	秦風 104b 7564	秦風 110f 7565
駱滑	駱滑	駱禄
集粹 7.726 7566	秦風 107d 7567	秦風 102c 7568
駱瞿	駱庫	駱毋地
秦風 110b 7569	分域 506 7570	秦風 81a 7571
駱洋	駱閲	駱者

Ma 秦風 229a	秦風 222a	集證 附173（600）
7572	7573	7574
馬地	馬歸	馬佁
璽集 25e	秦風 185e	秦風 182c
7575	7576	7577
馬適得	馬適訓	馬童
秦風 230e	Mai 秦風 52b	Man 集證 附176（652）
7578	7579	7580
馬乙	買臣	曼印

Mao 印典 3.1792 7581	印典 3.1792 7582	印典 3.1792 7583
毛齒	毛高	毛吉
秦風 216c 7584	璽集 21d 7585	印典 3.1792 7586
毛遂	毛尾	毛隱
印典 3.1792 7587	秦風 68b 7588	璽集 23g 7589
毛㮚	茅蒼	茅虜

秦風 215f 7590 茅乾滑	秦風 207f 7591 茅拾	秦風 29b 7592 茅豎
秦風 125a 7593 茅熙	璽集 21f 7594 卯	Mei 秦風 202e 7595 枚嘉
秦風 87f 7596 枚起	Meng 秦風 146c 7597 蒙洋	璽集 25h 7598 孟闋

秦風 164a 7599	**Miao** 秦風 86b 7600	**Min** 秦風 239d 7601
孟贏	苗妾	民樂
Mo 古彙 2297 7602	集證 附176（648） 7603	甘露 163 7604
茉□	莫	莫言
Mou 集證 附166（527） 7605	**Nan** 秦風 159c 7606	秦風 82b 7607
牟寬	南顆	南廬

Nao　　秦風 166b	Nei　　古彙 5476	Neng　　秦風 74f
7608	7609	7610
譊姊	内	能故
Nie　集證 附183（729）	秦風 213c	Niu　　印典 1.204
7611	7612	7613
聶華	聶益耳	牛汗
新見 117	秦風 47b	秦風 232a
7614	7615	7616
牛嘉	牛犬	牛如意

7617　　　秦風 51f	7618　　　古彙 2526	Nü　　　秦風 181a
牛痍	狃欺	7619
		女不害

7620　　　秦風 143b	7621　　　璽集 19e	Ou　　　秦風 132b
女敵	女趑	7622
		歐姚

Pan　　　秦風 227i	7624　　　秦風 230i	秦集 152
7623	潘兒	7625
潘辰		潘旌

秦風 111c 7626 潘可	秦風 145c 7627 潘偃	秦風 45b 7628 磐
新見 181 7629 袢〖綠松石〗	Peng　　蜜集 181f 7630 彭祖	新見 182 7631 倗
秦風 209f 7632 蓬昌	Po　　秦風 236c 7633 頗	Pu　　蜜集 183a 7634 僕平

7635　　　　　秦風 113j	Qi　　　　　秦風 235b 7636	7637　　　　　新見 183
僕央	欺	欺
7638　　　　　秦風 247b	7639　　　　　璽集 183d	7640　　　　　集粹 8.832
棲仁	綦毋積	啟臣
7641　　　　　秦風 173b	7642　　　　　璽集 25c	7643　　　　　集粹 7.639
啟陵	啟慶	啟戎

集粹 5.500 7644	集粹 7.638 7645	中大 32.39 7646
啟獄	啟逐	啟諯
甘露 38 7647	甘露 37 7648	秦風 195d 7649
啟喜	啟意	棄疾
Qian 秦風 153g 7650	璽集 176d 7651	Qiao 璽集 166g 7652
遷	黚	鄡射虎

秦風 88e	集粹 7.722	秦風 68a
7653	7654	7655
橋弼	橋黽	橋稱
集粹 7.719	集粹 7.723	璽集 170d
7656	7657	7658
橋但	橋伐	橋奮
秦風 124c	秦風 174a	秦風 87f
7659	7660	7661
橋羔	橋更	橋獲

秦風 221c	秦風 48d	集粹 7.718
7662	7663	7664
橋絹	橋欬	橋克
中大 35.46	印典 2.1127 秦風 105a	秦風 59e
7665	7666	7667
橋枯	橋快	橋林
新見 118	璽集 170a 秦風 53e	秦風 85a
7668	7669	7670
橋閈	橋鳥	橋童

7671　　　　　　秦風 85a	7672　　　　　　秦風 71a	7673　　　　　　秦風 94c
橋綰	橋為	橋息
7674　　　集證 附180（695）	7675　　　　集粹 7.720	7676　　　　　　秦風 57d
橋詨	橋遇	橋贊
Qie　　　　　秦風 200b 7677	Qin　　　　　古彙 5475 7678	7679　　　　　集粹 7.655
妾洀	秦	秦簹

7680 秦風 132c	7681 璽集 170i	7682 秦風 217a
秦蕩	秦得	秦疾
7683 秦風 228g	7684 集粹 7.656	7685 秦風 168b
秦頪	秦眇	秦褆
7686 璽集 24b	7687 秦風 69b	7688 Qing 秦風 137a
秦錙	琴牫	青肩

7689　　　　　新見 200	7690　　　　　秦風 119c	7691　　　　　新見 119
青肩	慶	慶齒
7692　　　　　秦風 177e	7693　　　　　秦風 187d	7694　Qiu　　　　集成 101
慶忌	慶聚	杴交
7695　　　　　考略	7696　　　　　集粹 5.486	7697　　　　　集粹 7.704
求醜	求殷	裘中

Qu　　　　秦風 77b	秦風 153a	秦風 152d
7698	7699	7700
曲池	胡	趞
璽集 171a	中大 30.36	秦風 114c
7701	7702	7703
渠刹	瞿安	去疢
秦風 145e	Quan　　　　秦風 189f	秦風 207b
7704	7705	7706
去疢	全宣	朧得

Que 集證 附183（731） 7707	璽集 23a 7708	Ren 秦風 195e 7709

闕弱	卻佗	任鷩
秦風 76e 7710	秦風 115a 7711	秦風 164b 7712

任柏	任顗	任敞
秦風 209b 7713	秦風 105f 7714	秦風 175d 7715

任徹	任充	任瘳

秦風 89a 7716	秦風 183f 7717	集成 112 秦風 180c 7718
任醜夫	任榑	任感
秦風 147d 7719	秦風 67c 7720	璽集 173g 7721
任廣	任黑	任換
秦風 191b 7722	新見 120 7723	璽集 172f 7724
任獲	任獲	任驕

秦風 230c

7725

任角

秦風 193c

7726

任頡

秦風 73a

7727

任屆

古彙 2559

7728

任樛

璽集 172b

7729

任居

新見 121

7730

任孔之印

秦風 220c

7731

任廌

秦風 129f

7732

任智

秦風 204c

7733

任蘗

集成 112 7734	秦風 65e 7735	秦風 211b 7736
任廖	任祿	任奇
秦風 89c 7737	秦風 149c 7738	中大 26.28 7739
任趙	任冉	任戎人
秦風 139b 7740	秦風 81e 7741	璽集 172c 7742
任頴	任欣	任曄

7743	璽集 172i	7744	秦風 110a	7745	秦集 147
任阠		任殷		任寅	

7746	秦風 130c	7747	秦風 57f	7748	秦風 149d
任文于		任遇		任越	

7749	秦風 53f	7750	秦風 204b	7751	秦風 184f
任中		任説		任狥	

7752 秦風 106d	7753 璽集 175e	7754 Rong 集證 附182（717）
任𡣪	任□	榮祿

7755 璽集 180g	7756 秦風 115h	7757 秦風 158c
榮祿	戎夜	戎𥸮

7758 Ruo 伏廬 10	7759 Sao 秦風 233d	7760 秦風 129c 集證 附183（738）
若思	騷	騷濁

Shan 集粹 7.681 7761  單兒	秦風 169e 7762  單志	**Shang** 秦風 189d 7763  商忌
秦風 83a 7764  商賞	集粹 8.750 7765  上官差	秦風 85e 7766  上官董
印举 14.13 7767  上官敦狐	秦風 176d 7768  上官鞏	秦風 231e 7769  上官果

秦風 127b	秦風 164e	璽集 173c
7770	7771	7772
上官屈	上官豎印	上官豎印
秦風 181e	秦風 196d	秦風 65c
7773	7774	7775
上官賢	上官軒	上官遺
秦風 134e	秦風 135d	秦風 225b
7776	7777	7778
上官郢	上官越人	上官瘱

7779 集證 附161（450）	7780 秦集 153	7781 璽集 19b

上官□	上官□	上造活
Shao 7782 璽集 172d	**Shen** 7783 秦風 83f	7784 印举 2.57

柖儋	申晐	沈鄉
7785 秦風 99b	7786 璽集 28c	7787 秦風 250c

審登	審仁言	審仁言

7788 秦風 250f	7789 甘露 13	7790 秦風 172a
審仁言	審事	審有
7791 秦風 96a	7792 Sheng 秦風 125b	7793 秦風 154e
昚（慎）□	生樂	勝
7794 秦風 180d	7795 Shi 古彙 5487	7796 秦風 236d
乘馬遬印	師	師

7797 甘露 128	7798 新見 122 新見 125	7799 集粹 1.64
師俗	石闐	石璽
7800 秦風 100b	7801 秦風 222c	7802 中大 38.51
石磬	石賢	矢璽
7803 秦風 214a	7804 秦風 102b	7805 秦風 79c
史齒	史頎	史改

秦風 113c	古彙 5569	集粹 5.476
7806	7807	7808
史公	史脊	史嘉
印典 1.602 秦風 45a	秦風 91e	印典 1.335
7809	7810	7811
史盨	史連	史連
秦風 75a	秦風 61a	秦風 79a
7812	7813	7814
史市	史鷺	示闟

古彙 1760	秦風 74c	Shou 古彙 5522
7815	7816	7817
事鷥	柿華	守
秦風 119e	Shu 集證 附175（629） 秦風 153d	璽集 179c
7818	7819	7820
守	郤	晏郤
Shui 秦風 46e	秦風 131i	Shun 秦集 150
7821	7822	7823
脽狀	娷	順

Si 　　　　　　秦風 185d	分域 510 　　　　　　秦風 204d	集粹 8.752
7824	7825	7826
司馬岸	司馬印	司馬秉
集粹 8.753	印選 13	秦風 202d
7827	7828	7829
司馬鬻	司馬令	司馬奴
秦風 189c	考古 2002−4:50　0643	秦風 58b
7830	7831	7832
司馬畸	司馬其□	司馬戎

7833 秦風 195f	7834 集證 附164（497）	7835 秦集 153
司馬隨	司馬歇	司馬歇

7836 新見 168	7837 甘露 83	7838 璽集 22i
司馬狀	私	私

7839 璽集 165d	7840 秦風 119d	7841 秦風 122c
私	私	私印

7842　　　　　　　　秦風 122f	7843　　　　　　　　秦風 123a	7844　　　　　　　　秦風 123b
私印	私印	私印
7845　　　　　　　　秦風 123d	7846　　　　　　　　秦風 123e	7847　　　　　　　　璽集 168a
私印	私印	私印
7848　　　　　　　　璽集 168h	7849　　　　　考文 2006：—5：44/45	7850　　　　　　　　古彙 4623
私印	私印	私璽

集證 附169（560） 秦風 72a 7851	秦風 199f 7852	Song　　秦風 127a 7853
虒印	駉扶	宋印
秦風 134f 7854	秦風 47e 7855	秦風 175e 7856
宋帶	宋讀之印	宋偏
甘露 158 7857	新見 123 7858	新見 124 7859
宋穎·慎事	宋佗	宋闔

秦系·私印　　0903　◉

秦風 128a 7860 宋嬰	秦風 114a 7861 宋樂	秦風 65f 7862 宋鶯
秦風 227b 7863 宋□	Su　　　　　秦風 124d 7864 蘇被	秦風 116b 7865 蘇產
秦風 197e 7866 蘇臣	集證 附183（733） 7867 蘇段	秦集 152 7868 蘇段

集粹 7.738 7869 蘇鬻	集粹 7.736 7870 蘇慧	集證 附183（734） 7871 蘇建
璽集 30d 7872 蘇建	中大 30.35 7873 蘇蘺	秦風 66e 7874 蘇媚
秦風 101d 7875 蘇它	集粹 7.737 7876 蘇積	新見 019 7877 穌（蘇）唯

秦風 81b	甘露 127	Suan　　秦風 122b
7878	7879	7880
蘇贏	俗印	算

Sui　　璽集 27h	秦風 236e	秦風 57c
7881	7882	7883
隋愵	遂	遂疢

Sun　　秦風 108e	印選 14	印選 15
7884	7885	7886
孫穿	孫欵	孫柳

7887　　　　秦風 170c	**Suo**　　　　秦風 141f 7888	**Ta**　　　　秦風 121f 7889
孫樂	瑣衷	它
Tai　　　　古彙 5535 7890	7891　　　　秦風 131j	7892　　　　秦風 207c
駘	駘	鞌女 台
Tan　　　　秦風 146a 7893	**Tang**　　　　秦風 49f 7894	7895　　　　秦風 139d
檀佗	湯女	湯印

7896　　秦風 233f	7897　　中大 27.29	7898　　秦風 165b
唐	唐忌	唐為
Tao　集證 附169（558） 　　　秦風 185c 7899	7900　　璽集 25d	Tian　秦風 209d 7901
匋（陶）冉	陶效	田達
7902　　秦風 219b	7903　　集粹 8.818	7904　　秦風 130b
田達	田敢	田釁

7905 　　　　秦風 174d	7906 　　　　秦風 86e	7907 　　　　秦風 64e
田樂	田壬（挺）	田媒
7908 　　　　秦風 225c	7909 　　　　秦風 100f	**Ting** 7910　　　秦風 203d
田寅	田援	廷女
7911 　　　　璽集 50i	7912 　　　　新見 125	**Tong** 7913　　　秦風 153b
亭	亭忠	童

古彙 1278	Tou 秦風 210c	Tu 秦風 125c
7914	7915	7916
童斟	投遷	徒得

璽集 170b	陽文	印典 1.219
7917	7918	7919
徒唯	屠欹	屠吾

秦風 196f	Tui 秦風 121d	秦風 118e
7920	7921	7922
屠行	庫	積

7923　　　　　　　　　秦風 121c	7924　　　　　　　　　璽集 29g	7925　　　　　　　　　新見 187
積	積	積璽
Tuo　　　　　　　秦風 223f 7926	**Wai**　　　　　　　秦風 168d 7927	秦風 234e 7928
橐治勝	外宅窯	頯
秦風 102e 7929	**Wan**　　　　　　　秦風 104c 7930	集粹 7.640 7931
頯印	宛臣	宛華

	秦風 145f	Wang	璽集 22b		秦風 87a
7932		7933		7934	
	宛戎夫		汪參		汪薺

	秦風 64b		秦風 156d		秦風 193a
7935		7936		7937	
	汪嬰		王把		王彼死

	新見 135		集萃 47		集粹 8.804
7938		7939		7940	
	王彼死		王辯		王柏

集粹 4.448 7941	秦風 198d 7942	秦風 215e 7943
王差	王操	王黽
秦風 195a 7944	印典 1.45 7945	秦風 110d 7946
王產	王顗	王長
秦風 115b 7947	璽集 174g 7948	官璽 11 7949
王長	王徹	王臣

秦風 117d	秦風 227c	秦風 82e
7950	7951	7952
王疢	王成	王乘
新見 127	秦風 224b	秦風 71e
7953	7954	7955
王瞉	王侈	王瘳
秦風 75f	璽集 31d	古彙 0381
7956	7957	7958
王瘳	王瘳	王穿

7959　　　　　　　璽集 20h	7960　　　　　　　秦風 189b	7961　　　　　　　秦風 229e
王疪	王瘗	王達
7962　　　　　　　秦風 230b	7963　　　　　　　秦風 97b	7964　　　　　　　秦風 64d
王帶	王丹	王當
7965　　　　集證 附163（481）	7966　　　　　　　秦風 184a	7967　　　　　　　分域 494
王得	王得	王牴

7968　　　秦風 117e	7969　　　秦風 192f	7970　　　古彙 0604
王顛	王冬可	王段
7971　　　古彙 0646	7972　　　集成 90	7973　　　秦風 107b
王敦狐	王婀	王兒
7974　　　中大 14.3	7975　　　秦風 182a	7976　　　新見 025
王發	王方遂	王非子

7977 秦風 116a	7978 璽集 20i	7979 璽集 174f
王晢	王肥	王豐
7980 秦風 116f	7981 印举 3.31 集證 附161（453） 秦風 231c	7982 秦風 128c
王改	王勾	王蓋
7983 古彙 0638	7984 秦風 157a	7985 秦風 197d
王敢	王敢	王剛

秦風 226d	秦風 144f	秦風 201e
7986	7987	7988
王庚	王更	王更被

古彙 0639	陽文	秦風 186e 集證 附162（472）
7989	7990	7991
王狗	王沽	王穀

秦風 115c	集證 附162（475） 秦風 72b	秦風 142d
7992	7993	7994
王廣	王窒	王癸印

璽集 20a 7995 王貴	秦風 148b 7996 王果	秦風 135a 集證 附161（457） 7997 王驪
秦風 82c 7998 王賀	新見 128 7999 王賀	秦風 45f 8000 王很
秦風 190f 8001 王狐□	秦風 149h 8002 王潹	秦風 99a 8003 王慧

秦風 133e 8004	集粹 4.446 8005	秦風 149i 8006
王季印	王甲	王駕
秦風 54e 8007	集粹 8.807 8008	秦風 217b 8009
王講	王訐	王金
秦風 173a 8010	秦風 137b 8011	秦風 149j 8012
王驚	王兢	王兢

8013 新見 129	8014 古彙 0616 秦風 93c	8015 秦風 89b
王兢	王敬	王厥
8016 秦風 201a	8017 秦風 55f	8018 秦風 143f
王鍇	王欻	王康
8019 秦風 56b	8020 古彙 0613	8021 集證 附161（454）
王剋	王夸	王夸

秦風 45d 集證 附161（458） 8022	秦風 192a 8023	集粹 8.803 8024
王夒	王闌	王閭
印典 1.45 8025	璽集 174d 8026	秦風 66f 8027
王柳	王禄	王驢
分域 493 秦風 141d 8028	新見 130 8029	集證 附162（466） 秦風 192d 8030
王闓	王買	王黿

秦風 148e 8031	集證 附162（473） 秦風 89e 8032	秦風 134a 8033
王洇	王母人	王母人
集證 附161（456） 8034	集證 附163（483） 8035	秦風 63b 8036
王盼	王彭沮	王貔
集粹 4.447 8037	秦風 139a 8038	秦風 55e 8039
王僕	王耆	王觭

8040　　　　　秦風 193e	8041　　　　　分域 494	8042　　　　　秦風 212c
王觭	王錡	王啟
8043　　　　　秦風 44e	8044　　　集證 附163（482）	8045　　　　集粹 4.463
王棄	王強	王清
8046　　　　　秦風 130d	8047　　　　中大 39.54	8048　　　　　秦風 177a
王慶	王慶	王趙

8049　　　　　新見 131	8050　　　　　秦風 67f	8051　　　　　秦風 68e
王趞	王戎	王戎
8052　　　　　秦風 56a	8053　　　　　璽集 176c	8054　　　　　秦風 148j
王芮	王騷	王上
8055　　　　　秦風 82a	8056　　　　　秦風 191d	8057　　　　　秦風 113i
王尚	王詔	王射

8058　　　　　　秦風 148h  王壽	8059　　　　　　中大 14.3  王朔	8060　　　　　　秦風 190c  王朔
8061　　　　　　官璽 11  王駇	8062　　　　　　秦風 196b  王宋	8063　　　　　　秦風 103f  王俗
8064　　　　　　秦風 114b  王肅	8065　　　　　　秦風 98a  王隨	8066　　　　　　秦風 186b  王筍

印典 1.45	秦風 136a	秦風 178d
8067	8068	8069
王唐	王褆	王童

秦集 146	集證 附162（470） 秦風 111d	秦風 107c
8070	8071	8072
王童	王突	王積

集粹 4.450	分域 494	古彙 0593
8073	8074	8075
王脱	王佗	王為

秦風 74a 8076	秦風 157b 8077	璽集 20d 8078
王魏	王文于	王敵
秦風 87c 8079	秦風 98b 8080	秦風 206e 8081
王揞	王歇	王無
秦風 172b 印典 1.45 8082	秦風 149f 8083	璽集 174i 8084
王毋時	王武	王武

8085 秦風 193d	8086 秦風 193d	8087 秦風 80a
王誤	王系	王戲
8088 集粹 8.801	8089 印典 1.44	8090 秦風 111a
王戲	王襄	王襄
8091 秦風 57a	8092 秦風 80e	8093 秦風 51b
王向	王行	王凶

秦風 113a 8094 王脩	新見 132 8095 王脩	秦風 145b 8096 王闇
秦風 101a 8097 王衍	集證 附163（478） 秦風 154h 8098 王鞅、臣鞅	秦風 148d 8099 王鞅
璽集 167a 8100 王洋	璽集 20g 8101 王養	中大 15.5 8102 王疑

秦風 131a 8103	秦風 61b 8104	秦風 96b 8105
王遺	王以	王益
璽集 169d 8106	秦風 98c 8107	璽集 166c 8108
王義	王寅	王隱
璽集 167g 8109	秦風 205c 8110	集粹 8.805 8111
王隱	王嬰	王遊

8112　　　　　秦風 48c	8113　　　　　新見 133	8114　　　　　秦風 134d
王酉	王猷私印	王娟
8115　　　　　璽集 167h	8116　　　　　秦風 95d	8117　　　　　秦風 95d
王援	王願	王越
8118　集證 附162（462） 　　　　　秦風 147e	8119　　　　　新見 134	8120　　　　　古彙 0611
王駔	王駔	王臧

璽集 19c 8121	璽集 19c 8122	秦風 92a 8123
王臧	王造	王矰
璽集 20b 8124	印典 1.45 8125	秦風 98d 8126
王瘖	王輒	王輒
璽集 166f 8127	秦風 194d 8128	秦風 197c 8129
王徵	王之印	王智

秦風 214e 8130 王摯	伏廬 22 8131 王摯	秦風 215b 8132 王中山
秦風 210a 8133 王翕	璽集 21b 8134 王轉絢	秦風 48b 8135 王狀
秦風 116h 8136 王子	秦風 49b 8137 王俎私印	古彙 0484 8138 王翥

古鉩 0610 8139 王閵	秦風 72d 8140 王憨	秦風 112b 8141 王癈
秦風 117i 8142 王蹕	秦風 228d 8143 王睅	秦風 129d 8144 王□
秦風 131b 8145 王□	**Wei** 秦風 232d 8146 維盧	新見 188 8147 尉

8148　　　　秦風 50a	8149　　　　秦風 50a	8150　　　　秦風 156b
衛多	衛嘉	魏匆
8151　　　　秦風 161d	8152　　　　秦風 103a	8153　　　　秦風 163a
魏得之	魏登	魏樂成
8154　　　　秦風 199e	8155　　　　秦風 183c	8156　　　集成 102 　　　　秦風 106e
魏視	魏文于	魏閒

8157 璽集 29h	**Wen** 8158 秦風 111f	8159 秦風 103e
魏寅	文家	文路
8160 秦風 155l	8161 秦風 136e	8162 秦風 46c 戰域 393h
文路	文仁印	文毋來
8163 秦風 222f	8164 集成 102	**Wo** 8165 分域 501
文擇	聞賜	斡恒

Wu 秦風 167e	秦風 203a	秦風 131e
8166	8167	8168
烏丁	烏昫閶	歟

秦風 187f	甘露 49	秦風 213e
8169	8170	8171
毋地	毋方	毋苦夫

秦風 174f	秦風 251f	集成 117
8172	8173	8174
毋丘得	毋智	吳段

8175 秦風 154d	8176 秦風 168a	8177 秦風 91b 伏廬 31
吳靜	吳軍	吳樂
8178 秦風 49d	8179 秦風 162d	8180 集粹 8.834
吳況	吳荳	吳□
8181 秦風 211d	8182 印典 1.219	8183 古彙 5410
吳□	吾武	金

秦風 186d	秦風 204a	Xi 秦風 233e
8184	8185	8186
武慶	武以	郜

秦風 234b	秦風 131c	秦風 157e
8187	8188	8189
洗	璽	璽

秦風 152a	集證 附172（592） 秦風 89d	秦風 118c
8190	8191	9192
眉	眉印	戲

Xia 秦風 219d	秦風 192c	新見 136
8193	8194	8195

下池登	夏侯偃	夏羅
Xian 秦風 225d	古彙 5492	上博 6 秦風 19a
8196	8197	8198

鮮于何	咸	咸陵園相
秦風 19e	璽集 24d	陽文
8199	8200	8201

咸郎（屈）里驕	咸郎（屈）里驕	咸郎（屈）里驕

玺集 24g 8202	秦風 19b 8203	古匯 0182 8204
咸郎（屈）里角	咸郎（屈）里竭	咸郎（屈）里竭
玺集 23c 8205	集證 附161（445） 8206	秦風 152b 8207
咸郎（屈）里射	咸郎（屈）里□	玃
秦風 93d 8208	Xiao　　古匯 5524 8209	秦風 119f 5210
憲倚	獠	歆

8211　　　　　秦風 144d	8212　　　集證 附180（696）	8213　　Xie　　秦風 170e
小畀	詨	解印
8214　　　　　秦風 206c	8215　　　　　璽集 182h	8216　　　　　璽集 182h
解辜	解貴	解延□
8217　　　　　印典 1.493	8218　　　　　印典 1.493	8219　　　　　集粹 7.730
謝羒	謝季	謝慶

印典 1.493	Xin 秦風 213f	秦風 213f
8220	8221	8222
謝盛	辛欵	欣璽
秦風 158f	秦風 173c	Xing 集證 附166（529）
8223	8224	8225
新夒	信徒閭	邢
集證 附166（528）	秦風 145a	集粹 7.661
8226	8227	8228
刑舍之	行員	陘璽

集粹 5.512 8229	**Xiong** 秦風 216d 8230	**Xiu** 秦風 43c 8231
陘信	凶戚	脩削
Xu 秦風 160e 8232	秦風 160e 8233	新見 137 8234
徐安成	徐棠	徐成【綠松石】
秦風 222d 8235	秦風 222d 8236	印典 1.368 8237
徐非人	徐馮	徐輔

秦風 203f 8238 徐荆	秦風 219a 8239 徐景	秦風 199a 8240 徐孟心
印典 1.367 8241 徐秦	印典 1.368 8242 徐商	秦風 207e 8243 徐舍
印典 1.454 8244 徐詩	秦風 216a 8245 徐拾	秦風 196c 8246 徐為

8247 秦風 229f	8248 印典 1.368	8249 秦風 222e
徐為	徐武	徐治
8250 璽集 26d	8251 秦風 230f	8252 璽集 26a
許才	許昌	許義
8253 璽集 26h	8254 秦風 53a	8255 秦風 150f
許義	栩公	詡

Xuan 秦集 146	Xue 秦風 228c	集證 附182（723） 秦風 223
8256	8257	8258
玄	薛賀	薛究
秦風 171f	秦風 224a	Xun 集粹 7.688
8259	8260	8261
薛義	薛專	筍（荀）滅
集粹 7.689	Ya 新見 138	秦風 198f
8262	8263	8264
筍（荀）渠	牙嫗	衛印

Yan 秦風 205a	陽文	秦風 157c
8265	8266	8267
閻義	閻郘	顏（顏）何

秦風 220e	秦風 200f	秦風 210d
8268	8269	8270
顏（顏）謹	顏（顏）嘉	顏（顏）昭

Yang 秦風 201d	新見 139	秦風 58c
8271	8272	8273
陽成安	楊印	楊柏

璽集 173e	新見 140	秦風 97a
8274	8275	8276

楊差	楊差私印	楊蒼
秦風 59c	集粹 5.516	秦風 227d
8277	8278	8279

楊顫	楊成	楊成郃
秦風 86d	秦風 204e	分域 504
8280	8281	8282

楊瘳	楊歇	楊穿

8283	秦風 112d	8284	集粹 5.518	8285	新見 141
楊純		楊爨		楊但	

8286	秦風 232e	8287	秦風 94d	8288	秦風 140a
楊得		楊諜		楊獨利	

8289	秦風 175c	8290	秦風 79e	8291	秦風 184d
楊發		楊敢		楊高處	

集證 附178（672） 秦風 146b 8292	秦風 66b 8293	秦風 58d 8294
楊慕	楊沽	楊悍
集成 99 8295	秦風 62c 8296	秦風 85b 8297
楊賀	楊虎	楊獲
秦風 80d 8298	秦風 94b 8299	秦風 147f 8300
楊疾	楊嘉	楊甲

秦風 171d

8301

楊賈

秦風 114f

8302

楊駕

秦風 68c

8303

楊建

秦風 124b

8304

楊建

秦風 178b

8305

楊建

秦風 84f

8306

楊轎

秦風 109a

8307

楊匽

中大 24.24

8308

楊睢

集證 附178（678）
秦風 147c

8309

楊歫

集粹 5.517 8310 楊鈞	集粹 5.519 8311 楊禮	秦風 66c 8312 楊樛
秦風 62d 8313 楊禄	集證 附178（680） 8314 楊劼	秦風 78b 8315 楊屏
璽集 27f 8316 楊猗	秦風 167c 8317 楊異兀	秦風 135c 8318 楊啟

8319	秦風 124f	8320	秦風 43f	8321	分域 504
楊屈		楊穰		楊穰	

8322	新見 142	8323	秦風 161f	8324	秦風 188a
楊勝		楊石		楊奭	

8325	秦風 146d	8326	璽集 27i	8327	秦風 178a
楊肆		楊歲		楊臺	

秦風 69f 8328	秦風 126d 8329	集粹 5.521 8330
楊同	楊債	楊翁
秦風 226i 8331	秦風 162a 8332	秦風 87d 8333
楊歂	楊毋忌	楊閒
印典 2.1078 秦風 143d 8334	秦風 82d 8335	中大 24.23 8336
楊閒	楊媱	楊依

秦風 133a	秦風 136b	中大 23.22
8337	8338	8339
楊遺	楊隱	楊隱

秦風 126c	秦風 80b	秦風 141c
8340	8341	8342
楊嬴	楊禺	楊章

秦風 148f	璽集 169c	秦風 161b
8343	8344	8345
楊者	楊枝	楊志

集證 附178（679）	秦風 112e	秦風 206b
8346	8347	8348
楊致	楊狀	楊宬
秦風 184c	秦風 69e	集證 附177（663）
8349	8350	8351
楊愡	楊狟	楊□
秦風 70e	秦風 99d	秦風 80c
8352	8353	8354
楊□	楊□	陽□

Yao 秦風 43e 8355 **夭璽**	璽集 23b 8356 **姚**	新見 143 8357 **姚讎**
集證 附172（587） 8358 **姚得**	秦風 107e 8359 **姚祒**	秦風 158b 8360 **姚緱**
璽集 23i 8361 **姚緱**	秦風 51c 8362 **姚廣**	集粹 7.666 8363 **姚宦**

集證 附172（585） 秦風 115d 8364	新見 144 8365	秦風 174b 8366
姚兼	姚兼	姚垂
秦風 139c 8367	集證 附172（582） 8368	秦風 105c 8369
姚絭	姚枚	姚攀
中大 28.31 8370	秦風 209a 8371	秦風 205e 8372
姚平	姚去疢	姚戎臣

璽集 179e 8373 姚市	集證 附176（646） 8374 姚獀	集粹 5.505 8375 姚庫
秦風 47d 8376 姚屯	新見 145 8377 姚歇	集粹 5.504 8378 姚養
秦風 187e 8379 姚猗	秦風 203e 8380 姚迎	璽集 23f 8381 姚睍

集證 附172（583） 8382  姚章	秦風 127d 8383  姚鄭	秦風 59f 8384  姚厥
集證 附179（687） 8385 窯	Yi　　　　秦風 73d 8386  醫疕	秦風 226f 8387 醫從
璽集 29c 8388  醫口	秦風 49c 8389  醫衛	秦風 56e 8390  遺仁

秦風 131d 8391 旖者	秦風 62f 8392 義鬴（歸）	秦風 130a 8393 義礜
璽集 29f 8394 繹疢	Yin　　　集成 107 　　　　　秦風 73c 8395 殷買臣	集證 附173（594） 秦風 227e 8396 殷難
秦風 224e 8397 殷郘	秦風 98e 8398 殷申	秦風 113e 8399 殷市

8400　　　　　　集粹 8.814	8401　　　　　　印典 2.936	8402　　　　　　秦風 64f
殷異	殷虞	殷周
8403　　　　　　秦風 154l	8404　　　　　　印典 1.643	8405　　　　　古彙 3128 秦風 162b
殷周	殷逐	殷狀
8406　　　　　　中大 32.40	8407　　　　　　陽文	8408　　　　　秦風 51d 分域 500
殷□	陰滑	陰頷

战国玺印

集證 附176（645）	璽集 178c	秦風 44c
8409	8410	8411
陰嫚	陰嫚	陰秦
新璽	分域 509 秦風 53b	秦風 69a
8412	8413	8414
陰漬	衚（鄞）觭	衚（鄞）觭
秦風 66a	秦風 169c	印典 1.589
8415	8416	8417
衚（鄞）閡	黃律	尹得

集證 附164（493） 秦風 77e 8418	秦風 218a 8419	集成 112 8420
尹鉽	尹福	尹慶
秦風 205d 8421	集證 附164（494） 8422	新見 146 8423
尹堅	尹思	尹遺
秦風 122a 8424	秦風 47f 8425	Ying 伏廬 30 秦風 159d 8426
隱	印也	雁聚私印

8427 秦風 148c	8428 秦風 164f	8429 秦風 71c
應駬	嬰豰	嬰尌（樹）
8430 集成 103	8431 璽集 25b	8432 集證 附171（575） 秦風 142e
嬰尌（樹）	瑩辡	嬴苑
8433 **You** 秦風 164c	8434 新見 028	8435 秦風 150e
尤衛	遊由	趙

Yu 集粹 8.835 8436  余犯	秦風 169a 8437  虞年	集粹 7.702 8438  虞嬰
秦風 153h 8439  圉	新見 201 8440  禦寇	**Yuan** 秦風 235f 8441  爰
璽集 172a 8442  垣同	秦風 78f 8443  垣□	秦風 81f 8444  員奢

8445	璽集 25g	8446	秦風 117b	8447	秦風 132a
原湯		原妥		原隱	

8448	集證 附177（653）	8449	秦風 144c	8450	秦風 102a
偩		援子		楥䙔	

Yue 8451	秦風 90b	8452	秦風 235c	8453	秦風 58e
月黎		越		樂疥	

8454 秦風 104e 印典 2.1119	8455 秦風 169d	8456 璽集 29d
樂突	樂亡奴	樂欣
8457 璽集 29a	8458 秦風 200a	8459 秦風 165d
樂鞅	樂□	藥丹
8460 新見 147	**Zan** 8461 秦風 200e	**Zang** 8462 新見 193
簫忠	贊俉	駔

Ze 秦風 234a 8463	秦風 69d 8464	秦風 153f 8465
澤	擇疢	齰
秦集 145 8466	天津 80 8467	**Zhai** 秦風 226b 8468
齰	齰	翟夫
集粹 5.494 8469	秦風 101e 8470	秦風 157f 8471
翟九	翟武	翟遺

Zhan 秦風 102d	秦風 117c	秦風 211c
8472	8473	8474
閻廣	閻廣	戰過
Zhang 新見 194	秦風 132f	集粹 7.667
8475	8476	8477
章〖綠松石〗	張安	張安
璽集 26e	秦風 201c	璽集 166h
8478	8479	8480
張罷	張白	張痺

秦風 225e 8481	新見 149 8482	秦風 126f 8483
張延	張臣	張成
秦風 01f 8484	秦風 171a 8485	秦風 60f 8486
張雔（仇）	張雛	張痤
秦風 109c 8487	秦風 218f 8488	集萃 185 8489
張弟	張敦	張敦胡

秦風 232c 8490 張耳	集證 附174（615） 8491 張犯	秦風 90d 8492 張夫
印典 4.2563 8493 張夫	新見 150 8494 張庚	集粹 7.668 8495 張穀
中大 17.10 8496 張穀	新見 151 8497 張亥	秦風 125e 8498 張悍

8499 秦風 102f	8500 秦風 183b	8501 秦風 142b
張和	張黑	張渙
8502 秦風 44f	8503 璽集 26i	8504 秦風 104f
張慧	張季	張建
8505 秦風 106b	8506 秦風 99c	8507 集證 附174（610）
張建	張講	張黥

	秦風 64c		璽集 26b		秦風 155b
8508		8509		8510	
	張競		張沮		張鐠

	秦風 167b		秦風 136c		秦風 159b
8511		8512		8513	
	張欥		張隗		張頼

	秦風 50f		秦風 166f		印举 3.40
8514		8515		8516	
	張利		張利		張買

秦風 69c 8517 張睦	秦風 83b 8518 張難	秦風 53d 8519 張破戎
伏廬 32 秦風 94f 8520 張旗	秦風 163d 8521 張啟方	秦風 171c 8522 張黲
秦風 143c 8523 張生	秦風 66d 8524 張聲	秦風 59a 8525 張氏

秦風 40a 8526	秦風 126b 8527	秦風 142a 8528
張氏家印	張視	張荼
分域 498 8529	秦風 104d 8530	印典 2.1515 8531
張土	張午	張定
秦風 114d 8532	秦風 113b 8533	秦風 220f 8534
張夕	張喜	張系

秦風 76c 8535	秦風 177d 8536	秦風 69c 8537
張獻	張偃	張洋
秦風 171e 8538	集粹 7.669 8539	秦風 44a 8540
張義	張繹	張嬰
秦風 128b 8541	秦風 109d 8542	秦風 179c 8543
張嬰	張遊	張有

8544　　　　　秦風 176f	8545　　　　　秦風 48f	8546　　　　　秦風 100a
張魚	張圉	張圉
8547　　　　　秦風 44b	8548　　　　　秦風 221a	8549　　　　　新見 152
張禦	張越	張越
8550　　　　　秦風 92e	8551　　　　　秦風 141b	8552　　　　　新見 153
張章	張章	張志

8553 新見 154 張志	8554 秦風 54b 張中	8555 秦風 75e 張狀
8556 秦風 230h 張左	8557 秦風 149e 張𤮭	8558 秦風 173d 張迪
8559 秦風 178e 張寵	8560 秦風 59d 張□	8561 秦風 214f 張□

8562　　　　　　秦風 224c	8563　　　　　　秦集 149	8564　　Zhao　　集粹 8.848
張□	張□	召（昭）等
8565　　　　　　集粹 5.467	8566　　　　　　秦風 84b	8567　　　　　　中大 18.11
召（昭）聲	趙安	趙匕
8568　　　　　　秦風 133f	8569　　　　　　秦風 125f	8570　　　　　　秦風 137e
趙部耆	趙壘	趙壘

中大 18.12 8571	秦風 217c 8572	秦風 109e 8573
趙昌	趙徹	趙穿
集成 100 秦風 73f 8574	璽集 169i 8575	秦風 180e 8576
趙賁	趙耽	趙地
秦風 96c 8577	秦風 51e 8578	秦風 56d 8579
趙得	趙犢	趙樊

秦風 88c 8580	璽集 169f 8581	陽文 8582
趙奮	趙富	趙高
秦風 135b 8583	秦風 138d 8584	璽集 25a 8585
趙癸印	趙亥	趙褐
秦風 126e 8586	秦風 96f 8587	璽集 28b 8588
趙胡	趙緩	趙咂

秦風 94a 8589 趙畸	秦風 83d 8590 趙季	秦風 73b 8591 趙嘉
秦風 201f 8592 趙嘉	秦風 91d 8593 趙甲	新見 155 8594 趙賈
秦風 44d 8595 趙勁	分域 502 8596 趙敬	中大 21.17 8597 趙克

秦風 64a	秦風 199d	新見 156
8598	8599	8600
趙客	趙利	趙柳

秦風 200d	秦風 188f	新見 157
8601	8602	8603
趙祿	趙莫如	趙其

璽集 177d	中大 20.16	秦風 81c
8604	8605	8606
趙薺	趙薺	趙仁

中大 24.15	中大 19.14	秦風 78a
8607	8608	8609
趙戎	趙容	趙鰲
秦風 116c	陽文	秦風 77a
8610	8611	8612
趙騷	趙尚	趙歈
秦風 52c	秦風 217f	秦風 50c
8613	8614	8615
趙隋	趙午	趙武

8616　　　　　　　秦風 108f	8617　　　　　　　新見 158	8618　　　　　　　秦風 108c
趙系	趙陝	趙閒
8619　　　　　　　秦風 211f	8620　　　　　　　秦風 163f	8621　　　　　　　陽文
趙相	趙相如印	趙信
8622　　　　　　　新見 159	8623　　　　　　　秦風 232f	8624　　　　　　　秦風 117a
趙延	趙閻	趙黔

秦風 194e 8625 趙殷	秦風 77d 8626 趙遊	秦風 197f 8627 趙寯
秦風 67b 8628 趙禦	新見 160 8629 趙豫	集成 100 秦風 87e 8630 趙願
秦風 168e 8631 趙章	秦風 60e 8632 趙衷	璽集 177g 8633 趙衷

8634 秦風 219c	8635 新見 161	8636 秦風 111b
趙壯	趙尊	趙頵
8637 秦風 135f	8638 秦風 146e	8639 璽集 28e
趙譱	趙俾	趙貑
8640 璽集 28h	8641 璽集 169b	8642 璽集 169e
趙衺	趙瀶	趙瀶

8643 秦風 67d	8644 秦風 99f	8645 中大 19.13
趙□	趙□	趙□
Zhe 8646 秦風 145d	**Zhen** 8647 新見 162	**Zheng** 8648 甘露 129
者虜	甄鈞	政
8649 甘露 130	8650 集成 105	8651 璽集 28a
政	鄭安	鄭得

集粹 7.677 8652	新見 163 8653	璽集 28g 8654
鄭公	鄭歖	鄭朗
中大 28.32 8655	璽集 170g 8656	中大 29.33 8657
鄭繹	鄭印	鄭壯
璽集 28d 8658	Zhi 璽集 21e 8659	璽集 21h 8660
鄭轍	支油	支悑巳

秦風 43d	秦風 133c	**Zhong** 秦風 218b
8661	8662	8663
直璽	智恒	中郭偃
秦風 74d	新見 164	陽文
8664	8665	8666
中䣕	中妁〖綠松石〗	中贏君
秦風 82f	秦風 218c	**Zhou** 戰域 374−18
8667	8668	8669
衷俗	仲山賀	州狐

8670　　　　　　　秦風 71f  州越	8671　　　　　　　璽集 50f  州璽	8672　　　　　　　秦風 155d  周藏
8673　　　　　　　秦風 178f  周杜	8674　　　　　　　秦風 93b  周角	8675　　　　　　　集粹 1.36 周膓
8676　　　　　　　秦風 51a  周商	8677　　　　　　　秦風 110c  周澤	8678　　　　　　　璽集 23d  周督

Zhu 印典 1.674 8679	集粹 1.57 8680	集成 114 8681
朱更	朱脊	邾（朱）賣
秦風 218e 8682	集成 114 8683	印典 2.854 8684
朱頂	朱豎	竹踦
秦風 182d 8685	秦風 183a 8686	**Zhuang** 集粹 7.659 8687
主壽	祝闌	莊鷔

集粹 7.658 8688	中大 36.47 8689	秦風 112c 8690
莊鄧	壯（莊）沽	莊季
秦風 113d 8691	秦風 158e 8692	秦風 194a 8693
莊密	莊駘之印	莊文
秦風 227g 8694	秦風 93f 8695	秦風 108b 8696
莊忠	莊歖	莊龜

秦風 119b 8697	**Zhuo** 秦風 222b 8698	**Zi** 秦風 160a 8699
狀	涿喜	子廚私印
璽集 173f 8700	**Zou** 秦風 215a 8701	**Zu** 秦風 235e 8702
子廚私印	鄒劉	租
新璽 8703	**Zuo** 中大 21.18 8704	集成 114 8705
族籐	左僕	左乘

秦風 63f	秦風 166c	秦風 213a
8706	8707	8708
左志	左忠	左䣅
集證 附171（580） 秦風 153c	秦風 119a	秦風 131i
8709	8710	8711
狟	螶	痹
秦風 233b	璽集 22f	秦風 88f
8712	8713	8714
槀	坋	宵随

集證 附180（698） 秦風 144e 8715	秦風 185f 8716	璽集 24i 8717
豿突	閭延	南剐
璽集 168g 8718	璽集 171d 8719	新見 008 8720
印離	豽同	鄁闌
集粹 5.501 8721	秦風 127e 8722	秦風 129e 8723
□癸	□昌	□頑

古鉩 3657 秦風 46d	秦風 62b	秦風 101b
8724	8725	8726
□啟	□嬰	□忌

秦風 106a	秦風 61c	秦風 162c
8727	8728	8729
□黢	□狸	□印

秦風 184b	秦風 198b	秦風 228f
8730	8731	8732
□舍	□黑	□華

8733　　　　　　　新見 165	8734　　　　　　　古彙 5523	8735　　　　　　　秦風 120d
□勃	□	□
8736　　　　　　　秦風 234d	8737　　　　　　　古彙 3555	8738　　　　　　　璽集 183i
□	□□	□□
8739　　　　　　　新璽		
□□		

秦系·单字印·吉语印

An 秦風 231d	秦風 251b	秦風 238c
8740	8741	8742
安定	安居	安睦
秦風 250a	秦風 231b	秦風 252a
8743	8744	8745
安身	安始	安壽
甘露 39	甘露 122	集證 附186（774）
8746	8747	8748
安樂慎事	安眾	安眾

	秦風 239b		秦風 239e		甘露 54
8749		8750		8751	
	安眾		安眾		安宗

Ao	璽集 29i	**Ba**	秦風 156c	**Bai**	甘露 73
8752		8753		8754	
	警		霸		百嘗

	集證 附186（780）		秦風 237a		秦風 237d
8755		8756		8757	
	百嘗		百嘗		百嘗

甘露 72 8758 **百赏**	秦風 237c 8759 **百赏**	甘露 43 8760 **百尚**
秦風 237b 8761 **百乘**	**Ban** 集證 附173（598） 8762 **班**	**Bao** 古彙 5493 秦風 120e 8763 **苞**
Ben 璽集 165b 8764 **賁**	**Chang** 新見 057 8765 **昌**	新見 058 8766 **昌**

8767　　　　　新見 059	8768　　　　　新見 171	8769　　　　　新見 206
昌	昌	昌
8770　　　　　甘露 32	8771　　　　　甘露 202	Chen　　　　　新見 172 8772
昌内大吉	昌生	辰
Chi　　　　　秦風 235 8773	Ci　　　　集證 附182（721） 8774	Dang　　　　　新見 173 8775
馳	賜	簜

Dao 甘露 48	De 秦風 122d	秦風 236b
8776	8777	8778
道	得	得

Ding 甘露 59	璽集 23h	E 秦風 151f
8779	8780	8781
定	定	娿

Er 秦風 233c	Fei 集證 附184（742） 秦風 252b	Fu 秦集 145
8782	8783	8784
耳	非有毋半	福

考古 2001—8:93b 8785 富	甘露 60 8786 富	古彙 4424 8787 富貴
集證 附186（781） 8788 富貴	**Gao** 秦風 236f 8789 皋	甘露 97 8790 高志
集證 附185（770） 8791 高志	集證 附185（771） 8792 高志	集證 附173（604） 8793 高志

秦風 244c 8794 高志	秦風 244f 8795 高志	Gong　　甘露 204 8796 公
甘露 205 8797 公	新見 051 8798 公	新見 052 8799 公
新見 053 8800 公	新見 054 8801 公	新見 055 8802 公

新見 056 8803 公	**Gou**　　　　秦風 234f 8804 狗	**Gua**　　　　新見 174 8805 註
Gui　　　　新見 175 8806 規	集證 附173（596） 8807 癸	**Guo**　　　　秦風 122e 8808 果
璽集 167c 8809 果成	印典 1.320 8810 過眾	**Hai**　　　　新見 097 8811 亥牛

秦系・单字印・吉语印　1011 ◉

8812 秦風 152g	8813 He 秦風 118b	8814 秦風 121a
害	禾	禾
8815 秦風 90f	8816 甘露 121	8817 集證 附186（775）
和瘳	和眾	和眾
8818 集證 附186（776）	8819 秦風 52a	8820 秦風 238a
和眾	和眾	和眾

8821　　　　　　秦風 238b	8822　　　　　　秦風 238e	8823　　　　　　秦風 238f
和眾	和眾	和眾
8824　　　　　　秦風 239a	**Hei**　　　　　　秦風 150c 8825	**Hu**　　　集證 附169（561） 8826
和眾	黑	虎
8827　　　　　　秦風 118f	8828　　　　　　秦風 121b	8829　　　　　　璽集 165a
虎	虎	虎

Hua 8830 玺集 27b	Huan 8831 新見 176	8832 秦風 234c
鮭	睆	缓
Hui 8833 古彙 5705	8834 秦風 151e	Ji 8835 古彙 5528
悔	悔	犄
8836 新見 207	Jia 8837 新見 178	Jian 8838 甘露 26
吉	嘉	兼

璽集 165e	Jiao 秦風 252c	甘露 24
8839	8840	8841
兼	交仁必可	交仁

Jing 新璽	新見 179	甘露 134
8842	8843	8844
旌	靖	敬

古彙 5049	秦風 247c	秦風 247f
8845	8846	8847
敬	敬	敬

战国玺印

秦風 247e 8848	甘露 152 8849	古彙 4178 8850
敬上	敬事	敬事
集證 附184（746） 8851	集證 附184（749） 8852	秦風 246b 8853
敬事	敬事	敬事
秦風 246c 8854	秦風 246f 8855	秦風 247a 8856
敬事	敬事	敬事

秦風 247d 8857	秦風 248a 8858	秦風 248d 8859
敬事	敬事	敬事
文物 2013−9:27/29 8860	古彙 5660 8861	Lu　　　　古彙 5423 8862
敬事	敬愿	禄
Mu　　　　甘露 148 8863	甘露 77 8864	甘露 81 8865
母（無）治（怠）	木	睦

Qi　　　　　新見 184	Qian　　集證 附186（783）	Qing　　　　甘露 33
8866	8867	8868
綺	千歲	慶
秦風 121e	秦風 152f	新見 185
8869	8870	8871
慶	慶	慶
Qiu　　　　甘露 71	Quan　　　秦風 150b	Ren　　　　甘露 178
8872	8873	8874
求士	拳	仁士

甘露 179	秦風 252d	甘露 25
8875	8876	8877
仁士	仁士	仁士中（忠）心

Ri 甘露 143	甘露 149	甘露 150
8878	8879	8880
日貴	日敬毋（無）治（怠）	日敬毋（無）治（怠）

古彙 4884	古彙 4885	古彙 4886
8881	8882	8883
日敬毋（無）治（怠）	日敬毋（無）治（怠）	日敬毋（無）治（怠）

古彙 4887	古彙 4888	集證 附184（743）
8884	8885	8886
日敬毋（無）治（怠）	日敬毋（無）治（怠）	日敬毋（無）治（怠）
秦風 240a	秦風 240b	秦風 240c
8887	8888	8889
日敬毋（無）治（怠）	日敬毋（無）治（怠）	日敬毋（無）治（怠）
秦風 240d	秦風 240e	秦風 240f
8890	8891	8892
日敬毋（無）治（怠）	日敬毋（無）治（怠）	日敬毋（無）治（怠）

Shan 甘露 27 8893 善	甘露 30 8894 善行	**Shen** 甘露 4 8895 慎
甘露 140 8896 慎	秦風 246a 8897 慎	秦風 246e 8898 慎
秦風 155g 8899 慎事	新見 202 8900 慎事	甘露 144 8901 慎守

甘露 165	秦風 252e	秦風 252f
8902	8903	8904
慎言敬愿	慎言敬愿	慎原（愿）恭敬

Sheng 甘露 192	甘露 193	甘露 194
8905	8906	8907
生	生	生

新見 062	新見 063	Shi 甘露 176
8908	8909	8910
生	生	士

古考 203a	古考 203b	古考 203c
8911	8912	8913
士	士	士

古考 203d	古考 203e	古考 203f
8914	8915	8916
士	士	士

古考 203g	古考 203h	古考 204a
8917	8918	8919
士	士	士

秦風 251a	Si 秦風 242b	甘露 161
8920	8921	8922
士行	思士	思言
甘露 162	集證 附184（748）	秦風 237e
8923	8924	8925
思言	思言	思言
秦風 237f	甘露 171	集證 附184（744）
8926	8927	8928
思言	思言敬事	思言敬事

集證 附184（747）	秦風 242a	秦風 242d
8929	8930	8931
思言敬事	思言敬事	思言敬事

古彙 5533	Ting　　　　甘露 118	Wan　　　　秦風 230a
8932	8933	8934
巳	聽	萬吉

秦風 251d	秦風 249c	古彙 4493
8935	8936	8937
萬金	萬年	萬歲

集證 附186（782） 8938	秦風 249e 8939	秦風 249f 8940
萬歲	萬歲	萬歲
四川 2010—3:8 8941	Wen　　甘露 99 8942	Teng　　甘露 100 8943
萬歲	文	文
新璽 8944	甘露 172 8945	Xi　　集證 附185（762） 8946
文于	文□□□	栖仁

8947 甘露 34	8948 甘露 198	8949 甘露 40
喜	喜生	喜事
8950 甘露 183	8951 甘露 35	8952 秦風 151d
喜士正行	憙	憙
Xiang 8953 甘露 91	8954 秦風 242c	8955 秦風 242f
相教	相教	相教

8956	甘露 90	8957	秦風 242e	8958	甘露 87
相敂（教）		相念		相如	

8959	甘露 88	8960	甘露 89	8961	秦風 248f
相思		相思		相思	

8962	甘露 94	8963	集證 附185（772）	8964	秦風 241a
相思得志		相思得志		相思得志	

8965 秦風 241d	**Xiao** 8966 秦風 250e	8967 甘露 124
相思得志	孝	孝弟（悌）
Xin 8968 新見 190	8969 甘露 3	8970 秦風 155e
訢	信	信
8971 新見 205	**Xiu** 8972 新見 191	8973 集證 附185（766） 秦風 250d
信印	脩	脩身

Yan　　　　　　　新見 192	Yi　　　　　　　甘露 151	集證　附184（753）
8974	8975	8976
衍	壹心慎事	壹心慎事

秦風 241b	秦風 241e	甘露 51
8977	8978	8979
壹心慎事	壹心慎事	壹志

甘露 185	集證　附186（777）	集證　附186（778）
8980	8981	8982
宜民和眾	宜民和眾	宜民和眾

8983　秦風 239c	8984　秦風 239f	8985　新見 203
宜民和眾	宜民和眾	宜上
8986　甘露 184	8987　古彙 4878	8988　秦風 251c
宜士和眾	宜士和眾	宜士和眾
8989　新見 204	8990　甘露 78	8991　古彙 5120
宜王	乙	肆

甘露 36	**Ying** 新見 041	**You** 甘露 74
8992	8993	8994
蔥	占	右
Yu 集證 附176（641）	秦風 152c	**Yun** 甘露 70
8995	8996	8997
寓	寓	云子思士
古彙 4876	古彙 4877	秦風 244a
8998	8999	9000
云子思士	云子思士	云子思士

9001　　　　　秦風 244d	**Zhen**　　　甘露 125 9002	**Zheng** 集證 附184（752） 9003
云子思士	貞孝	正行
9004　　　　　秦風 244b	9005　　　　　秦風 244e	9006　　　　　甘露 64
正行	正行	正行治士
9007　　　　　古彙 4875	9008　　集證 附184（751）	9009　　　　　秦風 243a
正行治士	正行治士	正行治士

9010　　秦風 243d	9011　　秦風 243e	9012　　秦風 238d
正行治士	正行治士	正眾
Zhong　　秦風 241c 9013	9014　　秦風 241f	9015　　甘露 23
中精外誠	中精外誠	忠仁
9016　　古彙 4507	9017　　古彙 4508	9018　　集證 附185（758）
忠仁	中（忠）仁	中（忠）仁

9019

9020

9021

中（忠）仁

忠仁思士

忠仁思士

9022

9023

9024

忠仁思士

忠仁思士

忠仁思士

9025

9026

9027

忠仁思士

忠仁思士

忠仁思士

秦風 243b	甘露 52	秦风 249a
9028	9029	9030
忠仁忠士	忠心喜治	忠心喜治
古彙 4506	秦風 245a	秦風 245b
9031	9032	9033
中（忠）信	中（忠）信	中（忠）信
秦風 245d	秦風 245e	秦風 245f
9034	9035	9036
中（忠）信	忠信	中（忠）信

9037 甘露 53	9038 集證 附185（760）	9039 集證 附185（761）
中（忠）壹	中（忠）壹	中（忠）壹
9040 秦風 245c	9041 秦風 246d	**Zhou** 9042 甘露 174
中（忠）壹	中（忠）壹	宙
Zhu 9043 新見 042	**Zhuang** 9044 新見 195	**Zuo** 9045 秦風 131h
箸	狀	差（佐）

9046	玺集 21i	9047	古彙 5399	9048	新見 180
𢇍		敬		瞌	

9049	古彙 5699				
骫					

分域待考

古鉥 1856	新見 043	古鉥 3074
9050	9051	9052
事舫 千在	慎君敬身	明青
甘露 58	古鉥 3639	古鉥 1663
9053	9054	9055
明青	□□	身（信）士
古鉥 2631	古鉥 3533	古鉥 3577
9056	9057	9058
行可	□	□□

9059 古彙 3649	9060 古彙 3650	9061 古彙 4494
□□	□□	和善
9062 古彙 4495	9063 古彙 4496	9064 古彙 4497
□□	修身	修身
9065 古彙 4498	9066 古彙 4534	9067 古彙 4540
修身	大吉	善壽

古鉨 4541	古鉨 4542	古鉨 4543
9068	9069	9070
善壽	善壽	善壽
古鉨 4544	古鉨 4545	古鉨 4546
9071	9072	9073
善壽	善壽	善壽
古鉨 4547	古鉨 4548	古鉨 4549
9074	9075	9076
善壽	善壽	善壽

古彙 4550 9077 善生	古彙 4551 9078 右生	古彙 4552 9079 右生
古彙 4553 9080 右生	古彙 4554 9081 右生	古彙 4555 9082 又生
古彙 4556 9083 又生	古彙 4557 9084 有行	古彙 4558 9085 有金

古鉩 4564	古鉩 4565	古鉩 4566
9086	9087	9088
昌在	昌在	昌在
古鉩 4567	古鉩 4568	古鉩 4575
9089	9090	9091
昌在	昌在	生鉩
古鉩 4576	古鉩 4577	古鉩 4578
9092	9093	9094
生鉩	生鉩	生鉩

古鉨 4579	古鉨 4580	古鉨 4581
9095	9096	9097
生鉨	生鉨	士鉨
古鉨 4582	古鉨 4583	古鉨 4584
9098	9099	9100
上鉨	上鉨	私鉨
古鉨 4585	古鉨 4586	古鉨 4587
9101	9102	9103
私鉨	私鉨	私鉨

9104	古彙 4588	9105	古彙 4589	9106	古彙 4590
私鈢		私鈢		私鈢	

9107	古彙 4591	9108	古彙 4592	9109	古彙 4593
私鈢		私鈢		私鈢	

9110	古彙 4594	9111	古彙 4595	9112	古彙 4596
私鈢		私鈢		私鈢	

9113　　　　　　古彙 4597	9114　　　　　　古彙 4598	9115　　　　　　古彙 4599
私鈢	私鈢	私鈢
9116　　　　　　古彙 4600	9117　　　　　　古彙 4601	9118　　　　　　古彙 4602
私鈢	私鈢	私鈢
9119　　　　　　古彙 4603	9120　　　　　　古彙 4604	9121　　　　　　古彙 4605
私鈢	私鈢	私鈢

古彙 4606	古彙 4607	古彙 4608
9122	9123	9124
私鈢	私鈢	私鈢
古彙 4609	古彙 4610	古彙 4611
9125	9126	9127
私鈢	私鈢	私鈢
古彙 4612	古彙 4614	古彙 4615
9128	9129	9130
私鈢	私鈢	私鈢

9131	古鉨 4616	9132	古鉨 4617	9133	古鉨 4618
	私鉨		私鉨		私鉨
9134	古鉨 4619	9135	古鉨 4620	9136	古鉨 4621
	私鉨		私鉨		私鉨
9137	古鉨 4622	9138	古鉨 4682	9139	古鉨 4972
	私鉨		弅□		昌

古鉨 4973	古鉨 4974	古鉨 4975
9140	9141	9142
昌	昌	昌
古鉨 4976	古鉨 4977	古鉨 4978
9143	9144	9145
昌	昌	昌
古鉨 4979	古鉨 4980	古鉨 4981
9146	9147	9148
昌	昌	昌

9149	古鉨 4982	9150	古鉨 4983	9051	古鉨 4984
	昌		昌		昌
9152	古鉨 4985	9153	古鉨 4986	9154	古鉨 4987
	昌		昌		昌
9155	古鉨 4988	9156	古鉨 4989	9157	古鉨 4999
	昌		昌		昌

9158 古彙 5000	9159 古彙 5050	9160 古彙 5051
昌	古	古
9161 古彙 5052	9162 古彙 5055	9163 古彙 5058
古	吉	尚
9164 古彙 5059	9165 古彙 5060	9166 古彙 5061
尚	尚	尚

古鉨 5062	古鉨 5063	古鉨 5064
9167	9168	9169
尚	尚	尚
古鉨 5065	古鉨 5066	古鉨 5067
9170	9171	9172
尚	尚	尚
古鉨 5068	古鉨 5069	古鉨 5070
9173	9174	9175
尚	尚	尚

9176 古彙 5071	9177 古彙 5085	9178 古彙 5153
尚	公	生
9179 古彙 5154	9180 古彙 5155	9181 古彙 5156
生	生	生
9182 古彙 5157	9183 古彙 5158	9184 古彙 5159
生	生	生

古鉩 5160	古鉩 5161	古鉩 5162
9185	9186	9187
生	生	生
古鉩 5163	古鉩 5164	古鉩 5165
9188	9189	9190
生	生	生
古鉩 5166	古鉩 5167	古鉩 5168
9191	9192	9193
生	生	生

古鉩 5169	古鉩 5170	古鉩 5171
9194	9195	9196
生	生	生
古鉩 5172	古鉩 5173	古鉩 5174
9197	9198	9199
生	生	生
古鉩 5175	古鉩 5176	古鉩 5177
9200	9201	9202
生	生	生

9203 　　　　古彙 5178	9204 　　　　古彙 5179	9205 　　　　古彙 5180
生	生	生
9206 　　　　古彙 5181	9207 　　　　古彙 5199	9208 　　　　古彙 5200
生	行	行
9209 　　　　古彙 5201	9210 　　　　古彙 5202	9211 　　　　古彙 5203
文	文	其

9212　　　　　古彙 5204	9213　　　　　古彙 5211	9214　　　　　古彙 5216
其	□	大
9215　　　　　古彙 5217	9216　　　　　古彙 5225	9217　　　　　古彙 5226
大	鉨	鉨
9218　　　　　古彙 5227	9219　　　　　古彙 5228	9220　　　　　古彙 5229
鉨	鉨	鉨

9221 古彙 5230	9222 古彙 5231	9223 古彙 5232
鉨	鉨	鉨
9224 古彙 5233	9225 古彙 5234	9226 古彙 5235
鉨	鉨	鉨
9227 古彙 5236	9228 古彙 5237	9229 古彙 5238
鉨	鉨	鉨

9230	古彙 5239	9231	古彙 5240	9232	古彙 5241
鉨		鉨		鉨	

9233	古彙 5242	9234	古彙 5243	9235	古彙 5244
鉨		鉨		鉨	

9236	古彙 5245	9237	古彙 5246	9238	古彙 5247
鉨		鉨		鉨	

9239	古彙 5248	9240	古彙 5249	9241	古彙 5250
鈢		鈢		鈢	
9242	古彙 5251	9243	古彙 5252	9244	古彙 5254
鈢		鈢		鈢	
9245	古彙 5255	9246	古彙 5268	9247	古彙 5269
鈢		酉		甬	

9248	古玺 5271	9249	古玺 5272	9250	古玺 5274
天		坷		壴	

9251	古玺 5276	9252	古玺 5278	9253	古玺 5295
兒		荆		千	

9254	古玺 5296	9255	古玺 5297	9256	古玺 5300
亯		賓		方山	

古鉨 5302	古鉨 5304	古鉨 5305
9257	9258	9259
羊	王	王

古鉨 5306	古鉨 5313	古鉨 5315
9260	9261	9262
王	薑（匠）	章

古鉨 5316	古鉨 5325	古鉨 5326
9263	9264	9265
章	子	□

古彙 5328	古彙 5329	古彙 5333
9266	9267	9268
闇	闇	七月
古彙 5335	古彙 5336	古彙 5337
9269	9270	9271
□	□	内
古彙 5344	古彙 5347	古彙 5353
9272	9273	9274
□	□	善

古鉨 5354	古鉨 5355	古鉨 5356
9275	9276	9277
善	□	□

古鉨 5357	古鉨 5358	古鉨 5376
9278	9279	9280
□	□	□

古鉨 5378	古鉨 5379	古鉨 5380
9281	9280	9283
貝	夋巢	□

9284　　　　　古彙 5381	9285　　　　　古彙 5382	9286　　　　　古彙 5383
息（信）	息（信）	□
9287　　　　　古彙 5384	9288　　　　　古彙 5390	9289　　　　　古彙 5391
□	昌	□
9290　　　　　古彙 5393	9291　　　　　古彙 5394	9292　　　　　古彙 5395
尔（鈢）	□	□

9293　　　　　古彙 5396	9294　　　　　古彙 5401	9295　　　　　古彙 5402
□	□	□
9296　　　　　古彙 5403	9297　　　　　古彙 5404	9298　　　文物 2013—9:3
尔（鉨）	休（休）	□□
9299　　　　　古彙 5411	9300　　　　　古彙 5412	9301　　　　　古彙 5416
齒	字	束

9302 古彙 5417	9303 古彙 5418	9304 古彙 5419
□	聖	廾
9305 古彙 5420	9306 古彙 5422	9307 古彙 5427
未	堂	倍
9308 古彙 5428	9309 古彙 5431	9310 古彙 5432
□	□	□

古彙 5433 9311 □	古彙 5434 9312 尔（鉨）	古彙 5436 9313 □
古彙 5437 9314 □	古彙 5438 9315 禹	古彙 5439 9316 禹
古彙 5440 9317 禹	古彙 5441 9318 禹	古彙 5442 9319 容

古鉩 5443	古鉩 5444	古鉩 5445
9320	9321	9322
☐	☐	烏

古鉩 5446	古鉩 5447	古鉩 5458
9323	9324	9325
尔☐☐	☐	☐

古鉩 5459	古鉩 5460	古鉩 5461
9326	9327	9328
☐	☐	☐

9329 古彙 5462	9330 古彙 5463	9331 古彙 5464
□	□	□
9332 古彙 5465	9333 古彙 5466	9334 古彙 5467
尔（鉨）	尔（鉨）	尔（鉨）
9335 古彙 5468	9336 古彙 5469	9337 古彙 5470
□	□	□

古鉥 5472	古鉥 5473	古鉥 5474
9338	9339	9340
又	□	□

古鉥 5494	古鉥 5495	古鉥 5507
9341	9342	9343
□	□	疳

古鉥 5508	古鉥 5510	古鉥 5512
9344	9345	9346
信	□	䇄

古鉩 5513 9347 ☐	古鉩 5514 9348 ☐	古鉩 5516 9349 ☐
古鉩 5518 9350 ☐	古鉩 5519 9351 ☐	古鉩 5520 9352 ☐
古鉩 5525 9353 車	古鉩 5529 9354 郙（寺）人	古鉩 5530 9355 ☐

9356　　　　　　　古彙 5694 亡（無）私	9357　　　　　　　古彙 5695 信士	9358　　　　　　　甘露 175 □（漩渦紋璽）
9359　　　　　　　古彙 5532 □	9360　　　　　　　新見 066 王	9361　　　　　　　新見 068 王
9362　　　四川文物 2010—3:8 巴蜀符号印	9363　　　四川文物 2010—3:8 巴蜀图语印	9364　　　文物 2013—9:32 巴蜀符号（陶）

考古 2001—8:93 a	考古 2012—12:13~15	考古 2012—12:35−36
9365	9366	9367
橴（不识）	吕	仈仈
江汉考古 2013—1：39−40	文物 2013—9:27,29	玺集 45g
9368	9369	9370
生肖形印	□□	巴蜀图语印
玺集 45i		
9371		
巴蜀图语印		

索引表1—5

笔画	起笔	字	玺印编号
1	横	一	1630
1	折	乙	2032, 3866, 4098, 4337, 5503, 7047, 7578, 8990
2	横	丁	0209, 0758, 0759, 0812, 1353, 2878, 2946, 3394, 3664, 4257, 4266, 5550, 6977—6980, 7213, 8166, 4460, 4461
		二	1001
		七	9268
2	竖	卜	0159, 5308, 1427, 1428, 1702—1704
2	撇	人	0019, 0352, 0373, 0646, 0648, 0649, 0658, 1555, 1557, 1563, 1671, 2533, 2914, 3309, 3269, 5015, 5094, 5392, 5400, 5622, 5674, 5811, 6277, 6896, 6929, 6988, 7467, 7739, 7777, 8032, 8033, 8235, 9354
		八	1666
		入	4434, 4435, 4867
		匕	0017, 8567
		九	0501, 0686, 0941, 1791, 2425, 2500, 2501, 4159, 6187, 8469
		勹	0572, 0573, 0618, 0647, 0957, 0979, 4408, 4409
2	折	又	0098, 0642, 1416—1418, 1611, 2484, 4105, 4298, 4408, 4409, 4891, 5176—5180, 5903, 9082, 9083, 9338
		厶	0620, 1275, 4106, 5443, 5626
		弓	0607
		力	2296, 2983, 4032
3	横	工	0014, 0018, 0036, 0075, 0099, 0123, 0591, 0595, 0604, 0612, 0806, 1451, 1458, 1497, 1547, 1548, 1561, 1615, 1632, 1640, 1641, 1653, 3113, 5395, 5939, 5940, 6093, 6126, 6127, 6128, 6132, 6133, 6313, 6328, 6388—6391, 6407, 6408, 6409, 6410, 6444, 6445, 6446, 6447, 6448, 6449, 6493, 6494, 6557, 6558, 6633, 6634, 6702, 6703

索引表1—5

		士	0030, 0222, 0799, 1509—1518, 1528, 1533—1535, 1550, 1551, 1576, 1633, 2925, 4879—4886, 5016—5023, 5068, 5069, 5095, 5158, 5159, 5173, 5253, 5387—5394, 5408, 5428, 5429, 5483, 6134, 6184, 6396, 6507, 6508, 6509, 6576, 6786, 6787, 6788, 6789, 7072, 7239, 8872, 8874—8877, 8910—8921, 8950, 8986—8988, 8997—9001, 9006—9011, 9020—9028, 9055, 9097, 9357
		土	0905, 1076, 1077, 3364, 3365, 4706, 5543, 8529
		于	0193—0204, 1251, 1968—1970, 3694—3700, 3703, 3741—3743, 3933—3935, 5538, 5794, 5795, 5852, 6944—6948, 7746, 8077, 8155, 8196, 8944
		干	0221, 5566, 6216, 7090—7094
		三	0008, 1527, 1528, 2876
		大	0012, 0013, 0052, 0120, 0206, 1202, 0571, 0572, 1427, 1428, 1439, 1440, 1441, 1569, 1592, 1607, 1671, 1754, 1974, 2219, 3323, 3324, 3386, 3586, 3757, 4434—4447, 4463, 5067, 5322—5324, 5327, 5344, 5353, 5368, 5370, 5379, 5384, 5386, 5403, 5404, 5415, 5420, 5430, 5747, 5879, 6000—6003, 6125, 6452, 6453, 6730, 6959—6963, 8770, 9066, 9214, 9215
		兀	0030, 0115, 2799—2804, 8317
		廾	9304
		才	0160, 5535, 5618, 5740, 8250
		下	1576—1580, 3685, 3686, 3687, 4408, 4409, 4751—4762, 4790—4795, 4888, 4889, 5081, 5201—5203, 5415—5417, 6186, 6542—6553, 8193
		弋	3843, 4547, 5440, 5441, 5923, 5947, 5948, 6827, 6828
3	竖	山	0023, 0058, 0616, 0832, 2619, 3465, 3561, 3860, 3900, 4052, 5379, 5504, 5519, 6138, 6238, 6239, 6256, 6928, 8132, 8668, 9256

索引表1—5

		上	0218, 0256, 0806, 1093, 1190, 1275, 1400, 1402—1406, 1416—1418, 1530—1537, 1826, 2085, 2208, 2301, 2355, 2421, 2433, 2489, 2671, 2883—2893, 3000—3002, 3140, 3466, 3467, 3711, 3782, 3880, 4053—4056, 4199, 4408, 4409, 4604—4641, 4645, 4763—4790, 4876—4894, 4956—4959, 5063—5066, 5068, 5069, 5081, 5107, 5173, 5381, 5382—5386, 5408, 5559, 5574, 5771, 6356—6366, 6478, 6479, 7123, 7765—7781, 8054, 8848, 8985, 9098, 9099
		口	0476, 0622
		小	6568, 6569—6576, 8211
3	撇	匚	0158, 0360
		夕	0440, 5767, 8532, 2718, 3027, 3653
		千	0874, 1360, 1379, 1519, 2829, 4404—4407, 4799—4865, 4867, 5122, 5160—5172, 5181—5187, 5898, 8867, 9050, 9253
		川	6347, 6348, 6429—6431, 6839
		凡	2077
	点	之	0006, 0007, 0012, 0028, 0030, 0032, 0033, 0044, 0047, 0052, 0064, 0071—0074, 0080, 0081, 0085—0088, 0092, 0097, 0108, 0113, 0127, 0143—0145, 0433, 0444, 0482, 1033, 1472, 1563, 1835, 2068, 2148, 2292, 2611, 2641, 2646, 3008, 3471, 3666, 3875, 4065, 4193, 4236, 4727—4729, 4744, 4879—4886, 5000—5009, 5033—5046, 5063—5066, 5068, 5069, 5107, 5408, 5411, 5418, 5422, 5425—5427, 5429, 5434, 5435, 5437, 5442, 5443, 5447, 5450, 5457, 5459, 5461, 5463, 5466, 5467, 5468, 5469, 5472, 5474, 5489, 5490, 5491, 5493, 5610, 5622, 5713, 5764, 5784, 5922, 5926, 5952, 5966, 5989, 5990, 5992, 5994—5996, 6004, 6009, 6010, 6042—6044, 6051, 6093, 6129—6131, 6135, 6139, 6141, 6147, 6157, 6158, 6170, 6184, 6201, 6235, 6236, 6254, 6255, 6258—6260, 6263, 6269, 6295—6297, 6311, 6312, 6327, 6329, 6334, 6353,

索引表1—5

	点	之	6354, 6394, 6395, 6411, 6448, 6449, 6485, 6490, 6491, 6498, 6500, 6510, 6511, 6515, 6516—6518, 6540, 6564, 6565, 6594, 6598—6602, 6604, 6612—6617, 6622, 6628—6631, 6672, 6678—6680, 6682, 6689, 6709, 6712, 6722, 6727, 6728, 6758, 6759, 6784, 6785, 6809—6811, 7098, 7280, 7324, 7484, 7511, 7540, 7730, 7855, 8128, 8151, 8226, 8692
		亡	0078, 0420, 0958, 1562, 1852, 1853, 1967, 2114, 2304, 2545, 2575, 2649, 2840, 3511, 3763, 3834, 4079, 3645—3647, 5020—5022, 5077—5080, 5216—5250, 5743, 8455, 9356
	折	巳	0158, 1993, 3144, 3190, 3191, 6901, 7234, 8660, 8932
		己	0175, 0275, 0472, 1324, 5501
		已	1993, 3211
		弓	0237, 0257, 2178—2181, 7115
		尸	5786
		子	0120, 0298, 0338, 0404, 0506, 0531, 0962, 1239, 1436, 1486, 1487, 1596, 1623, 1624, 1647, 1648, 1649, 1887, 2088, 2306, 2411, 2678, 2707, 2781, 2796. 2882, 2893, 3056, 3070—3072, 3162, 3261, 3524, 3795, 4106, 4188, 4226, 4238—4240, 4247, 4318, 4326, 4356, 4360, 4744, 5347, 5388—5391, 5528, 5537, 5608, 5615, 5689, 5717, 5753, 5843, 7020, 7034, 7138, 7139, 7976, 8136, 8449, 8699, 8700, 8997—9001, 9264
		女	0311, 0976, 2377, 2425, 3293, 3493, 3559, 5367, 5695, 5812, 6342-6346, 6882, 7147, 7619—7621, 7894, 7910
		也	8425
4	横	丈	1335
		太	1631, 3323, 3324, 5403, 5404, 6165, 6166, 6333, 6430, 6431, 6454—6457, 6834
		犬	7615

索引表1—5

		无	0158
		尢	0224
		丐	0610, 4849—4860, 5898
		旡	5630
		夫	0019, 0052, 1427, 1428, 1439, 1460, 1569, 1592, 1602, 1607, 1624, 1631, 1647, 1648, 5327, 5359, 5370, 5375, 5386, 5415, 5741, 6125, 6452, 6453, 6730, 6938, 6960—6963, 7412, 7413, 7527, 7542, 7716, 7932, 8171, 8468, 8492, 8493
		天	3336—3338, 4527, 9248
		帀	0025, 0056, 0058, 0036, 0075, 0118, 0140, 0639, 0652, 0950, 0951, 2902—2907, 3219, 3470
		王	0079, 0181, 0366—0432, 0573, 0618, 0647, 1078—1133, 1415, 1563, 3368—3556, 4356, 5061—5076, 5131—5135, 5408, 5451, 5453, 5744—5754, 6506, 7936—8145, 8989, 9258—9260, 9360, 9361
		丰	0795
		五	1468, 1727, 3022, 3202, 3481, 3482, 3648, 3649, 3723, 3905, 5410, 5760—5764
		井	3747, 7273, 7353
		元	3948
		尤	8433
		三	5334, 5355
		云	8997—9001
		友	5804
		支	6667, 6816, 6817, 6818, 8659, 8660
		不	0004, 0150, 0240, 0263, 0676, 0978, 1200, 1703, 1705—1707, 1994, 2374, 2799, 3192, 3420, 3889, 3965, 5312, 5680, 5703, 6875, 7281, 7393, 7394, 7619

⊙ 1080

索引表1—5

		木	0100, 0124—0126, 1025, 1497, 2715—2718, 3356, 8864
		比	0955, 1684—1688
		戈	2171
		牙	2650, 2889, 3501, 3754, 8263
		扎	2708
		丌	2797, 2798, 4797, 5061, 5062
		邛	3355, 5550
		屯	3360, 4216, 6502, 8376
		巨	3717
4	竖	内	0118, 0691—0693, 1979, 2720, 5970, 5971, 6001, 6002, 6291—6301, 6392, 6475, 7609, 8770
		内	4434, 4435, 4439—4447, 4542, 6475—6477, 9271
		水	0001, 0063, 0616, 0980, 1525, 1577, 1840, 2291, 2505, 5923—5926, 6037—6039, 6105, 6149, 6222, 6413, 6450, 6660, 6802
		少	1827, 2894, 3003, 5970, 5971, 6384—6392
		中	0119, 0139, 0492, 0494—0496, 0644—0647, 1386, 1387, 1401, 1419, 1420, 1183, 1184, 1292, 1633, 1688, 2077, 2124, 2826, 3109, 3366, 3521, 4200, 4548—4561, 4730, 5251—5258, 5260—5296, 5470—5472, 5904, 6228—6234, 6283, 6371, 6530, 6538, 6670, 6732—6773, 6825, 6838, 6855, 7137, 7697, 7749, 8132, 8554, 8663—8666, 8877, 9013, 9014, 9017—9019, 9031—9034, 9036—9041
		止	0920, 1062, 1540, 1541, 4116, 4117, 4357, 7556
		日	2353, 4460, 4461, 4866—4869, 4105, 4298, 5698, 6339, 8878—8892
4	撇	王	1200, 1299, 5738, 7906
		壬	0848, 1821, 2210, 2867, 3217, 3949
		勾	1261, 2039, 2811, 3325, 4200

索引表1—5

		勺	5319, 5348
		仁	2866, 5750, 7638, 7786—7788, 8161, 8390, 8606, 8840, 8841, 8874—8877, 8946, 9015—9028
		仇	8484
		公	0236, 0238—0256, 0338, 0531, 0806, 0807—0876, 0988, 1459, 1460, 1471, 1636, 1670, 1935—1941, 2182—2200, 2204, 2411, 4486—4494, 4594, 5033—5046, 5320, 5334, 5570—5575, 6094—6098, 6650, 6651, 7116—7140, 7806, 8254, 8652, 8796—8803, 9177
		父	1529, 5372, 6581
		分	2096, 2097, 5466
		戶	0239
		广	0574, 0579, 0586, 0587, 0593, 0599, 0601, 0605, 0622, 0628, 0632, 0634, 0640, 0645, 0653, 1135, 1136, 1137, 1423, 1530, 1536, 1562, 1564—1566, 3559—3561, 5523
		毛	0294—0297, 0965, 0966, 2685—2687, 2991, 3197, 5666, 7581—7587
		氏	0481, 0586, 1494, 1522, 1986, 2436, 2663—2667, 2990, 3471, 3583—3616, 3701, 4747—4749, 5661, 5354, 6112, 6257, 7231, 7232, 7453, 8525, 8526
		牛	0310, 0975, 2480, 2729—2747, 4401, 4402, 4801—4805, 4809, 4810, 4811, 5676, 5677, 5867, 6984, 7613—7617, 8811
		午	0701, 0713, 0798, 0850, 0914, 0915, 1073, 1854, 2672, 2717, 3023, 3707, 3933, 3934, 5834, 6856, 6857, 7240, 7342, 8530, 8614
		夭	1977, 3047, 3152, 3698, 3787, 4094, 8355
		反	3694, 6322—6324
		月	1688, 1727, 1791, 1840, 1949, 2273, 2291, 2505, 2706,

索引表1—5

		月	2729, 2972, 3366, 3482, 3521, 3868, 3897, 4159, 4202, 5771, 8451, 9268
		丹	3275, 3387, 6969, 7099, 7539, 7963, 8459
		升	2399
		邝	2411
		卬	2507, 7228, 7825, 7851, 7853, 8213, 8272
		乏	0777—0782
		勿	4750, 5412
		凶	7507, 8093, 8230
		殳	9282
4	点	方	0047, 0497, 0760—0765, 1157—1161, 1990, 2092, 2093, 3654—3656, 5328, 5329, 5551, 6052, 6053, 6452, 6453, 6528, 6529, 6873, 7056—7058, 7975, 8170, 8521, 9256
		文	0112, 0624, 0625, 0636, 0712, 0849, 1107, 1147—1155, 1567, 1568, 2025, 2873, 3257, 3480, 3583—3617, 4710—4717, 4887, 5409, 5524, 5756, 5852, 6512, 6990, 6997, 7329, 7466, 7746, 8077, 8155, 8158—8163, 8693, 8942—8945, 9209, 9210
		斗	1630
		心	1671, 1754, 2219, 3586, 4460, 4461, 4483, 5050, 5051, 5772, 5901, 8240, 8877, 8975—8978, 9029, 9030
		火	2394
		六	5362
		户	5447
4	折	幻	1664, 2388, 3415, 3928, 4164
		弓	3609
		邔	0357—0359
		毋	0444, 0528, 0553, 0626, 2377, 2799—2804, 4796, 6864, 7268, 7334, 7361, 7467, 7529, 7568, 7639, 8082, 8162,

索引表1—5

		毌	8169—8173, 8332, 8783, 8879—8892
		弔	0844, 1039, 3108, 3109
		尹	1238—1242, 3888—3921, 5443, 5356, 5394, 5790, 8417—8423
		尺	1956
		丑	2342, 2760
		予	2621
		孔	3426, 7006, 7371—7377, 7730
		以	4745—4762, 5107, 5302, 8104, 8185
5	横	邢	0113, 3935
		邔	1442, 5441
		坏	3365
		邚	4326
		艾	1530
		芁	1818, 2860
		芀	4562, 5890—5892
		匠	1701
		匡	3668
		叵	5696
		弍	1001
		忒	4148
		戊	0714, 1045, 1276, 1855, 4272, 7291
		右	0008, 0036, 0055, 0079, 0098, 0099, 0100, 0101, 0102—0112, 0363, 0567, 0577, 0580, 0581, 0650, 0600, 0606, 0634, 0641, 0642, 0661, 0662, 0916, 1561, 1600, 1610—1622, 2353, 2446, 2628, 2675, 3054, 3508, 3509, 3929—3932, 4744, 4879—4886, 5449—5451, 6081, 6082, 6181, 6182, 6205—6208, 6241, 6482, 6563, 6646—6670, 6699, 6702, 6703, 8994, 9078—9081

		左	0009, 0048, 0049, 0122—0139, 0142, 0410, 0511, 0578, 0582, 0584, 0589, 0590, 0594, 0602, 0607, 0617, 0633, 0653—0657, 0663, 0664, 0665, 0976, 1457, 1519, 1529, 1556, 1573, 1600, 1634—1651, 1653, 2061, 4245—4248, 4334, 5345, 5480, 5481, 5851—5854, 5916, 5917, 5985, 6047, 6048, 6059, 6183, 6209—6211, 6225, 6227, 6231—6233, 6332, 6335, 6405, 6451, 6479, 6483, 6635, 6636, 6686, 6729, 6792—6826, 8556, 8704—8708
		布	6977
		石	0240, 0529, 1036, 1539, 2865, 2908—2923, 3956, 5706, 5910, 7155, 7798—7801, 8323
		平	0048, 0049, 0050, 0051, 0569, 0611—0614, 0634, 0896, 1450, 1499—1504, 1585, 1625, 1811—1813, 1980, 2398, 2560, 2765—2787, 2847, 2996, 3185, 3212, 3957, 4310, 5369, 5370, 5909, 5975, 5976, 6019, 6024, 6319—6321, 6590, 6608, 6697, 6895, 7043, 7444, 7634, 8370
		正	0100, 0125, 0138, 0488, 0489, 0527, 1501, 3232, 3480, 3516, 4410—4413, 4594, 4745—4762, 4999, 5020—5022, 5061, 5062, 5174, 5175, 5195—5250, 5255—5257, 5308, 5312, 5328, 5329, 5449, 5410, 5412, 5453, 5463, 5464, 5563, 5822, 5908, 6781, 6782, 6783, 8950, 9003—9012
		去	0179, 0347, 1706, 1716, 1819, 1820, 2235, 2236, 2656, 2748, 2911—2913, 3139, 3461, 3462, 3628, 3680, 4049, 4290, 4291, 4798, 7327, 7328, 7449, 7703, 7704, 8371
		甘	0222—0224, 0799, 1184, 2118, 3741, 4484, 4485
		可	0384, 0541, 4745—4762, 5103, 5104, 5581, 5633, 5635, 6861, 7369, 7432, 7626, 7969, 8840, 9056
		丙	0675, 1684, 2581, 2600, 3620, 6872, 7362
		古	0877—0880, 2203—2205, 5582, 5805, 9159—9161
		尢	0959
		丕	0978, 5680

索引表1—5

		示	1231, 7814
		扫	6880
		玉	1928, 4107, 5526, 5659, 6929
		圠	2405, 2722
		未	7093, 7109, 9305
5	竖	申	0697, 0787, 1033, 2178, 2434, 2895—2901, 3254, 5601, 5818, 7012, 7783, 8398
		甲	7023, 7424, 8005, 8300, 8593
		由	8434
		旦	1083, 1203, 1759, 2395, 2830, 2943, 3987, 4313, 6970
		且	1520, 1691
		目	2015, 3364, 5558, 7146, 7188, 7218
		冉	7451, 7738, 7899
		田	0137, 1065, 1638, 3339—3354, 5406, 6098, 6120, 6188, 6218, 6219, 6231—6233, 6479, 6492, 6534, 6575, 6650, 6651, 6729, 6808, 6809, 6810, 6811, 7276, 7901—7909,
		四	5414, 5521, 6429—6432
		延	0370, 8481
		辽	5802, 5825, 5849
		史	6295—6297, 6682, 7803—7813
		北	0668, 1424—1426, 5306, 5307, 5935—5954, 6166, 6397, 6930
		叫	1140
		兄	1963
		岂	2088, 2089
		卡	2512
		央	7109, 7635
5	撇	仕	0180

索引表1—5

		代	1442, 6004—6008
		尔	1540, 1541, 9290, 9296, 9312, 9332—9334
		尓	2089
		勾	0274, 0383, 1275, 1467—1470, 1631, 2503—2509
		匂	7981
			1213, 3114, 3857, 7009, 7041, 7594
		卯	5907—5909, 5914, 5919, 5920, 5933, 5934, 5949, 5950, 5952, 5966, 5976, 5993, 6007, 6011, 6093, 6120, 6162, 6170, 6175, 6188, 6190, 6198, 6215, 6247, 6292, 6303, 6314, 6394, 6413, 6456, 6569, 6570, 6591—6593, 6608, 6621, 6631, 6643, 6662, 6663, 6697, 6705, 6722, 6726, 6731, 6756, 6764, 6811, 6840, 6860, 6879, 6884, 6909, 6936, 6963, 6966, 6973, 6974, 7017, 7034, 7056, 7058, 7098, 7119, 7174, 7236, 7242, 7243, 7259, 7335, 7356, 7379, 7380, 7433, 7480, 7498, 7499, 7580, 7730, 7771, 7772, 7794, 7841—7849, 7855, 7879, 7895, 7929, 7994, 8004, 8113, 8128, 8137, 8161, 8191, 8264, 8275, 8425, 8426, 8526, 8583, 8620, 8656, 8692, 8699, 8700, 8718, 8729, 8971
		印	8436, 8491
		犯	0020, 1204, 1596, 3755, 4398, 4528—4536, 4952, 4953, 5118—5121, 8813, 8814
		禾	0021, 0063, 0090, 0289—0291, 0437, 0438, 0491, 0543, 1035, 1212, 1469, 1470, 1481, 1491, 1496, 1542, 1545, 1626, 2380, 2381
		丘	3645, 3646, 3952, 4276, 5527, 5628, 6054—6059, 7531, 8172
		坐	0024, 0084, 0094, 0095, 0151, 0790, 0937, 1011
		生	0168, 0428, 0544, 0672, 0673, 0698—0706, 0755, 0756, 0762, 0779, 0797, 0833—0839, 0902—0907, 0932, 0937, 0953, 0956, 0966, 0997—1001, 1021, 1022, 1068, 1069,

索引表1—5

5	点	生	1094—1103, 1105, 1134, 1143, 1144, 1191, 1197, 1213, 1214, 1250, 1286, 1291, 1292, 1309, 1317, 1327, 1330, 1337, 1380—1383, 1402—1406, 1413, 1414, 3469, 3812, 4408, 4409, 4428, 4474—4482, 4891, 4960, 5012—5014, 5018, 5019, 5125—5127, 7792, 8523, 8771, 8905—8909, 8948, 9077—9083, 9091-9096, 9178—9206
		令	0283, 1490, 2615—2617, 5436, 6147, 7509—7514, 7828
		冬	0323, 7969
		白	0368, 1667—1674, 5922—5926, 6852, 8479
		外	0623, 5407, 6503—6505, 7927, 9013, 9014
		召	0830, 0953, 1189, 5722
		弔	1012
		矢	1037, 7802, 2146, 2356
		皮	1425, 2118, 2520
		邗	2829
		乍	3061, 3840
		瓜	3407
		氹	3727
5	点	市	0003, 0004, 0022, 0030, 0056, 0061, 0096, 0213, 0228, 0334, 0471, 0585, 0609, 0618, 0619, 0630, 0654, 0660, 0708, 0799, 0908, 0981, 1215, 1466, 1521, 1537, 1575, 1833, 1834, 2072, 2147, 2239, 2383, 2437, 2543, 2915, 3005, 3220, 3762, 5485, 5392, 5864, 6017, 6018, 6036, 6204, 6237, 6397—6400, 6442, 6443, 6496, 6497, 6801, 6979, 7130, 7266, 7812, 8373, 8399
		立	0008, 0010, 0053, 3457, 4707—4709, 5136, 5137
		玄	0090, 8256, 1865, 3751, 3786
		它	0352, 1557, 2533, 6988, 7875, 7889
		邝	0964, 2679—2683
		尻	0987

索引表1—5

		半	1429, 1484, 1545, 1675—1680, 6858, 8783
		汛	2018, 4221
		必	2729, 4202, 4410—4413, 7156, 8840
		主	4231—4233, 6098, 8685
		永	6637—6642
5	折	奴	1027
		奴	1226, 1594, 1661, 4099, 6309—6312, 7055, 7191, 7829, 8455
		奶	9046
		弜	0237, 0257, 2178, 2180, 2181
		弘	7248
		召	1267, 6722, 8564, 8565
		右	1519
		加	2788, 5595—5597
		台	7892
		司	0025, 0038, 0039, 0040, 0051, 0059, 0064—0074, 0079, 0105, 0106, 0107, 0109, 0110, 0111, 0130—0136, 0139, 0148, 0199, 0339—0343, 0567, 0571, 0572, 0577, 0578, 0580, 0581, 0650, 0583, 0588, 0589, 0590, 0591, 0592, 0594, 0595, 0598, 0600, 0602, 0604, 0606, 0610, 0612, 0613, 0620, 0621, 0623, 0625, 0631, 0633, 0637, 0642, 0655, 0661—0665, 1040—1052, 1448, 1451, 1456, 1457, 1464, 1465, 1479, 1480, 1482, 1497, 1507, 1520, 1522, 1527, 1529, 1531, 1539, 1544, 1547—1554, 1557, 1561, 1568, 1570, 1587, 1600, 1608, 1609, 1615—1617, 1626, 1632, 1637, 1640, 1641, 1651—1653, 1661, 3113—3187, 4999, 5395—5399, 5933, 5954, 5961, 6022, 6094—6096, 6106—6111, 6203, 6223, 6224, 6252, 6285, 6513, 6514, 6661—6663, 6756, 6803—6807, 6829, 6842, 7824—7836
		民	0042, 0307, 5908, 7530, 7601, 8980—8984
		母	0043, 0059, 0528, 1809, 2589, 2712—2714, 2799—2804,

		母	4040, 8032, 8033, 8863
		弁	0157, 5498, 1691—1693, 3272
		疋	1451, 1544, 1691, 3009, 3740—3743
		阡	1654
		弗	2089, 2099, 2100, 3891, 7335
		出	4434, ,4435, 5366, 5434
		尼	7190
6	横	邦	0053, 0193, 0339, 0349, 0447, 0498, 1199, 1262, 1289, 1423, 1594, 1732, 1733, 1815, 2932, 2933, 3961, 4201, 4358, 5385, 5421, 5440, 5725, 5930—5934, 6406, 6407—6411
		郏	0218, 1451, 2108, 5359, 5558, 5563, 6065
		邢	0270, 0271, 2485—2499, 7354
		邢	1179—1181, 3663, 8225, 8226
		邝	1705—1707
		赳	2171
		邪	3716, 6220—6226
		祁	3948
		邢	5683, 5684
		匠	0002, 2467, 2468, 6471, 6472, 7336
		臣	0170, 0340, 0977, 0986, 1215, 1358, 1711, 1924, 1996, 2270, 2283, 2341, 2431, 2528, 3003, 3137, 3193, 3972, 4308, 6099, 6115—6117, 6120, 6886—6909, 6971, 7013, 7035, 7070, 7100, 7113, 7166, 7183, 7244, 7510, 7579, 7640, 7866, 7930, 7949, 8098, 8372, 8395, 8482
		匡	0823, 0895, 1436, 1577
		匥	2257
		㕛	4299
		芒	1653, 2684, 5665, 6269
		艻	2724

索引表6—8

		芝	5328
		芋	5794, 5795, 5801
		成	0064, 0190, 0546, 0739—0743, 1567, 1607, 1741—1743, 1932—1951, 1960, 1974, 1997, 2279, 2528—2531, 2561, 2895, 3274, 3373—3375, 3724, 3796—3808, 3973, 4155, 5316, 5352, 5530, 5531, 5986, 5987, 6202, 6526, 6527, 6923—6929, 7097, 7098, 7211, 7297, 7951, 8153, 8232, 8234, 8271, 8278, 8279, 8483, 8809
		戌	1862, 2530, 3607, 7473
		戍	5319, 5654
		戒	1686, 1962, 2140, 2608, 2984, 4207
		戎	5741, 6506, 6896, 7011, 7070, 7502, 7643, 7739, 7756, 7757, 7832, 7932, 8050, 8051, 8372, 8519, 8607
		尖	0120
		夸	1090, 6892, 7007, 7183, 8020, 8021
		寺	0344, 1555, 5400, 6195—6196, 6433—6451, 9354
		圭	7161
		夷	0477, 0856, 2860, 3284, 5786, 5979—5981, 6619
		吏	0005, 0113, 1582, 1583, 1595, 1620, 6288, 6597, 6773
		朳	1480
		朹	6334, 7694
		圹	1509—1518, 1528, 1550, 1551
		地	2207, 2375, 2380, 2584, 2695, 2712, 2840, 2884, 2945, 3391—3393, 3851, 3992, 3993, 4312, 5768, 7560, 7568, 7572, 8169, 8576
		厉	1602
		厌	4305
		在	3952, 9050, 9086—9090
		有	4797, 5018, 5019, 5061, 5062, 5067, 5144—5173,

索引表6—8

		有	5176—5194, 5903, 7030, 7790, 8543, 8783, 9084, 9085
		死	0553, 6862, 7937, 7938
		百	0667, 1666, 4398—4407, 4797, 4799—4805, 4810, 4811, 5144—5157, 5181—5185, 5492, 5878, 5898, 5903, 7330, 8754—8761
		耳	0678, 0679, 0814, 0888, 0934, 1086, 1331, 2284, 2411, 2767, 2768, 3587, 3873, 7103, 7118, 7612, 8490, 8782
		西	1157—1162, 1568, 1574, 1579, 3654—3659, 5413, 5414, 5768, 6524—6538
		至	6909
		正	0125
		吉	0174, 0197, 0222, 0526, 1384, 1385, 2409, 2968, 4434, 4435, 4437—4447, 4542, 4543, 5067, 5102, 5879, 5886—5888, 7056, 7583, 8770, 8836, 8934, 9066, 9162
		荆	0445, 1179—1181, 9252
		共	0680, 2135, 2201, 2202, 2954, 4495—4518, 4520, 4521, 6531, 6532, 7152
		迁	2119
		老	2534, 4332, 4596
		芔	2751, 2756
		互	3951
		亖	5111—5113, 5116, 5117, 5129, 5130, 5140—5142
		伇	5337
6	竖	吒	1194, 3956
		吁	3738, 3739, 5431
		吐	4876, 4877
		吕	2635—2640, 4348, 5656—5659, 6263, 7533—7555
		占	8993

			同	0320, 0710, 1692, 3018, 3333, 3476, 3648, 4185, 5050, 5051, 5901, 6989, 7253, 8328, 8442, 8719
			网	2242
			曲	0089, 1525, 1526, 2089, 2894, 4745, 4746, 5298—5301, 5306, 5376, 6335, 6597, 7698
			让	0778, 0848, 0904, 0941, 1302
			此	1415
			卡	1600, 1838, 2023, 2400, 2471, 3294, 3110—3112, 3221, 3346, 3600, 3601, 4068
			虫	1744, 2131, 3125
			团	1851
			旱	2830
			光	6999, 7144, 7159
	6	撇	仸	0112, 0487
			任	0329, 0330, 0699, 1096, 2868—2871, 6336—6338, 7275, 7709—7753
			仲	0495, 0496, 3109, 4875, 7242, 8668
			休	0717, 2593, 2662, 3040, 5775, 9297
			伊	0718
			伍	3648, 3649, 5411, 5760—5764
			伙	5688
			佤	6246
			仏	7034
			伐	7411, 7657
			邔	0329, 0330, 2868, 2870, 2871
			邹	1524
			那	2270, 2272, 2273
			邲	2685—2687, 5666

索引表6—8

		邦	3679—3684
		多	0772, 2074, 2075, 5618, 6984, 7029, 7030, 7306, 7518, 8148
		名	7113
		各	0804, 0805
		各	0804, 0805, 1532, 2175, 2176, 2177
		匈	1594
		旬	1793, 3752, 3753
		刉	2587
		刉	3757
		廷	6498, 7910
		延	7111, 7202, 8216, 8622, 8716
		行	0013, 0089, 0741, 1150, 1498, 1592, 2441, 2727, 3727—3730, 3931, 3932, 4724, 4725, 4890, 4981—4989, 5049, 5102—5105, 5138—5143, 5204—5250, 5254, 5344, 5362, 5379, 5384, 5416, 5423—5430, 5483, 5716, 6003, 6097, 6468—6470, 6589, 6590, 6760—6762, 6877, 7201, 7920, 8092, 8227, 8894, 8920, 8950, 9003—9011, 9056, 9084, 9207, 9208
		朱	0497—0506, 0641, 0862, 1301, 1348, 2253, 2632, 3275, 4220—4229, 5840—5843, 5845—5847, 8679—8683
		后	0931, 1631, 3689, 3690, 5338
		臼	0942, 1035, 7120
		舟	1297, 3069
		兇	1594
		杀	2144, 3598
		肌	2227, 3195
		向	2306, 3707, 8091
		先	2377, 4287

索引表6—8

		缶	2644
		凶	3259
		荔	3494
		年	4278, 4399, 4400, 7442, 8437, 8936
		狄	4281
		旨	4197, 5825, 6949
		自	5297—5302
		兆	5492
		夙	5725, 5726
		朵	6866, 7410
		全	7705
		竹	8684
6	点	汲	1205, 2410
		池	1576, 5992, 5993, 6278, 6362, 7403, 7537, 7698, 8193
		汋	2449, 2475, 2857, 3233, 3612, 4120, 4121
		江	2463, 5344, 6181—6183, 6187, 7325—7329
		汻	3259
		汝	6342—6346
		汗	7613
		安	0001, 0010, 0241, 0475, 0517, 0545, 0624, 0625, 0666, 0754, 0807, 0969, 0984, 1422, 1437, 1438, 1584, 1607, 1664, 1665, 2094, 2107, 2125, 2626, 2765, 2805, 2931, 3121, 3772, 3888, 3947, 4153, 4234, 4374—4397, 4467, 5081, 5304, 5305, 5343, 5621, 5869, 5907—5921, 5974, 6019, 6178, 6577, 6578, 6603, 6687, 7000, 7280, 7336, 7338, 7533, 7534, 7702, 8232, 8271, 8476, 8477, 8566, 8650, 8740—8751
		宅	7927
		字	0298, 9300

索引表6—8

		守	0337, 1461, 1490, 1493, 1524, 1542, 1836, 2558, 5024—5029, 6165, 6166, 6187, 6244, 6245, 6333, 6430, 6431, 6456, 6457, 6833, 6834, 6845, 7817, 7818, 8901
		㝉	4231—4233
		亥	0276, 0380, 0882, 1147, 2268, 2269, 6986, 8497, 8584, 8811
		交	0381, 1789, 5326, 5619, 7694, 8840, 8841
		亦	1193, 3842
		衣	6374—6376
		充	7714
		㐤	0090
		邟	2092, 2093
		邡	5362
		羊	0472, 0473, 1185, 1186, 1673, 3647, 3751, 3794, 3795, 4810, 4811, 4861—4865, 5433, 5434, 9257
		并	0499, 0542, 0670, 0671, 1699
		米	0576
		州	1600, 1946, 3068, 3651, 5307, 5354, 5414, 5450, 5472, 5473, 8669—8671
		辿	2102
		庀	4231—4233
		次	7405
6	折	防	0791, 1139
		阱	1441, 2424
		阾	1540, 1541
		阩	2748
		阪	6322, 6323, 6324

		如	0248, 1111, 1112, 1859, 1860, 2028, 2425, 3037—3039, 3293, 3493, 3605, 3864, 3907, 4084, 4353, 4354, 5011, 6853, 7616, 8602, 8620, 8958
		妃	5556
		好	6136
		迆	0029
		巡	1054, 1278, 1721, 1866, 1927, 2030, 2307, 2308, 2361, 2492, 2674, 2713, 3270, 3500, 3703, 3925, 4091, 5626
		邟	2410
		邗	3895
		孖	2509
		弜	3251
		厽	0472, 2484
		昌	0685
		丞	1436, 1581, 1610, 1931, 2936, 3372, 5907, 5911—5915, 5918, 5920—5924, 5927, 5928, 5929, 5932, 5938, 5939—5943, 5945, 5946, 5948, 5958, 6007, 6011, 6087, 6131, 6132, 6164, 6170, 6223, 6228, 6230, 6248, 6292, 6303, 6339, 6356, 6394, 6454, 6455, 6507, 6543, 6570, 6664
		收	4333
		牟	6023, 7265, 7320, 7441, 7605
7	横	邢	0158, 1695—1698, 5499
		邼	1288
		㧁	1642, 4246
		邯	2270—2276, 6126—6133
		邺	5797, 5798
		邭	6316
		邧	7235

索引表6—8

		圬	0212, 5572, 5640, 5841
		坉	1291
		均	1793—1796, 1982, 2066, 2083, 2138, 2229, 2295, 2347, 2427, 2428, 2670, 2976—2978, 3196, 3423, 3424, 3750, 3777, 3874, 4023, 4024, 5348
		坂	3845—3847
		坍	8713
		柏	2117
		杜	0214, 6041—6048, 7000—7020, 8673
		杤	0617
		材	6838
		杞	7219
		芸	0238
		苊	2100
		芏	5499
		芥	5499, 7347, 7348
		芮	8051
		拐	3668
		扶	7078, 7852
		投	7915
		把	7936
		匼	0098, 0122, 0742, 0816, 1076, 1167, 1890, 1891, 2256, 3708, 3935, 9261
		医	1601
		囸	1679, 1892, 1893, 2792, 3077, 3165, 3646, 3677, 3871, 4170
		庌	0274, 0286, 0414, 0469

索引表6—8

		厌	3801
		瓱	6011
		弄	0579—0581
		弄	2749—2756, 5678, 6304—6308, 6381, 6382, 6611, 6625
		奔	5365
		㞃	0022
		否	0451
		㕘	3898
		迆	1950
		进	7349
		杢	2567—2570
		李	5354, 5643—5646, 7389—7496
		車	0012, 0169, 0566, 0644, 0738, 0916, 1459, 1489, 1636, 1738, 1739, 2061, 2446, 2628, 2675, 3054, 3508, 3509, 4335, 5982, 5983, 6094—6096, 6429, 6433—6435, 6587, 6589, 6732—6735, 7078, 9353
		攻	0014, 0018, 0036, 0075, 0099, 0123, 7141
		豕	0059, 1003, 1197, 2740, 2786
		志	0218, 0562, 0564, 1456, 2306, 3520, 4118, 4450—4456, 5190—5194, 5532, 5559, 5738, 5826, 6951—6954, 7762, 8345, 8552, 8553, 8706, 8790—8795, 8962—8965, 8979
		㝈	0219
		束	9301
		耴	0400, 2443
		吾	0435, 0437, 0438, 0477, 5759, 7919, 8182
		圭	0648, 0649
		豆	0660, 2059—2062
		赤	0748, 0809, 2130, 2215, 2416, 3820, 3975, 4306, 4309, 4324, 7263, 7404

索引表6—8

			罘	0525, 0526
			男	0973, 0974
			邔	0604, 0605, 0606
			郘	2081—2085, 2091
			邾	4253, 4254
			吷	2286, 2287, 3130, 4245
			呀	5602
			哎	7169
			坒	0587
			夹	1334
			囩	2274
			困	5861
			志	0009
			步	0216, 3192, 5656, 5959, 6876, 6877
			杢	0616
			盯	1036
			貝	9281
			肖	1144, 1268—1273, 1276—1284, 1630, 1631, 3959—4152
			坒	1463
			盰	1519
			冏	2476
			粤	2765—2770, 2772—2787
			刞	4265—4268
			迏	5743
			岐	6329
			别	7371
			何	0261, 2328, 5699, 7417, 8196, 8267
			攸	0455

索引表6—8

		佗	0503, 1336, 1988, 2151, 2241, 2276, 2489, 2616, 3148, 3224, 3631, 3785, 4075, 5578, 5674, 7013, 7114, 7148, 7464, 7465, 7551, 7708, 7858, 7893, 8074
		但	0569
		作	0569
		佑	0590, 0618, 0619, 1173
		住	0917, 0948, 1146, 1209
		伶	1489
		佃	1986—1988, 3269
		伭	3040, 9297
		估	3342
		位	4707—4709, 5136, 5137
		佐	6479, 6827, 6828, 9045
		但	7656, 8285
		邱	0326
		郐	0517, 0519, 0527
		那	0640
		邻	0773
		邸	1606, 6205—6211, 6404
		邰	1667—1669
		邡	2503—2509
		邹	4252
		郜	5692
		狄	0754—0756, 1762, 1978—1980, 6975
		犰	1231, 1232, 3885—3887, 4798
		狂	1798—1800, 2429, 2981, 3427, 4026, 4027
		犹	1894
		狆	4074

索引表6—8

		犴	4092
		犹	7325
		狃	7618
		余	0224, 0257, 0404, 0479, 0506, 1252—1256, 1623, 1624, 1647—1649, 1985, 2248, 2249, 2402, 3056, 3125, 3936—3938, 4106, 4188, 4247, 8436
		夆	3369
		佥	4318, 4319
		返	0902
		迎	4167, 8380
		私	1358, 1887, 2678, 3072, 3188, 3189, 3474, 4106, 4226, 5020—5022, 5033—5047, 5049, 5077—5080, 5188, 5216—5250, 5626, 5720, 5843, 5945, 5946, 5949, 5950, 6414—6428, 6520, 6646, 6792, 6963, 6976, 7023, 7058, 7119, 7837—7850, 8113, 8137, 8275, 8426, 8699, 8700, 9100—9137, 9356
		利	2564, 2565, 5627, 6241, 7500, 7521, 8288, 8514, 8515, 8599
		秀	5430
		秃	7267
		角	0755, 1207, 2177, 2630, 2631, 2761, 2969, 3356, 4014, 5850, 7725, 8202, 8674
		奂	7091
		妥	3569, 7221, 8446
		孚	3997, 5306
		㣇	0357, 0434, 5626
		身	0636, 1421, 1672, 1829, 2020, 2021, 2145, 2177, 2238, 2302, 2470, 2479, 2542, 2844, 3218, 3558, 3794, 3881, 4057, 4211, 4286, 4429—4432, 4525, 4526, 4642—4644,

索引表6—8

		身	4900, 5016, 5017, 5095, 5098—5100, 5106, 5107, 5261—5284, 5288, 5904, 7057, 7141, 8743, 8973, 9051, 9055, 9063—9065
		肝	0751, 1055, 1343, 2837
		兵	0985, 0997, 1571, 6493—6495, 6506
		谷	1991, 2884, 3557, 3946
		告	2170
		㝥	5610, 5698
		我	6863
		欤	7311
		系	8086, 8534, 8616
7	点	沔	0305, 0306
		汪	1561, 7933—7935
		冲	1957—1959
		汨	3458, 3459, 3560
		沄	3726
		汜	5321, 5414
		沅	5458, 5796
		次	7198
		决	7216
		沈	7784
		宋	0345—0347, 1054, 1055, 3204—3245, 5372, 5721—5723, 5790, 5865, 7853—7863, 8062
		审	1292
		宅	1333
		宵	1490
		宝	2050
		宇	2533

索引表6—8

		牢	2533, 2817
		实	3336—3338
		究	8258
		忻	0353, 1235, 1236, 2029, 2246, 3301, 3496, 3497, 3723, 3932, 4087, 4187
		忳	0533
		忬	1879, 1880, 4214
		忏	2243
		忧	5564
		快	7067, 7380, 7433, 7666
		社	0333, 5977
		祀	4705, 5998, 5999
		疠	1340, 9343
		疜	1935, 8386
		弟	1763, 2001, 2345, 2612, 3261, 8487, 8967
		羌	2835, 3453, 5018, 5019, 7193, 7330, 7332—7334
		亘	4433
		罕	6134
		辛	0442, 0443, 0496, 1007, 3300, 3495, 3718—3722, 4086, 8221
		言	0541, 1293, 1391, 1596, 2393, 3755, 4329, 4726, 4898, 4990—4998, 5097—5101, 5780, 7057, 7604, 7786—7788, 8902, 8903, 8922—8931
		良	0607, 0833, 0952, 0953, 1248, 2539, 2579, 2580, 3924, 5357, 7295, 7504
		忘	1852, 4796
		启	2645
		邔	0096

索引表6—8

		冶	3824
7	折	郚	0357—0359
		郔	0467
		郱	2100
		郏	2838—2849
		郉	5498
		邵	5703, 5817—5820
		阿	0048, 3959, 5369, 6020, 6320
		陆	1523
		附	1708, 2323, 2769, 2839, 3268, 3398, 3669, 3853, 3892, 3952, 4273, 5510, 5538, 5565, 5584, 5673, 5794
		陎	5861
		姊	0121
		姒	0328
		妐	0617
		姉	7608
		弦	0244
		弥	1224
		即	0684, 0935, 0936, 1062, 6161—6165, 7297
		卲	1538
		君	0019, 0020, 0032, 0033, 0565, 0569, 0980, 1422, 1434, 1437, 1438, 1454, 1463, 1470, 1485, 1567, 1584, 1585, 1598, 1607, 2294, 2426, 2975, 3332, 3564, 3679, 3776, 4303, 4361, 4737—4744, 5158, 5159, 5346—5348, 5376, 5377, 5383, 5388—5391, 5441, 5615, 5676, 5973, 5974, 6121, 6122, 6178, 6202, 6512, 6588, 6608, 6697, 6975, 7180, 7367, 7548, 8666, 9051
		巠	0104
		怂	0182

索引表6—8			
		訇	0199
		忌	0227, 0391, 0442, 2511, 2545, 2649, 3135, 4012, 6947, 7298—7303, 7421, 7529, 7692, 7763. 7897, 8332, 8726
		尾	1134, 3558, 7585
		戺	1665, 3659
		玥	3746
		壮	0657, 5850, 8634, 8657, 8689
		改	7090, 7101, 7805, 7980
8	横	苹	0052
		英	0114, 3922, 5460
		苿	0219, 2101, 7079, 7561
		范	0266, 0575—0578, 0784—0790, 2081—2091, 5555
		苴	0445, 7360
		苟	0563
		苺	0609, 0967, 0968
		茅	0688, 1494, 5667, 7588—7593
		茝	1191
		苏	1530
		苙	2067
		苦	2528—2531, 7060, 8171
		若	2898, 7758
		苷	4278, 4279
		苑	5460, 5924—5926, 6014, 6027—6029, 6045, 6046, 6837, 8432
		苟	5630—5636
		苗	7600
		茉	7602
		苞	8763

索引表6—8

		坿	0003, 0004, 0022, 0030, 0061, 0096, 0228, 0609, 1521, 1522, 1537, 1833, 1834, 2147, 2239, 2437, 2543, 2915, 3005, 3220, 3762, 5485
		坬	0041, 1887, 2193, 2676, 3190, 3191, 3471
		均	0258
		坪	0611—0614, 1504, 5369, 5370, 5616
		坤	1043, 1704, 2469, 2982, 3623
		坨	1106, 3665, 4255
		坡	2843, 3450, 3596, 4042
		坷	9249
		坼	5984
		柜	0602
		枛	0617
		析	1028, 3660, 3661
		松	1053
		枝	2103
		林	6349, 6350, 6360—6362, 7667
		枚	7089, 7595, 7596, 8368
		枝	7532, 8344
		耶	0094
		郲	0335, 0344, 5400, 9354
		部	0937
		邳	2797, 2798
		郎	4327
		邿	5576, 5577
		邽	6542—6544
		述	0146, 0338, 5350, 5401, 5437
		迴	0161

索引表6—8

		迖	0179, 0347, 1706, 1716, 1820, 2235, 2236, 2656, 2911—2913, 3139, 3306, 3322, 3461, 3462, 3628, 3680, 4049, 4290, 4291, 4798
		証	1286
		迊	1458
		逐	1130, 1309
		厑	2056
		居	3310
		厩	1602, 3848—3853, 3855—3867, 3869—3872
		麦	0144, 5359
		坴	1499
		青	1861
		奔	0303
		奇	0897, 0966, 1351, 1814, 2788—2795, 3515, 5643, 7736
		委	1655
		取	1023, 1525, 1577, 5695, 7321
		耴	3320
		耵	5737
		姁	0201, 2320
		矸	0358
		青	0749, 1142, 1386, 1387, 1521, 1957—1959, 2372, 3367, 3457, 3886, 4544, 4548—4561, 5374, 5715, 5960, 7688, 7689, 9052, 9053
		表	1734
		抽	3418
		拑	7446
		劝	5806
		刳	5817

索引表6—8

		其	0004, 0115, 4604—4616, 4645, 4797, 5061, 5062, 5475, 6846, 7191, 7831, 8603, 9211, 9212
		長	0005, 0006, 0007, 0108, 0165—0168, 0569, 0572, 0675—0737, 0973, 1378—1383, 1434, 1731—1923, 4414—4433, 5314, 5974—5981, 7001, 7262, 7946, 7947
		事	0008, 0010, 0062, 0223, 0278, 0564, 1038, 1325, 1440, 1613, 1629, 1730, 2926—3102, 4213, 4646—4704, 4961—4967, 5048, 5128—5130, 5502, 5707—5710, 5723, 5897, 6724—6728, 7367, 7789, 7815, 7857, 8746, 8849—8860, 8899, 8900, 8927—8931, 8949, 8975—8978, 9050
		東	0014, 0015, 0210—0213, 0225, 0573, 0760—0768, 1990, 1991, 5306, 5326, 5381, 5382, 5420, 5551—5554, 6019—6029, 6244, 6245, 6582, 6981
		武	0014, 0082—0084, 0215, 0296, 0434, 0627—0630, 1038, 1156, 1569—1573, 1595, 2152, 2244, 2624, 2778, 3024—3026, 3483, 3484, 3650—3652, 3862, 4163, 5765, 5766, 5918, 5973, 5978, 6121, 6122, 6520—6523, 6592, 6836, 6919, 7083, 8083, 8084, 8182, 8184, 8185, 8248, 8470, 8615
		卓	0104
		者	0140, 0568, 1285, 3515, 3937, 3938, 4078, 5474, 6091, 6092, 6150—6153, 6298, 6299—6301, 6528, 6529, 6616—6618, 6769, 6770, 6771, 7454, 7571, 8343, 8391, 8646
		奉	0579—0581, 3719, 3996, 6063, 6064
		直	0627, 1885, 2502, 2803, 3067, 3517, 3518, 3699, 8661
		㪍	0722
		盉	0944
		皆	1437, 1438
		酉	1684, 2581, 2600, 3620

索引表6—8

		亟	3074
		亞	3302, 5432
		昔	3662, 3663
		悉	5260
		衦	5648
		臥	6372, 6373
		到	7031
		來	8162
		建	8366
8	竖	昌	0005, 0565, 0877, 1372—1378, 1412, 1433, 1454, 1496, 1695, 2128, 2336, 2731, 3205, 3969—3971, 4180, 4241, 4404—4407, 4415, 4438—4447, 4468—4473, 4542, 5018, 5019, 5303, 5304, 5500, 5571, 5590, 5955, 5956, 5973, 6030, 6885, 6965, 7063, 7085, 7397—7399, 7535, 7536, 7632, 8251, 8571, 8722, 8765—8771, 9086—9090, 9139—9158, 9288
		炅	0470
		易	0637—0639, 3844
		昊	1268
		戾	1881, 2078, 2205, 2905, 3271, 4108
		黾	3978
		昆	7386
		固	0379, 0551, 1462, 1709, 1776, 2007, 2082, 2532, 2806, 2833, 3406, 5705, 6114, 6960
		困	2865
		忠	0767, 1386, 1387, 1401, 1419—1421, 1945, 2550, 5904—5906, 6931, 7912, 8460, 8694, 8707, 8877, 9015—9041, 4548—4561, 4730, 5259—5296
		赴	1037

索引表6—8

		邮	1524
		邵	2635, 5656—5658
		迪	1931, 2213, 2389
		迪	3688
		岢	5637
		岸	7824
		坐	4117, 4357
		罘	0024, 0084, 0094, 0095
		尚	0117, 0628, 1160, 1407—1412, 1627, 1628, 1639, 2623, 2867, 4895—4899, 5702, 6069, 6284, 6367—6383, 7289, 8055, 8611, 8760, 9163—9176
		非	0216, 0298, 7405, 7976, 8235, 8783
		虎	0932, 2097, 2380, 2381, 5552, 6141, 6381, 6382, 6887, 7652, 8296, 8826—8829
		叔	1039, 3108—3112, 3323, 3324
		肖	1274, 1275
		沓	1975, 7138
		明	1392—1401, 1412, 1415—1418, 8654, 1979, 2993, 3625, 4038, 4039, 4425, 4426, 4763—4795, 5827, 9052, 9053
		果	2206, 4004, 5756, 5829, 7769, 7996, 8808, 8809
		咼	2421
		盰	4089
		典	5325, 5910, 5972, 6012, 6013
		帕	5514
		具	0011, 6199, 6200
		畁	6863, 6864, 8211
		岠	8309
		别	8717
		肯	0173

索引表6—8

8	撇	使	0021
		佴	0532
		侗	0887, 0946, 1675, 2024, 2514—2527, 3655, 3930
		佢	1290, 2734, 3661, 5652
		佳	1985
		侃	3622
		佯	4230
		佩	6369
		侈	7954
		依	8336
		邾	0498—0505, 2042, 4221—4225, 4227—4229, 5844, 5848, 8681
		郇	1524
		郐	1656, 2176
		邵	2116
		郄	3669—3678
		征	1286, 5412, 5453, 5463, 5464
		徂	1819
		往	3021, 3557
		徕	3730
		彼	6862, 7937, 7938
		金	0006, 0007, 0037, 0268, 0269, 0616, 1024, 1261, 2484, 4330, 4595, 4806—4808, 5052—5060, 5122, 5148—5150, 5160, 5576, 5618, 5619, 5653, 5902, 6524, 6525, 8009, 8183, 8935, 9085
		舍	0041, 0444, 2019, 4280, 5994, 6861, 7115, 8226, 8243, 8730
		命	0154, 0283, 4597—4603, 4954, 4955, 5436, 5479

索引表6—8

		侖	1493
		肮	0250
		肥	1311, 2095, 2635, 2951, 2991, 3197, 5557, 7978
		服	1316
		胈	1986
		采	1708—1719, 2883, 5960, 5961, 6159, 6524, 6525
		受	0490, 0668, 0909, 1004, 2763, 3902
		圼	5484
		忩	1255
		念	4175
		念	8957
		狐	0283, 2372, 2615—2617, 2629, 6950, 7259—7261, 7418, 7510—7514, 7767, 7971, 8001, 8669
		狗	0681, 1292, 2909, 6304, 7989, 8804
		迬	0774—0776
		迶	1941
		卑	0002, 0436, 5493
		尛	0013, 3384
		攺	0294—0296
		垂	0350, 0351
		帛	0672—0674, 0800
		周	1298—1300, 3523, 4201—4219, 5828—5839, 7017, 7301, 7385, 8402, 8403, 8672—8678
		坓	1424, 1443, 1461, 1478, 1491, 1496, 1504, 1506, 1523, 1532, 1546, 1591, 1598, 1599, 1601, 1654, 1656, 1659, 1660, 5433
		咨	1457, 5569, 5795
		匋	1500, 1501, 1561, 2269, 7899

索引表6—8

		佥	1572, 1607—1609, 3876—3884
		制	1632
		和	1638, 1778, 1942, 2322—2327, 2661, 2689, 3280, 4005, 4299, 4537—4541, 4888, 4889, 7239—7242, 8499, 8815—8824, 8980—8984, 8986—8988, 9061
		兔	2387, 3710
		羍	2653, 2654
		炙	3304
		欣	3617, 6905, 6906, 7113, 7741, 8222, 8456
		所	5733
		牧	6659
		笘	7032—7034
		季	7304, 7305, 7422, 8004, 8218, 8503, 8590, 8690
		兒	7624, 7761, 7973, 9251
		牫	7687
		秉	7826
8	点	泋	0157
		波	0345, 3247
		洧	0573
		河	0574, 6137, 6333
		沃	0591—0594
		沟	0596—0600
		沽	1685, 1705, 1774, 1972, 2205, 2289, 2290, 2420, 2770, 2771, 2858, 2881, 2955, 3404, 3658, 3733, 3759, 4000, 4296, 7990, 8293, 8689
		法	2331, 2373, 3129, 3397
		沱	2359, 3020, 3367, 3685, 3686, 3687
		浅	2517

索引表6—8

		泪	2557, 2558
		泫	3042
		泣	3215
		洎	7429, 8035, 8509
		泠	7508
		治	7926, 8863, 8879—8892, 9006—9011, 9029, 9030
		油	8659
		宛	0114, 1528, 1556, 1559, 1560, 1610, 1619, 1636, 1643—1645, 1662, 5327, 5344, 5368, 5379, 5384, 5386, 5415, 5420, 5430, 5740—5742, 7930—7932
		宗	0509, 1501, 4241—4244, 5303, 6781—6783, 8751
		定	0813, 1989, 5588, 6015—6018, 7526, 8531, 8740, 8779, 8780
		空	0946, 1040, 1451, 1497, 1547, 1548, 1561, 1615, 1632, 1640, 1641, 1653, 2514—2527, 3113, 5395, 5961, 6106—6111, 6285, 6513, 6514, 6661—6663, 6804—6807, 6829, 6842, 7370
		官	1425, 1455, 1458, 1459, 2885—2890, 3878, 4376—4396, 4416—4424, 4523, 4524, 4946—4951, 5109—5117, 5333, 5339—5342, 5363, 5411, 5418, 5421, 5445, 5459, 5463, 6000, 6115—6120, 6197, 6238, 6239, 6292—6294, 6393, 6405, 6454, 6463—6467, 6530, 6590, 6646, 6741—6743, 6792, 7765—7780
		宝	1910, 4231—4233
		宜	3327, 3656, 4874, 5108—5175, 6620—6623, 6772, 7255, 7475, 8980—8989
		宕	6970
		宙	9042
		疚	0458, 1338

索引表6—8

		疹	1670, 2900, 3237, 3362, 3535, 4300
		疲	1702, 3250
		疔	1863
		疼	1888, 2314, 2367, 3163, 3525, 4122
		疽	2379
		疹	2454
		疴	2796
		疳	3641
		郐	0337
		郊	1162, 3657
		郎	1457, 6228—6233, 6281—6283, 6362
		邢	1699
		郝	7230, 7233
		卒	0079, 5334, 5399
		夜	0475, 1869, 1870, 2309, 3229, 3681, 3825—3839, 5578, 6612, 6613, 7756
		亩	0607
		京	1466, 5475, 7179
		府	1424, 1430, 1443, 1447, 1452, 1453, 1461, 1478, 1491, 1496, 1504, 1506, 1523, 1532, 1546, 1591, 1598, 1599, 1601, 1611, 1654, 1656, 1659, 1660, 5312, 5331, 5351, 5362, 5397, 5409, 5423—5426, 5433, 5461, 5487, 5982, 5983, 6068—6072, 6171, 6291, 6300, 6301, 6310, 6368, 6369, 6375, 6376, 6379, 6380, 6384—6391, 6403, 6415—6427, 6442, 6443, 6482, 6483, 6520, 6538, 6587, 6652, 6673—6680, 6690—6694, 6732—6738, 6753—6755, 6760—6762, 6767, 6768, 6771, 6772, 6774, 6796, 6839
		庚	1773, 2004, 2005, 2728, 6923, 7986, 8494
		庖	6672
		祈	0024, 0084, 0094, 0095, 4798

索引表6—8

		袆	2966
		悦	0570, 0588, 0589, 0683, 0819, 1233, 1330, 1349
		怡	3503, 3504, 3609, 3610, 3841, 4096, 4097, 5374
		戕	0983
		戕	2823
		於	1219, 2243, 5453, 5457, 6671
		䏏	3111, 4328
		房	7313
		肩	7425, 7688, 7689
		盲	0511, 1807, 4270
		忝	1307
		妭	1974
		衧	3401
		穷	3943
		姜	5690, 7600, 7677
		卷	6201
		炊	6517, 6518, 7538
8	折	弜	1357
		弦	1166, 1254
		弢	1442, 1450, 1492, 1634, 1635, 1646
		弩	1442, 1450, 1492, 1634, 1635, 1646, 2757, 2758, 6050, 6220
		屈	0328, 1524, 5694, 8199—8206, 8319
		居	0673, 0773, 0779, 1209, 1269, 1270, 1520, 2973, 4268, 4321, 5627, 6191—6196, 7104, 7729, 8741
		屆	2971, 7727, 7770
		屄	5719
		始	0060, 5011, 8744

索引表6—8

		姓	0917, 0948, 1146, 1209
		姁	8665
		巠	0348
		叕	5445, 5477
		習	5804
		聿	0892
		妻	3073
		陛	1307
		陌	1523
		牂	1966
		狀	7019, 7304, 7486, 7821, 7836, 8135, 8347, 8405, 8555, 8697, 9044
		建	0027, 0820, 0821, 0892, 1089, 1187, 1788, 2538, 3421, 6178—6180, 7428, 7871, 7872, 8303—8305, 8504, 8505
		門	0024, 0026, 0038—0040, 0070, 0093, 0094, 0105—0107, 0129, 0131, 0141, 0146, 0636, 1433, 1449, 1488, 1506, 1574, 1578, 1579, 2689, 2690, 3658, 5325, 5366, 5381, 5382, 5413, 6981
		孟	0298—0302, 0969, 0970, 2693—2711, 6894, 7333, 7598, 7599, 8240
		帚	0648—0652
		胥	1238—0242, 3266, 3888, 3889, 3891—3894, 3896—3913, 3915—3918, 3920, 3921
		承	1436, 5989—5991
		甬	9247
		梁	1471
		隶	2103, 3876, 3877
		帠	2382
		香	2723—2726

索引表8/9—11

		郐	2876
		迢	3103, 3146, 3297
		炴	4322
		訋	5374
		终	5805
		娿	8781
9	横	相	0248, 0474, 1111, 1112, 1588—1590, 1594, 1859, 1860, 2028, 3037—3039, 3493, 3605, 3653, 3704, 3705, 3864, 3907, 4084, 4353, 4354, 4796, 5375, 5385, 6552, 6564, 6565, 6647—6649, 6793, 6794, 6795, 7015, 8198, 8619, 8620, 8953—8965
		桤	0575—0578
		柂	0751, 1962, 1963, 2647, 2877, 2938
		枰	1505
		枱	1527, 1528, 1568, 3192—3200
		柏	1670—1672, 4238, 6520, 6853—6855, 7032, 7116, 7372, 7391, 7710, 7940, 8273
		枯	2528—2531, 7217, 7665
		柁	2879, 4076
		柤	3192—3200
		柧	3749
		柾	4301
		柱	6011
		枸	6198
		柳	7517, 7886, 8025, 8600
		柖	7782
		柿	7816
		枳	0009, 0029
		郚	0116
		郫	0169

索引表9—11

		㙛	0270
		鄄	0290, 3731—3737
		郴	0327, 2862, 2863
		掷	1632
		鄂	2059—2062, 6997
		耴	2337
		垫	2566
		邼	2784, 3575, 3090
		起	5479
		郝	7228—7238
		荒	0262
		芘	0362
		茸	1026, 7452
		茲	1073, 1303
		茗	1544, 3740
		黄	5439
		荀	8261, 8262
		某	5668, 5669
		城	0014, 0016, 0019, 0064, 0191, 0574, 0596—0600, 0610, 0617, 0627, 0635, 0643, 0677, 0739—0747, 0808, 0883, 1007, 1250, 1435, 1443, 1463, 1477, 1478, 1492, 1539, 1597, 2280, 2583, 2612, 3724, 3798, 3801, 3802, 4292, 4320, 5372, 5380, 5452, 5988, 6262, 6314, 6319, 6336—6338, 6566, 6567, 6580, 6581, 6584, 6688, 6689, 6930, 6931
		垣	0630, 3951, 8442, 8443
		坫	1449, 2073, 2572, 3809
		垪	1700, 1735
		均	1794, 1982, 2347, 2976—2978, 3196, 4023, 4024

索引表9—11

		咸	6554—6563, 8197—8206
		覔	4325
		巷	0037, 0055, 3708—3715, 5771, 6637—6642
		春	0214, 1437, 1438, 3978, 5536, 5537, 6401, 6620
		酯	7791
		頁	0657, 5712, 5861
		畐	0797, 5013, 5014
		南	1449, 1498, 1578, 5366, 6045, 6046, 6278—6290, 6575, 7189, 7606, 7607, 8717
		革	2172, 5402
		串	5332
		耆	0528
		豈	0644, 8179, 9250
		要	5603
		葉	0766, 2031
		盇	2051, 3110, 4126, 4227
		苟	5581
		封	0017, 0570, 0648, 0649, 0658, 0796, 0931, 1769, 2098, 2104, 2952, 7060
		畞	0178, 0748
		盰	2258, 2404, 2495, 3097, 3576, 3865
		珗	3474
		昕	5350
		馮	7065
		虺	7065, 7501, 7574, 8588
		剠	8019
		荆	8238
9	竖	郢	0097, 0402, 3923—3925, 5444—5448, 5457, 7776

索引表9—11

		邔	0515
		郢	1304
		郣	5353
		郯	2086, 2087, 2090
		罞	1613, 3235, 3531
		罕	1667, 1764, 1765, 2072, 2133, 2601, 3395, 3396, 3650
		眠	2438, 3671, 3831
		眇	4315
		眇	7684
		盼	8034
		昧	2465
		昭	5462, 5816—5820, 8270, 8564, 8565
		昫	6596, 8167
		畏	0200, 0958, 1000, 2575, 3834, 4186, 5447
		敁	0365, 1063—1075, 1558, 1618, 3340—3354, 5405
		易	0001, 0016, 0027, 0050, 0051, 0058, 0092, 0093, 0573, 0601, 0602, 0603, 0615, 0629, 0636, 0647—0652, 0834, 1187—1196, 1308, 2225, 4314, 5371, 5376, 5431, 5435, 5436, 5440, 5441, 5458, 5553, 5757, 5760, 5769, 5784, 5786, 5803, 5835—5837
		星	0444, 3726
		冒	0453
		昱	2595
		是	2663—2667, 2852, 3583—3616, 5354
		曷	3293
		禺	1258, 2324, 3942, 8341
		骨	3461
		忍	0570
		思	1333, 1044, 1216, 2240, 2490, 4522, 5048, 7369, 7758
		郙	1305, 1306

索引表9—11

		思	8422, 8921—8931, 8959—8965, 8997—9001, 9020—9027
		坐	0244
		竖	1104
		贞	0616, 0641, 9002
		峀	1026
		虐	2540, 3115, 3253, 3290, 4333, 4340, 5541
		罔	5549
		味	1536, 1562
		峒	1944
		勐	5736
		虹	6139
		则	6858
		削	8231
		迪	8558
9	撇	信	0002, 0019, 0020, 0033, 0042, 0051, 0080, 0112, 0116, 0121, 0131, 0149, 0152, 0159, 0179, 0187—0189, 0194, 0209, 0214, 0230, 0232, 0241, 0255, 0269, 0274, 0277, 0280, 0294, 0302, 0307, 0311, 0314, 0315, 0317—0319, 0325, 0338, 0346, 0350, 0351, 0353, 0356, 0367, 0387, 0397, 0399, 0408, 0413, 0427, 0429, 0430, 0434, 0435, 0446, 0448, 0452, 0456, 0463—0466, 0469, 0471, 0485, 0496, 0498, 0499, 0508, 0522, 0524, 0530, 0546, 0555—5059, 0577, 0584, 0635, 0636, 1099, 1217, 1285, 1421, 1434, 1663 , 2479, 3348, 4429—4432, 4543, 4723, 5016, 5017, 5082—5101, 5107, 5189, 5261—5296, 6512, 6587, 6588, 7094, 7530, 8224, 8229, 8621, 8969—8971, 9031—9036, 9055, 9284, 9285, 9344, 9357
		俟	0254
		侯	0635, 1165, 2291, 2292, 2341—2371, 2501, 3801, 5314, 5474, 5988, 6138, 6221, 6286, 6359, 6593, 7249—7258, 8194

索引表9—11

		係	0715, 3149, 6961
		俗	1056, 7797, 7879, 8063, 8667
		修	5106, 9063—9065
		俈	5351
		保	5401, 6859, 6860
		俾	8638
		佫	0117
		後	0123, 1442, 2096
		峉	2177
		待	3260, 3926
		很	8000
		律	8416
		衍	3736, 6596, 8097, 8974
		胛	0165
		胍	0796
		胙	2043, 2073, 2846, 3358, 3527, 3805, 3942, 4124
		胐	2059, 2603
		胫	2565
		胴	2871
		胕	2907
		胸	6249
		肢	3449
		脉	4095
		郐	0446—0466, 3744—3746
		鄂	1482
		郞	2092
		郤	3679—3684
		郢	5330, 5564

索引表9—11

		郪	5430
		郯	5776
		郤	7708
		竿	0023
		笆	0266
		笋	5336, 5454, 5462
		逐	0045, 0058, 0112, 0116
		适	0537
		逯	0857
		牴	2340, 4171
		牁	5573, 7368
		牴	7967
		秋	0874, 1360, 1379, 4404—4407, 4812—4842
		秭	1325
		类	0755, 0756
		狢	2329
		狎	3676, 3767
		狡	6184, 7178
		狩	7751
		皇	0575, 0597, 0603, 0611, 0615, 0624, 0627, 0629, 0659
		皇	2389—2391, 5589, 6159
		胤	5376
		胤	5376
		敁	0687
		敁	5345
		爰	0405, 3156, 8441
		采	0161, 1413, 1414, 3145, 3270, 3271, 3295, 3474
		再	5444, 5533

索引表9—11

		重	0793, 0964, 1293—1296, 2280, 2924, 3522, 4160, 5827, 6775—6777
		乘	2129, 2182, 2183, 1952—1954
		命	2617
		俞	1607, 2181, 2704, 2705, 3946, 5452
		弇	9138
		泉	0616, 1312, 6775—6777
		鬼	1791, 3897, 4159
		鼻	3368
		禹	3944, 3945, 5793, 9315—9318
		負	5680
		矦	2291, 2292, 2341—2371, 2501
		备	2599
		怨	0183, 0364, 0424, 0542, 0550
		勉	0271
		敂	0477, 5815
		矩	2187
		剑	6840
		段	7021—7028, 7282, 7283, 7409, 7867, 7868, 7970, 8174
		钜	7382
		俎	8137
		舡	9050
9	点	窑	0076, 0882, 1062, 2374—2376, 2472, 3332—3334, 3962
		室	0569, 1540, 1541, 1588—1590, 5309—5311, 5313, 5447, 5467, 5470, 5471, 5992, 6191—6196, 6313, 6390, 6391, 6409, 6410, 6557, 6558, 6633, 6634, 6702, 6703
		宫	0668, 1425, 1461, 1498, 2800, 5935—5948, 6074, 6099—6111, 6281—6284, 6530, 6587, 6739, 6740, 7102

索引表9—11

		宏	1689
		客	3425，5378，5433，5446，5476，5480，8598
		窇	5305
		宬	5396
		突	6501，8071，8454，8715
		宣	6597，7084，7135，7705
		宦	5941—5944，6087—6092，6150—6156，8363
		穿	7157，7884，7958，8282，8573
		疽	0411，2577，2633，3537，3639，4140
		痏	0703
		疠	0724，0789，0867，3953，5707
		疾	1845，1965，4072
		痉	2167
		疥	2228，3621，4016，4017，7547，8453
		疹	2237
		症	3160
		疢	6922，7449，7703，7704，7883，7950，8371，8394，8464
		洛	0037，1532，6265，6266，6267
		洵	0616，2337，2432
		津	1431，1967，6621
		洱	2346
		洋	7204，7569，7597，8100，8537
		活	7781
		洗	8187
		治	8249
		怫	0150
		恀	0538
		恒	2336—2340，5586，6138，7245—7247，7340，8165，8662

索引表9—11

		恬	7152
		恢	7419
		袄	2099, 2184
		袄	2689
		衽	2869
		神	8359
		祝	4230, 5849, 6778—6780, 8686
		祖	5575, 7630
		祠	5997—5999, 6632
		诏	6902
		军	0028, 0119, 0363, 0644, 0653, 1318, 1519, 4200, 5319, 5349, 5432, 6203, 6204, 8176
		冠	6367, 6368
		冢	6774, 0243, 0283, 0528, 1436, 1486, 1487, 1596, 1597, 4224
		讯	0077
		计	2170, 3323, 5339—5342, 5349, 5489, 5615, 5616
		迷	2110, 2349, 3288, 3566
		迹	2669
		郗	0260—0262
		郤	2679, 2680, 5483
		姜	2464—2466, 7330—7335
		美	6270—6273
		差	7765, 7941, 8274, 8275, 9045
		娈	5370
		奕	6963
		庚	1602, 3848—3863, 3865—3872
		度	2070

索引表9—11

		均	2138
		距	2816, 2974, 3879
		亭	0081, 0145, 5475, 6040, 6399, 6499, 6559—6562, 6591, 6722, 7911, 7912
		亮	2572—2578
		言	9254
		首	0336, 1543, 5712, 5713
		酋	5516, 9246
		帝	2668—2677
		為	7672, 7898, 8075, 8246, 8247
		表	8640
		斾	1508—1518, 1576, 1627, 1628, 1970, 4043
		瓯	2382
		料	3312, 3960
		坎	3822
		炮	6672
9	折	陉	0584
		阰	3629
		陡	1562, 1717, 1830, 2399, 2501, 3105, 3616, 3629, 3809, 3901, 4059
		陛	2485—2498
		陏	3269
		郡	6022, 6205—6211, 6286, 6359, 6729
		除	6053, 7355
		陘	8228, 8229
		陕	8617
		紀	0263—0265, 7306, 7500
		緪	0734

索引表9—11

		紆	3933, 3934
		紋	5862
		癹	0446
		癸	1165, 3132, 3278, 5545, 7994, 8583, 8721, 8807
		癹	1450, 1492, 1634, 1635, 1646
		桼	2756
		娃	2685
		娾	7267, 7562
		姚	7622, 8356—8384
		姷	8114
		屖	0631, 0632, 0633, 3618
		眉	7158, 7322, 8190, 8191
		屏	8315
		负	3783
		怠	8863, 8879—8892
		胥	0155, 0236, 0309, 0467, 1451, 3740—3743, 6593, 7016, 7388, 7413
		柔	2074, 2075, 2875
		聿	4303
		费	7059
		坐	0230
		堕	0791, 1139
		弄	2157
		粒	2555, 5850
		叚	2831
		弳	3927, 4153—4175
		既	5453

索引表9—11

10	横	莫	0971, 1180, 1273, 1495, 2297, 2431, 2481, 2482, 2590, 3446, 3567, 4209, 5323, 5365, 5419, 5670, 5671, 7603, 7604, 8602
		葲	1653
		莨	1683
		華	1697, 1725, 1780, 1937, 2009, 2109, 2386, 2536, 2566, 2697, 2758, 2891, 2959, 3133, 3134, 3591, 3720, 3734, 3827, 4182, 5801, 6142—6144, 7273, 7611, 7816, 7931, 8732
		莨	2580
		茵	2694
		莜	3928
		茝	5966—5971
		茜	6843
		茶	8528
		莊	8687—8696
		桁	0050, 0100, 0124—0126, 3209
		栧	0749, 0750
		柏	1967
		桐	2526, 3356, 7370
		桃	3330, 3331, 6665—6667, 6814—6818
		株	4220
		样	5438
		桓	7280—7285
		栩	8254
		栖	8946
		唇	0523
		原	1763, 2345, 3949, 6456, 6457, 6501, 6686, 8445—8447, 8904

索引表9—11

		屠	2254, 4078
		廚	3076, 3166, 3167, 3242, 3529, 3915
		屢	4313
		厝	5321
		曆	5386
		耿	0235, 2953, 7114
		肨	0933, 0945, 1070, 1145, 1334
		耺	1758, 2343, 2942, 3774, 4263
		珇	2457, 3116, 3171
		聊	5478
		耽	8575
		都	0076, 0092, 0566—0568, 0575—0584, 0587—0589, 0591—0595, 0597—0607, 0610—0615, 0617, 0618, 0619, 0622, 0624—0626, 0628—0633, 0637, 0638, 0640, 0647—0651, 0658—0665, 1444—1447, 1468, 1505, 1538, 1598, 1655, 1657, 2207, 2221, 3249, 5315, 5768, 5986, 5987, 6030, 6040, 6075—6077, 6212, 6265, 6266, 6267, 6686, 7381, 7522, 7541
		鄑	1695—1698
		都	2795
		鄑	8186
		敖	0283, 0366, 0367, 5323, 5355, 5365, 5647
		故	0421, 0433, 0459
		啟	0705, 0865, 0927
		致	8346
		态	0220, 0417
		奞	0236
		豙	0366, 0367
		砠	0753

索引表9—11

		砥	0757
		破	8519
		栗	0279, 0950, 0951, 5440
		贾	0332
		秦	0323, 0324, 0467, 0829, 1021, 1274, 1817, 2541, 2850—2857, 2998, 3456, 3568, 3626, 3761, 3955, 4305, 5691, 6302, 6303, 7087, 7678—7686, 8241, 8411
		泰	6001—6003, 6213, 6458—6484
		连	0336, 0346, 0385, 0386, 0451, 5355, 5356, 5647, 7501, 7502, 7810, 7811
		逐	0721, 0758, 5478, 7645, 8404
		挚	6966
		恐	7378
		埒	1482
		琢	2945
		索	0847
		桒	1127
		袁	3950
		贰	1756, 2948, 3236
		贫	5439, 8574
		夏	0240, 0631—0633, 1164, 1165, 1355, 3688—3692, 5770, 6609, 8194, 8195
		晋	1064, 4206, 5620, 6247, 6248, 7350
		鬲	1507
		盍	2330—2335, 3562
		恭	4495—4521, 5578, 8904
		専	5309—5311, 7077
		耆	8038, 8568

索引表9—11

		馬	0038, 0039, 0040, 0051, 0065—0074, 0079, 0105, 0106, 0107, 0109, 0110, 0111, 0130—0135, 0139, 0293, 0339—0343, 0566, 0571, 0577, 0578, 0580, 0581, 0589, 0590, 0594, 0600, 0602, 0606, 0621, 0633, 0650, 0661, 0662, 0664, 0665, 0793, 0826, 0963, 0964, 1042—1052, 1326, 1448, 1457, 1529, 1531, 1544, 1552—1554, 1600, 1606, 1616, 1617, 1637, 1952—1954, 2141, 2275, 2662—2678, 2723, 2924, 3121—3184, 4160, 4239, 5345, 5397—5399, 5663, 5662, 5933, 6005—6008, 6021, 6022, 6094—6096, 6172, 6186, 6203, 6224, 6252, 6330, 6331, 6339, 6356—6358, 6545, 6546, 6571—6573, 6657, 6658, 6670, 6716—6718, 6751—6756, 6799, 6800, 6825, 7187, 7227, 7572—7578, 7794, 7824—7836
		垩	0792
		罪	1074
		酓	2650, 2889, 3754
		哲	7208
		酏	0439, 1046, 3664—3667, 5769, 7743
		軒	0657, 7774
		起	0698, 1183, 1298, 7192, 7445, 7506, 7596
		劤	2553, 2834
		殉	2829
		剤	4146
		捐	7364
		班	8762
10	竖	桌	0143
		慮	0956
		虐	2097, 2380, 2381, 5759
		蜀	1356

		虐	3036
		晐	0121, 0449, 1652, 2288, 2419, 2653, 2654, 7783
		晎	0570
		時	2924, 4449, 8082
		昍	0037
		罟	0292, 1775, 2006, 2223, 2956, 3405, 4001, 6113
		罒	3743
		眗	1036
		眠	3104
		剛	0582—0584, 7985
		剔	2691, 5633
		逞	5532
		悬	2641, 4036
		恾	5694
		圂	3704, 7181
		圁	6149
		帠	0103, 0112
		晏	0471, 7820
		娈	0026
		畢	5494—5496, 6866—6870
		員	8227, 8444
		岂	2884
		豈	3858
		郚	0637—0639
		勑	3917, 4298
		蚝	1317, 1332
		哼	2771

索引表9—11

10	撇	傷	0060, 2882
		倈	0142
		倰	0273, 0285, 0382
		倚	0398, 0399, 0858, 1009, 1032, 8208
		借	0893
		倠	0912, 0913, 1313
		脩	0946, 1595, 6591, 6592, 8094, 8095, 8231, 8972, 8973
		倫	1489, 1490
		俗	3543
		倌	5367
		倀	5504, 5505
		倳	5660
		倗	5679
		倓	5734
		候	5930—5932, 6034
		倍	9307
		郋	0045, 2721, 2722
		脼	2095
		郕	2327
		郪	2655, 5858
		郮	2838—2849, 4324
		郤	3949
		郴	4256
		郐	5661
		郵	6643, 6773
		郜	7819, 7820, 8266, 8279, 8397
		徒	0025, 0136, 0300, 0567, 0572, 0583, 0588, 0592, 0598, 0610, 0613, 0620, 0622, 0625, 0631, 0637, 0642, 0655, 0663, 1603—1605, 1621, 2861, 3185—3187, 3359—3362, 5542, 6772, 7132, 7916, 7917, 8224

		索引表9—11	
		徐	0446—0466, 3744—3746, 5776, 6594, 6595, 8232—8249
		徯	2611
		術	3209
		徺	8461
		狼	1457, 5922, 7387, 7388
		猖	1687, 4288
		猗	3670
		狚	8350, 8709
		狿	8728
		息	1856, 2026, 2895, 2917, 3028, 3485, 3863, 4223, 7673
		臯	1895, 1896, 2159, 2199, 2255, 2497, 2578, 2709, 3788, 4125, 4198, 4302
		臮	2062, 2676
		臫	2063, 2757
		臭	2453
		胖	1029
		胼	1251
		脂	1677, 2374, 2523
		胖	2329, 2875
		夆	0036
		彔	0037
		敊	5328
		造	0043, 5461, 5562, 6126—6128, 6132, 6133, 7781, 8122
		迷	0322, 0460
		逢	7061, 7062
		殺	0831, 1097, 2144, 3598
		般	5927—5929, 6646, 6792, 6856, 6857
		殷	7017, 7696, 7744, 8395—8406, 8625

索引表9—11

		恒	1897
		㹧	4139
		特	6488—6491
		隻	0164, 0246
		隼	0303, 0845, 0846
		乘	0236, 0371, 0375, 0410, 0572, 0643, 0707, 0762, 0840, 0881, 1034, 1035, 1060, 1098, 1192, 1228, 5747, 7117, 7794, 7952, 8705, 8761
		勑	5708
		豻	0942
		豹	3963, 5691
		乑	2763
		奚	4314
		秱	3267
		租	8702
		舠	5088, 5097
		射	6393, 7652, 8057, 8205
		釚	1690, 2519, 2699
		釚	5693
		釜	0008, 0010
		皋	1457, 7512, 8789
		臭	5787
		倉	0113, 0115, 5765, 5964, 6188, 6373, 6404, 6414, 6458—6462
		翁	8330
		烏	0436, 8166, 8167, 9322
		留	1169, 1249, 1271, 1490, 1804, 2074, 2737, 2752, 3430, 3779, 4033, 4327, 6253, 6502, 7272, 7515, 7516

索引表9—11

		眚	1949, 2273, 5557, 5726
		笑	7384
		翌	0131, 0132
		峇	0477
		罟	1322, 3564
		桀	2480—2483, 5533
		芻	0002, 0192, 0369, 6886, 6939, 8150
		虒	7061, 7437, 7456, 7851
		氪	2587
		師	0003, 0014, 0018, 0025, 0036, 0056, 0058, 0075, 0099, 0118, 0123, 0140, 0639, 0652, 2662, 2902—2907, 3219, 3470, 6093, 7795—7797
		卿	0167, 0211, 0234, 6927
		敏	0864, 1052
		刱	3043
		飮	5360, 5468, 6238, 6239
10	点	疾	0179, 0347, 0891, 1088, 1148, 1158, 1159, 1206, 1706, 1819, 2656, 2911, 3139, 3214, 3283, 3417, 3418, 3628, 3802, 4242, 7088, 7103, 7327, 7328, 7364, 7375, 7649, 7682, 8298
		痓	1730, 2080, 2663
		痭	1803, 2850, 2986, 3937
		痰	1823, 2738, 3082, 4051
		疵	1984, 3883
		病	1993, 2278
		痄	2447, 2494, 2764, 2913, 3062, 3837, 4109
		痘	2748
		疤	2791

		痀	2797
		疲	2904
		疝	3080, 3826, 4181
		疳	3159, 8124
		痄	3276
		疾	3536
		痂	4013
		症	7474
		海	0573, 6124, 6285
		泳	1022
		浃	1326
		涅	1877, 1933
		涓	2510, 2511
		浩	3279, 5730
		浮	3998, 6067
		流	5360
		涉	5520, 5663
		溼	5979—5981, 6186
		浦	6049, 6253, 6593
		浴	6284, 6377—6380
		酒	7029
		涚	8178
		案	0155
		宻	0614
		容	0617, 1040, 1630, 1822, 2872—2874, 4293, 6340, 6341, 6939, 8608, 9319
		宰	1441, 5459, 5799, 6484, 6708

索引表9—11

		家	1464, 1465, 2415, 6171—6175, 6186, 6356—6358, 6545, 6546, 6859, 7310, 7311, 8158, 8526
		宩	2579
		宛	5564
		睿	7149
		害	7619, 8812
		惬	1889, 1956, 2463
		悖	2101
		悒	3106
		唉	5770
		悍	6924, 7214, 8294, 8498
		悝	7317
		悎	8660
		悔	8833, 8834
		悌	8967
		郷	0058
		郟	0095
		郭	0210, 0881, 1637, 2212—2266, 6123, 7163—7210, 8663
		郯	0617, 6485
		郫	1657
		郲	4251
		部	8568
		眴	0131—0134
		玿	2052, 3311, 3948
		玻	2843
		珅	2895
		珏	3581
		鸵	4255

索引表9—11

		祢	1969
		被	2693, 7864, 7988
		衫	4176, 4177
		袙	5514
		詔	7194, 8056
		祥	7629
		訏	0214, 4543, 5773, 5774, 5905, 5906
		訓	0182, 5534, 5550, 5623—5625, 5634, 5779, 5799, 7576
		訑	2514, 3799
		訐	8008, 0221
		唐	0075, 0362, 5384, 7073, 7461, 7462, 7896—7898, 8067
		庶	0108
		庫	0139, 0645, 1473—1476, 1580, 1612, 1613, 1639, 5949, 5950, 6215, 6355, 6466, 6467, 6488—6491, 6521—6523, 6592
		庾	3854, 3868
		羔	2120—2124, 7659
		羍	3606, 3909, 5700
		羒	3852, 3938, 4277, 8217
		朔	3143, 3755, 5583, 7233, 8059, 8060
		亳	0010
		高	1657
		這	0185, 0473, 0485
		递	0207, 2220, 3994, 5544
		旂	0315, 2815—2822
		旅	0961, 2285, 5474, 5333
		粔	2195, 3170
		粃	5795

索引表9—11

		斯	6246
		衰	6955
		衷	7888, 8632, 8633, 8667
		兖	0375
		畜	0453, 3747, 3748, 6993
		离	6066
		亲	3725
		效	1176, 6576, 7900
		畝	1519
		欸	6878, 7079, 7182, 7323, 7349, 7360, 7430, 7550, 7663, 7885, 7918, 8017, 8221, 8511
		益	2860, 7612, 8105
		羞	6683—6685, 6760—6768
		兼	7066, 7286, 7324, 7426, 8364, 8365, 8838, 8839
		拳	7450, 8873
		垱	1443, 1536
		脊	2607, 2735, 2967, 2995, 4011, 7247, 7310, 7420, 7807, 8680
		眚	5364
10	折	陳	0008, 0009, 0010, 0171—0175, 0177—0189, 1925—1930, 5315, 5508—5529, 6910—6921
		陸	0035, 0959, 0960, 5363, 7522, 1426, 1499
		陵	0049, 0056, 0144, 0226, 0282, 0510, 3108, 5332, 5336, 5344, 5361, 5419, 6024, 6078—6082, 6124, 6179, 6180, 6217, 6402, 6533, 6588, 6605—6607, 6671, 6695, 6696, 7641, 8198
		陶	0076, 0882, 1062, 1500, 1501, 1561, 2269, 2374—2376, 2472, 3332—3334, 6015, 6016, 6305, 7899, 7900
		陰	0582—0584, 0588, 0589, 0611—0614, 1230, 1479, 1503,

索引表9—11

		陰	1504, 1572, 1586, 1587, 1598, 1607—1609, 1654, 2409, 3110—3112, 3876—3884, 4099, 6167—6169, 6308, 6344—6346, 6585, 6624, 6699, 7552, 8407—8412
		陰	1479, 1503, 1504, 1586, 1587, 1598, 1609, 1654, 4099
		陒	2200
		阮	2995
		隑	3105, 3316, 3616, 3901
		陲	5319
		都	0162, 1721, 1722, 5415—5417
		邟	0319—0322
		鄁	0426
		鄆	0430
		郪	2581—2599
		郝	3201—3203
		郎	8199—8206
		阫	0048
		陛	2551
		阰	5542
		羿	5645
		納	0044
		紑	0954
		絆	1102
		线	1471
		紖	2719
		純	8283
		弲	0584, 0635
		弻	0728
		弱	2736

索引表9—11

		㛛	2513, 3597
		婳	2922
		婀	7972
		通	0281
		遟	3562, 3839, 4109, 5318
		羿	0898, 0899, 1092
		羾	4295—4297
		桑	2877, 2878, 5379, 6349, 6350
		脅	3326, 7050
		書	0700, 1987, 2022, 4067, 5030—5032, 6370, 6403, 7220
		軷	0419
		閍	2468
		孫	0165, 0166, 0241—0255, 0349—0356, 0440, 0483, 0484, 0488—0491, 0529, 0709, 0807—0876, 0932, 0999, 1058—1061, 1105, 1262, 1844, 2184—2198, 3272—3321, 3889, 5435, 5570—5574, 5729—5732, 5752, 5767, 5784, 7124—7134, 7884—7887
		牂	3953
		務	7110
		能	7610
		弱	7707
		斲	0059
		欨	0209
		羣	5378
11	横	菄	0509, 1729, 8233
		黄	0530, 0991, 1783, 1784, 2627, 6157, 6158, 7288—7292
		萃	0566, 6940, 7406, 6957
		萁	1507
		崔	2962

索引表9—11

		蕺	3526
		萉	3995
		茢	4302
		菱	5359
		菅	6176, 6177
		畜	6250—6252
		萌	6915
		荅	7121, 7359
		莍	7455
		桐	0603, 1536, 1562, 3608
		梅	0235, 5668, 5669
		補	0237, 2103
		桿	0316—0318
		栖	3768
		枂	5642
		鄟	0145
		鄄	0157
		鄎	0470, 0855, 1183, 1184, 1294, 3044, 3227, 3772—3792, 3821, 4166
		郰	2271
		鄌	4304
		逌	0160
		達	0195, 5508, 5655, 5727, 5728, 5767, 7407
		遂	0216
		遫	5318
		逺	5791
		堵	0574, 1521, 5800
		堨	2105, 3119, 3843, 4069
		厥	5324, 6035, 6100—6104, 6118, 6119, 6188—6190, 6473, 6474, 6547—6549, 6568—6575, 6653—6658, 6681, 6713—6718, 6744—6755, 6797—6800, 6831, 6847

索引表9—11

		堦	3662
		埱	3851
		埕	5442
		埜	0213, 5484, 5554
		堅	2171, 7546
		埊	5336, 5344, 5361, 5419
		基	5511
		捨	3468
		措	3773
		掄	7438, 7558
		掮	8079
		悤	0295
		惷	0994
		悘	6948
		庴	0667
		屇	1674
		厚	1899, 1900, 1929, 4265
		匰	0731, 1126
		匽	1345
		區	2864, 5375, 5696
		瑶	5792
		琅	6220—6227
		酘	1698
		酘	2559
		軙	0176
		較	2104
		斬	3157, 6712
		盛	5316, 5531, 5704, 5705, 8220

索引表9—11

		戚	0420，8230
		貳	1756，2948，3236
		臧	0114，0184，0337，0408，0483—0485，5800—5809
		曹	0163，0164，0468，1430—1432，1724—1728，6881—6883
		桼	1506
		奢	6854，8444
		雩	0321，2554，2658，3307—3309，3532，3533，3574
		帶	2185，5540，6964，7033，7854，7962
		專	8260
		救	3931，7358
		教	8953—8956
		敗	3358
		娶	2234
		曽	2499
		勴	3117，3751，4173，4294
		埻	4006
		赧	7252
		眂	7258
		執	7553
		乾	7590
		規	8806
	竪	郒	1692
		鄙	2312，3942
		鄧	3579—3582
		䣝	4306
		郰	5326，5442
		鄝	5731，1197，1198
		郶	5740

索引表9—11

		鄎	5742
		鄂	5327
		虘	0011
		虘	0104
		處	1964，1965，2749，2937，3376，8291
		虚	4217，5343
		虖	6140，7589，8646
		唛	0282
		唯	1739，7554，7877，7917
		啣	2486
		唬	4007
		國	1422，1777，2267，3410，5326，5357，5442，7509
		啚	5479
		圈	6274—6276
		圉	7207，8439，8545，8546
		鼻	0566
		晨	1062，1135，1201，1245
		晷	1652，1916，1948，2368，2378，2795
		曼	4352，7580
		堂	0229，0360，0361，3329，6486，6487，9306
		堂	1826，2208，2433，3880，2085，2301，2355，2671，2891，2892，3711，3782，4053—4055，4199
		時	6136
		略	6264
		異	0504，1022，3873，3874，7118，8317，8400
		崎	2312
		帷	6371，6849
		歅	1908，2849

索引表9—11

		戔	3732
		晬	3573
		晦	6124, 6160, 6021
		崩	1078
		朤	1392—1401, 1412, 1415—1418, 8654
		婁	0284, 5651
		眾	0456, 1220, 8747—8750, 8810, 8816—8824, 8980—8984, 8986—8988, 9012
		鹵	1492
		叜	2888, 3122
		圭	3557
		患	5703
		過	2008, 5448, 8474, 8810
		蚎	0972
		野	0212, 0213, 2316, 3335, 5484, 5554, 5572, 5640, 5841, 6623, 7235
		剔	0706, 1337, 3411
		肺	1575
11	撇	脎	0924
		脵	0949
		朋	0982
		脞	1041
		豚	3256, 6903
		腃	3908
		脖	5589
		脁	5636
		脥	5671

索引表9—11

		恳	1489
		恩	2132
		急	4331
		恁	5082
		息	5092, 5094, 5096, 5189, 9284, 9285
		忩	5531
		郋	0348
		郵	0769, 0770, 1992—2058
		郊	2883
		猗	0476, 1872, 2549, 3840, 8379
		猜	1196
		猤	3265
		逗	0910, 0998
		逸	1430—1432, 1603—1605, 1621
		進	3422, 5335
		躬	1295
		船	6031—6033, 6941
		舢	2057
		舨	4003
		欲	3947
		欵	7489
		敏	0689, 3443
		敓	5461
		殷	0031, 0055, 0057, 0065—0069, 0070, 0077, 0101, 0109, 0129, 0130, 0141, 0142, 0273, 0682
		般	7366
		珶	1283
		牵	1696, 1747, 2503, 3201, 3850, 4339

		牿	5700
		龠	0114
		貧	0389, 3781
		牽	5422, 5639
		粢	0293
		筐	1447, 1708, 2323, 2769, 2839, 3268, 3398, 3892, 9346
		脊	2391, 4282
		竏	1708—1713
		昮	0575, 0597, 0603, 0611, 0615, 0624, 0629, 0659
		象	1926, 2095, 5485
		魚	0283, 1257, 3510, 3511, 3939—3941, 5455, 8544
		鳥	0526, 7669
		釟	1606
		琨	2190
		祭	7174, 7307
		剎	7701
		勑	1710, 1831, 2209, 2435, 3599, 4212, 4060—4063, 4253, 4271, 4304
		姘	4198
		猂	8719
		敔	8956
11	点	清	0056, 0582, 6333, 7448, 8045
		淳	0193—0204, 1968—1971, 3382, 5538, 6943—6950
		深	0394, 0454
		淶	1714
		渲	2040
		涫	2206
		淵	3060

		済	3355, 3365
		淄	3952
		渚	5410
		漳	5436
		涤	5858
		淮	6148
		淦	6583
		涿	8698
		窒	0490—0494
		寇	0620, 1041, 1456, 1464, 1465, 1472, 1479, 1480, 1482, 1507, 1520, 1522, 1527, 1539, 1549—1551, 1557, 1568, 1570, 1587, 1608, 1609, 1626, 1651, 1652, 1661, 3114—3120, 5396, 8440
		宷	0695, 0696, 0996, 1059
		寅	0859, 1218, 2364, 3049, 3505, 3844, 5682, 5753, 6908, 7513, 7745, 7908, 8107, 8157
		窈	1282
		宣	1426, 1608
		宓	5357
		寀	5416
		豢	5427
		忠	5906
		密	6083, 6084, 6550, 6551, 6624, 8691
		宬	6870, 6995, 7134, 8348
		窐	7993
		疿	1100
		痳	1729
		痴	1823, 2738, 4051

		痕	1981, 3929
		疫	2010, 2970
		疣	2093, 2483
		疵	2939, 7250, 7959
		痼	3361
		疼	5505, 5857
		痍	7617
		訥	0690, 1065, 1337
		訴	0853, 0854, 5506, 6972, 7200, 8968, 2680
		詎	0943
		許	3041, 8250—8253
		訬	3380, 3923
		訞	3766
		庶	1546
		麻	2660
		康	2012, 2139, 2504, 2604, 2979, 2980, 3324, 3593, 3846, 4025, 6213, 6214, 7154, 7431, 8018
		鹿	3022, 3202, 3481, 3723, 3905
		悷	0475, 1869, 1870, 2309, 3109, 3229, 3681, 3825—3830, 3832, 3834, 3836, 3838, 3839
		慢	1304
		悷	3841
		族	0510, 0601, 2199, 2637, 5639, 8703
		旃	1331
		旌	7625, 8842
		郂	2576
		部	8720
		啟	0615, 0983, 1815, 2823—2828, 5685, 7640—7648, 8042,

			扈	2382—2385
			望	0024, 0084, 0094, 0095, 7361
			羝	1266, 1683, 2081, 2515, 3389, 3390, 3651, 3740, 3991
			梁	0281, 1471, 1481, 1802, 2092, 2581—2599, 2775, 2985, 3594, 3717, 3823, 3885, 3896, 5414, 6242, 6243, 7281, 7505—7507
			焗	2571
			絃	0153
			絧	0194
			組	0245
			絁	0301, 1726, 3479, 4077
			絟	0354
			絽	0732
			維	0763
			紿	1082, 1755, 1999, 2642, 3939, 4262
			絟	1091, 2430
			紹	1828, 2583, 2819, 2820, 3004, 4210, 4239, 4283
			絥	1878, 3151, 5785
			緻	4282
			終	5010, 5011
			紳	5542, 5548, 5667
			絢	8134
			陽	0001, 0027, 0050, 0051, 0058, 0092, 0093, 0225, 0573, 0601, 0602, 0603, 0609, 0615, 0636, 0647—0652, 0834, 1187—1196, 1308, 1462, 1464, 1465, 1497, 1502, 1523, 1526, 1538, 1543, 1570, 1571, 1593, 1597—1601, 2339, 2875, 3693, 3702, 3796—3818, 4357, 5325, 5371, 5376, 5431, 5435, 5436, 5437, 5440, 5441, 5458, 5552, 5553, 5757, 5760, 5769, 5782, 5783, 5784, 5786, 5796, 5803,

		陽	5835—5837, 5919, 5927, 5928, 5929, 5962, 5963, 5967—5971, 5988, 6017, 6018, 6047, 6048, 6067, 6073, 6074, 6085, 6086, 6142—6144, 6148, 6240, 6241, 6261, 6264, 6268, 6270, 6271—6273, 6306, 6307, 6315, 6317, 6318, 6335, 6342, 6343, 6513, 6514, 6554—6563, 6582, 6584, 6603—6611, 6621, 6622, 6626, 6627, 6644, 6645, 6700—6707, 6833, 6836, 6837, 6844, 6883, 7205, 7224, 7241, 8271, 8354
		陕	0041
		隑	0146
		鄉	0438, 5909, 5919 , 5951, 5952, 5976, 6025, 6080, 6185, 6287, 6288, 6535, 6539, 6563, 6623, 6701, 6813, 7784
		陻	0961, 5315, 5509, 5512, 5514, 5524, 5529
		隊	1569
		隋	1842, 1843, 3269, 3903, 3904, 4161, 7457, 7881, 8613
		随	7195, 8714
		隗	7381—7385, 8512
		閅	0397
		閇	2038, 3231, 3913
		閆	2690
		問	3522
		閖	7209
		將	0002, 0028, 0029, 0082, 0137, 1442, 1498, 1614, 5321, 5432, 6571—6574, 6657, 6658, 6716—6718, 6731, 6751, 6752, 6799, 6800, 6825, 7056, 7336, 7337
		牆	0137, 1442, 1498, 1614
		槑	5507
		㹃	1227
		習	1711, 2245, 3752, 4254

索引表9—11/12

		翏	5648
		逮	1757
		逯	7437
		遑	3562, 3839, 4109, 5318
		陲	1123
		墬	4280
		臮	1973, 2330, 2921, 3246
		臮	3754
		参	1429, 1527, 1528, 1733, 1737, 1955, 2064, 2127, 2212, 2484, 2862, 3124, 3204, 3370, 3845, 3848, 3966, 3967, 4154, 4220, 5729, 6347, 6348, 7395, 7933
		婞	7822
		媟	7907
		張	0487, 0788, 0861, 0918, 0919, 0972, 1120, 1238, 1266, 1328, 1356, 5811—5814, 8476—8563
		強	6876, 8044
		敢	0277, 1770, 2751, 2894, 3999, 6885, 7414, 7903, 7983, 7984, 8290
		尉	0574, 0579, 0586, 0587, 0593, 0599, 0601, 0605, 0622, 0628, 0629, 0632, 0634, 0640, 0645, 0653, 1135, 1136, 1137, 1423, 1530, 1536, 1562, 1564—1566, 3559—3561, 5523, 6047, 6048, 6059, 6081, 6082, 6137, 6198, 6241, 6316, 6332, 6335, 6347, 6348, 6351, 6352, 6432, 6498, 6510, 6686, 6699, 6757—6759, 6812, 6830, 8147
		屠	2899, 7918—7920
		鄠	5462
		恕	5816
		巢	9282
12	橫	莁	0008

索引表12—14

		董	0769, 0770, 1992—2058, 7766, 6982—6996
		蓳	0784—0790
		葵	2100
		葛	2173, 2174
		萩	2532
		募	2887, 6246, 6277
		菁	3636
		落	3740
		蒂	4200
		莘	4255
		萬	4403—4407, 4848—4860, 4867, 5052—5060, 5151—5157, 5161—5172, 5181—5187, 5787, 5898, 5902, 5903, 8934—8941
		菟	5554
		菁	5755
		蕢	6074
		葉	6614, 6615
		棱	0341, 0480
		椆	0749, 0750
		椅	0879
		榆	1450
		椁	2212, 2213, 2215—2225, 2227—2285
		棺	4261
		楮	5317
		椎	7514
		棲	7638
		桼	7587
		埋	0835, 1342, 4351

索引表12—14

		堤	1525
		坰	1915
		塊	2575
		場	3816, 5384, 5506, 5507
		堨	4330
		塙	5793
		盐	3663
		厦	0163
		厲	0436
		厪	4284—4290
		厨	6304
		厥	8015
		鄆	0003
		鄃	0323, 0324, 3955
		鄗	2080
		鄇	4310
		鄏	5321
		戠	0121, 0508
		惑	0239, 5593, 5594, 5830
		戟	5452
		斚	2033
		貳	2418
		堯	0474
		喜	1108, 1109, 2546, 2547, 3203, 3258, 4080, 4081, 7468, 7647, 8533, 8698, 8947—8950, 9029, 9030
		韋	1766, 1816, 2065, 2585, 2586, 4359
		壹	4547, 8975—8979, 9037—9041

索引表12—14

		壼	7270，7271
		援	0266，7482，7909，8115，8449
		揮	0282
		搔	0671
		換	7721
		期	0336，0386，0451，0994，3138，3898，4311，5683，5684
		朝	0570，1995，2606，3273，3514，3957，3958，5436，5797，7359，7400，7401
		翺	4147
		敬	0153，0272，0563，1168，1388—1391，1412，1730，2464，2799，4562—4736，4866，4952，4953，4999，5025—5029，5047，5070—5075，5297，5549，5631，5889—5897，7307，7332，7341，8015，8596，8844—8861，8879—8892，8902—8904，8927—8931，9047，9051
		散	3773
		彭	0313，6314，6315，7630，8035
		尌	8429，8430
		越	0219，0232，0482，5797，5798，7748，7777，8117，8452，8548，8549
		趄	6340，6341
		逼	0567，0568
		達	0884，1081，1094，1143，1287，5655，5727，5728，5767，6012，6013，6911，7901，7902，7961
		斮	1886
		斯	5449
		惪	5423
		惎	5614
		雲	6668，6704—6707，6823，6824
		琴	7687

索引表12—14

		賣	8764
		博	0003, 2935, 5955, 5956
		喪	2877, 2878, 6288, 6351, 6352, 6597
		黄	5590—5612
		抎	0333
		皽	0520, 0522
		乹	0970
		軞	2949, 2950, 3206, 3588, 3744, 4292
		桎	4194—4196
		酌	5788
		欺	7044, 7092, 7618, 7636, 7637
		猗	8316
		桼	0056
		粟	0097, 0576, 3268, 5378, 5446, 6731
		斮	1724
		翚	1864, 3498
		柔	4224
		棽	5638
12	竪	睖	0147, 0313
		啀	1748, 1749, 2902
		崔	1748, 1749, 2902
		暴	1930, 4279
		景	5621—5626, 7298, 7355, 8239
		黽	6881, 7165, 7396, 7654, 7943, 8569, 8570
		戠	5681, 5682
		罰	0926, 1103, 1125
		買	2348, 2615, 2808, 2823, 2990, 3331, 3438, 4037, 4208, 5704, 5832, 7439, 7440, 7579, 8029, 8395, 8516

索引表12—14

		鼎	1658, 6014
		暈	5759
		眹	1740
		睆	8381
		睆	8831
		喁	0075, 0362
		啾	2488
		喟	2964
		喘	3379
		掌	0117, 1627—1629
		㱇	0360, 0361
		賞	0393
		肯	0518
		圍	0080
		圜	0191
		圉	0379, 0551
		貼	0196, 0287, 0378, 0525
		肺	0213, 0471, 2072, 5864
		購	0377, 0989, 2222, 2733, 2807, 3207, 3403, 3825, 4349, 6858
		貴	1025, 1715, 2211, 2668, 2958, 3590, 3810, 4157, 4246, 4525—4527, 7995, 8215, 8787, 8788, 8878
		邊	0289, 3989
		遇	2859, 7675, 7747
		遉	5742, 5821
		鄅	0435, 0437
		虛	5403, 5404
		虞	5649
		崇	0148

索引表12—14

		酅	5371
		齮	0291
		辈	7358
		剸	2786
		崴	8941
		敝	7620, 7712
		毈	7953
		黑	0484, 0963, 1779, 2480, 2886, 3208, 4284, 6925, 6967, 7244, 7246, 7720, 8500, 8731, 8825
		單	0618, 0619, 0941, 1028, 1029, 1184, 1529, 2880, 7284, 7761, 7762, 1662
		黾	7042, 8030
		敦	0202
		蛔	1324, 1330
		踦	8684
		耋	1470, 1491
		悲	1681, 1682
		盥	3441, 3442
12	撇	腃	0878, 1839, 3011, 3630, 5719, 7821
		勝	1710, 1831, 2209, 2435, 3599, 4060—4063, 4212, 4253, 4271, 4304, 5708, 6897, 6898, 7071, 7108, 7531, 7793, 7926, 8322, 8333
		腋	1871
		腏	2754
		胎	3360, 3756—3770
		腄	5995, 5996
		鈍	1230
		鈒	2191

索引表12—14

		釿	2774, 2972, 4184
		鈞	4316, 7024, 7316, 7549, 8310, 8647
		備	0156
		俣	3604
		備	4316
		傅	5448, 6073, 7086—7089
		鄔	1455, 8664
		鄑	1490
		鄄	5437
		鄒	6242, 6243, 8701
		鄁	0754, 1978—1980
		睪	2853
		翠	5334, 5399
		隹	1050
		隼	2065, 3340
		焦	2469—2479, 7338—7344
		雋	6212
		等	1975, 7312, 8564
		策	2719
		筍	3322, 8066, 8261, 8262
		笒	5337
		御	0480, 1489, 1994, 3057, 3579, 4335, 6306—6308, 6371
		御	6381, 6382, 6611, 6625, 6673, 6674—6685
		復	0769
		街	6185
		猲	1313—1320, 1330, 2049, 2158, 2263, 2524, 2682, 2798, 2822, 3091, 3173, 3544, 3640, 3869, 4137, 4172, 4328
		猶	1336, 1352, 2037, 2087, 3052, 3618

索引表12—14

		獀	8374
		黍	1545
		程	6932—6934
		稍	7365
		飲	1873
		飥	1905, 2164, 2259, 2260, 3806, 4294
		飲	3176
		須	0090
		順	0357, 0434, 5550, 7823
		貸	1430, 5439, 5592
		貿	2688, 3811
		牻	0474
		智	1291, 2397, 2408, 3763, 4198, 7334, 8129, 8173, 8662
		僉	3468
		舒	5422, 5639, 5714—5716
		惇	5320
		犄	8835
		舄	0011
		無	0078, 0958, 1852, 1853, 2114, 2275, 2304, 2408, 2511, 2545, 2575, 2649, 3645—3647, 3763, 3834, 4079, 4186, 5020—5022, 5077—5080, 5216—5250, 6519, 6595, 8081, 8863, 8879—8892, 9356
		嶘	0140
		躰	1032
		遑	1700, 1912, 1934, 2003, 2173, 2265, 2328, 2455, 2456, 3087—3089, 3341, 3399, 3400, 3589, 3758, 3893, 4136, 4176, 4274
		鉼	1735
		舸	2783, 2883, 3098, 3099, 3353

索引表12—14

		番	0783, 2096, 2760—2764
		喬	0984—1020, 2837, 3291, 3653, 5373
		怱	0183, 0364, 0424, 0542, 0550
		斜	0523, 0524
		脅	1429, 1483, 1484, 1545, 1593, 5358
		衆	4457—4459
		鳶	5373
		皐	5569
12	点	痻	0028, 2748, 5432
		痤	0205, 3248, 5591, 5828, 7143, 7288, 7960, 8486
		瘕	0873, 0921, 1122, 1301, 1332
		痫	1914, 2161, 2261, 2381, 2410, 2639, 2714, 3081, 3112, 3199, 3313, 3538, 3539, 3638, 3792
		痼	2172
		痧	2237
		瘐	2403, 3713, 4197
		痰	2597, 3790
		瘆	2880
		痣	3264, 4258
		痡	3322, 4798
		瘃	3756
		痲	3958
		涓	0104
		渠	5321, 5414, 6920, 7701, 8262
		湩	0575—0578
		渝	0643
		渤	1701
		渴	1797, 3285

索引表12—14

		涪	2016
		湯	2357, 2384, 2609, 2665, 2916, 3325—3328, 3475, 4070, 7894, 7895, 8445
		滏	2879
		温	3579—3582, 6511
		湘	5419
		游	6644—6645, 6937
		滑	7563, 7564, 7590, 8407
		湎	8031
		渙	8501
		宴	0471
		甯	8714
		富	0797, 1454, 2107—2111, 4464—4483, 7085, 8581, 8785—8788
		寗	0906, 0959, 1121, 1172, 1195
		寒	1037
		賓	1452, 1453
		寓	1461, 8995, 8996
		孱	2098
		詁	0889, 0990, 1247, 1379
		説	2041, 2156, 3861, 7750
		訶	2332
		詎	2510, 2511
		詢	5335
		詆	5383
		詞	5714
		詔	6723—6728
		曾	0115

索引表12—14

		善	0331, 4427, 4870—4875, 5123, 5124, 5252, 5380, 5699—5701, 5899, 5900, 8893, 8894, 9061, 9067—9077, 9274, 9275
		尊	1074, 7174, 8635
		孳	1303
		奠	4184, 5549, 5823, 5824, 7077
		粲	8367
		遂	0045, 0058, 0103, 0112, 0116, 0146, 0247, 0297, 1569, 5350, 5401, 5437, 7131, 7584, 7882, 7883, 7975
		遊	2340, 2576, 2920, 3053, 3349, 3674, 3911, 4104, 4260, 8111, 8434, 8542, 8626
		道	5176—5179, 5957, 5958, 6325, 6326, 6596, 6710, 6711, 7504, 8776
		迶	5517, 5644
		童	0366, 0367, 0793, 0964, 2141, 2924, 3357, 4160, 5712, 7187, 7577, 7670, 7913, 7914, 8069, 8070
		棄	0694, 1066, 3214, 7649, 8043
		姦	1148, 1150, 1152—1155
		裛	3113
		壹	3164, 3769
		啻	5535
		惭	0260, 0423
		愧	1105, 5353
		愉	1259
		堛	2659
		堷	3348
		郡	3747
		鄗	5337

索引表12—14

		廄	0687, 1630
		庽	1430
		脊	3213
		胬	5686
		禍	3461
		禄	7008, 7122, 7248, 7319, 7436, 7565, 7735, 7754, 7755, 8026, 8313, 8601, 8862
		補	6874
		慫	3172, 5635
		鋈	2106, 2620, 2940, 3127, 3263, 3359, 3383
		馮	7063—7076, 8236
		敦	0193, 0194, 0196—0204, 1968, 5538, 6049, 7767, 7971, 8488, 8489
		戠	2060, 3519, 5326, 5329, 5338, 5417, 5465—5471
		焰	2333, 2614, 3186, 3228
		割	5459
12	折	閈	0046
		閞	0093, 0772, 1174, 1175, 1185, 1186, 1433, 1449, 1506, 1574, 1578, 1579, 3658
		閒	0397, 2473, 2506, 2592, 2825, 2855, 3031, 3571, 3662, 3672, 3815, 3835, 3906, 5337, 5343, 5353, 5407, 7014, 7199, 7469, 8156, 8224, 8333, 8334, 8618
		閲	0585
		閡	0615
		悶	1272, 1808, 2014, 3287, 3439, 3440, 3595
		閔	1488, 2606—2611
		閦	1580, 4283
		閟	1898

索引表12—14

		関	1990, 3807, 4035
		閔	3013, 3014, 3142
		閗	3960
		間	5598, 6137
		絑	0506, 5840—5842, 5845—5847
		紗	0750, 1234
		絆	1174, 1175
		絚	3096
		結	5617
		缓	7287, 8832
		繇	1051
		幾	5755
		陘	0928
		堕	1061,
		隳	2375, 2380, 2584, 2695, ,3391, 3992, 3993, 4312, 5768
		陊	2552
		墜	2840
		墜	3352, 3615
		强	0084, 0319—0322, 0739, 0900, 1350, 1170, 1211, 1357, 1442, 3454, 3455, 3829, 4044, 4045, 5777
		弭	0244, 5497, 7653
		瑵	0978
		爺	1131
		粥	2115, 2201, 3161, 4119, 4190, 4281
		啩	4314
		敃	0249
		犀	1546, 2193, 2376
		屝	6884

索引表12—14

		登	0207, 0208, 0494, 0752, 0811, 1976, 5542—5548, 7785, 8152, 8193
		發	0215, 0448, 1450, 1492, 1634, 1635, 1646, 1768, 6050, 6220, 6723, 7974, 8289
		賀	0210, 0772, 0947, 1042, 1164, 7038, 7039, 7127, 7998, 7999, 8257, 8295, 8668
		費	0793
		媧	6994
		媚	7874
		黃	0595
		犇	4138
		畫	1781, 1976, 2136, 2183, 2698, 3281, 3412, 4346, 5786
		彘	0161
		巽	2442, 5476
		堅	5916, 5917
		淄	3305
13	橫	菹	0010
		蓋	0021, 7982
		蒼	0212, 1699, 1968, 2815, 2876, 3968, 5965, 6910, 7588, 8276
		蒦	0263, 2408, 4252
		蓟	0595
		蒙	1655, 2691, 2692, 7251, 7597
		蒨	2192, 2657
		蒿	2535, 5336, 5337
		蒲	6322—6324
		蓍	6395
		夢	6668, 6823, 6824

索引表12—14

		蓬	7632
		慕	8292
		楳	0235
		楢	1151
		榆	1450, 1625, 5561
		楦	1637
		椶	3015
		楫	3608
		楊	3819, 5420, 8272—8353
		楬	4015
		楥	8450
		楚	0372, 0373, 0751, 1962, 1963, 2877, 2938, 6940
		禁	5984, 6144, 6256, 6320, 6501, 6605, 6606, 6620
		款	7434, 8653
		鄙	0018, 0258, 0392
		鄞	0096, 8413—8415
		鄢	1113
		鄷	1430—1432, 1726—1728
		鄟	4234—4237
		鄭	5598
		厭	0413
		雁	0415
		剮	1429, 1484, 1545
		厪	1723
		厰	3771
		厓	8307
		聝	0094
		聯	0836, 1069, 1101

		聉	1013
		聃	5546
		聘	7443
		聖	1668, 1832, 2739, 3141
		聖	0092, 0623, 1668, 1832, 2739, 3141, 5015, 9303
		堅	1339, 0792
		豎	3473
		趄	6113
		赶	7544, 7545
		趍	7700
		趙	8435
		項	0515
		瑞	0573, 0585, 0616, 0618, 0623, 0626, 0630, 0636, 0641, 0653
		瑟	6451
		搏	0217, 6873
		撥	8388
		賈	0294, 0518, 2416—2462, 7312—7323, 8301, 8594
		甄	8647
		賣	1025
		毂	7156
		輅	2231, 2629—2634
		頓	6279, 6280, 6841
		頑	8723
		骜	7163, 7164
		馳	8773
		慈	0461
		感	7718

索引表12—14

		裘	0327, 2862, 2863, 7697
		剷	0863, 0938, 0974, 1302
		塙	1024
		碿	1233—1237
		肆	3201—3203, 8325
		瑤	5813, 5814
		靳	7351, 7352
		勦	4261
		嗇	1460, 1602, 1624, 1647, 1648
		絯	2690
		尞	4176, 4177
13	竖	虙	0083, 1520, 1691, 2378, 5575
		虞	0638, 0647, 0656, 6672, 6941, 7206, 8401, 8437, 8438
		膚	0956
		虖	1167—1173
		鄘	5361
		鄄	0042, 0307, 0965
		鄂	1693
		罣	0259
		置	0627
		蜀	1261, 3472, 5717, 6404, 6405
		睘	0481, 3950
		睪	2646, 3006, 3007, 3666, 3875, 4065
		睒	1847
		睦	5672, 8517, 8742, 8865
		督	6999
		眥	7977
		當	1443, 6998, 7964

索引表12—14

		棠	1531
		常	3244
		圁	5664
		園	6026, 6199, 6200, 6214, 8198
		嗌	0150,0477, 3284
		嗒	1722
		詈	0871
		睪	2176
		畸	7830, 8589
		歇	0270, 2562, 2563, 7300, 7834, 7835, 8377
		睇	2477, 2793, 2860, 3319, 3528, 3918, 4258
		盟	3441, 3442
		歲	0008, 0010, 0395, 1639, 4843—4847, 5469, 7350, 8326, 8867, 8937—8940
		路	0036, 0117, 7523—7527, 8159, 8160
		豊	2561—2563, 5329
		遉	3643, 4312
		睢	6890, 8308
13	撇	傒	0361
		僅	0267
		傳	0374, 5318, 5321, 5994
		傷	2882, 4314, 5633
		僤	5679
		僃	7631
		愬	0429
		稈	5660
		智	7732
		獓	0784

索引表12—14

		獏	1496, 3137, 5530, 5678
		獂	8002
		魃	3834
		戭	4186
		惠	5353
		褱	2906
		鳩	3284
		鄡	1455
		鄔	7652
		郅	1714—1719
		鄦	3939—3941
		穌	1556
		鮑	6861
		魛	7271
		徺	5458
		衙	6601, 6602, 8264
		御	7752
		鉨	0001—0003, 0006, 0007, 0011—0014, 0016, 0018—0022, 0028, 0031, 0033, 0037—0045, 0049, 0051, 0052, 0058, 0060, 0062, 0064—0069, 0071—0077, 0079—0082, 0084—0088, 0092, 0095, 0099, 0103, 0104, 0107, 0108, 0110—0119, 0121, 0121, 0123, 0127—0129, 0136, 0138, 0140, 0141, 0143—0145, 0149—0154, 0156, 0159, 0172, 0175, 0179, 0187, 0188, 0189, 0209, 0211, 0214, 0222, 0229, 0230, 0232, 0234, 0240, 0241, 0243, 0248, 0255, 0259, 0267—0269, 0272—0274, 0277, 0280, 0294, 0302, 0303, 0307, 0311, 0314, 0315, 0317—0319, 0325,0336, 0338, 0341, 0346, 0347, 0350, 0351, 0353, 0356, 0363, 0367, 0386,0387, 0397, 0399, 0408, 0413, 0428—0430, 0433, 0434,0435, 0441, 0442, 0445, 0446,

索引表12—14

		鈢	0448, 0452, 0456, 0463—0466, 0469, 0471, 0474, 0477, 0481, 0483—0485, 0487—0489, 0492, 0493, 0496, 0498, 0499, 0508, 0510, 0522, 0524, 0526, 0530, 0531, 0543, 0545, 0546, 0552, 0554—0561, 0569, 0576, 0577, 0581, 0614, 0639, 0651, 0652, 0663, 1402—1406, 0802, 0961, 1073, 1163, 1358, 1359, 1471, 1472, 1493, 1563, 1663, 2479, 2561, 2678, 3072, 3188, 3189, 3701, 3725, 4106, 4226, 4397, 4762, 4968—4980, 5023, 5033—5046, 5096, 5188, 5304, 5305, 5307, 5309—5312, 5316—5318, 5320, 5321, 5323, 5327, 5330, 5331, 5333, 5335, 5336, 5338—5345, 5349, 5350, 5352, 5353, 5356—5366, 5368, 5370, 5371, 5373, 5375, 5377—5380, 5382—5386, 5392—5394, 5396, 5398, 5399, 5401, 5403—5406, 5409—5412, 5418, 5420—5423, 5425—5432, 5434—5436, 5438—5443, 5446, 5447, 5449—5452, 5454—5461, 5463, 5464, 5466—5473, 5475, 5476, 5478—5485, 5488—5491, 5493, 5501, 5511, 5516, 5547, 5553, 5610, 5613, 5622, 5626, 5639, 5671, 5679, 5680, 5684, 5720, 5734, 5753, 5764, 5784, 5798, 5830, 5837, 5839, 5843, 5862, 5866, 5868, 5869, 9091—9137, 9216—9245, 9290, 9296, 9312, 9332—9334
		鉿	5693
		節	0004, 0030, 0096, 0101, 0120, 0608
		筭	1848—1850, 1940, 2358, 2401, 2439, 2648, 2679, 2845, 3019, 3298, 3347, 3784, 3832, 4162, 4235
		腫	0407
		腹	0777, 0817, 1063
		睪	0521

索引表12—14

		賵	0765
		項	1005, 1006
		頜	7379
		頗	8682
		辇	3702
		解	6914, 8213—8216
		觟	7472, 8830
		退	1531
		遛	1806, 2271, 3344
		慂	4134
		愛	5260
		貉	2329
		歃	3884
		餇	4262
		箈	5419
		肆	6962, 7027, 8991
		愢	7881, 8349
		躬	1434, 4522, 5083—5087, 5093, 5101, 5289—5296
		會	0022, 0115, 2392, 2393, 7173, 7293
		與	1162, 5370, 5605
		詹	1263—1265
		窢	2618
13	点	瘂	0781
		瘕	1344, 2602
		瘛	2160
		瘀	2508
		瘁	2617, 3614, 3637, 3847
		瘨	2796
		胤	5324

索引表12—14

		瘄	3363, 3603
		癍	3613
		瘠	3983, 3984
		痰	4144
		瘩	4307
		瘠	7028
		痺	8480
		瘟	1053
		誯	1327
		詯	0890
		詤	1767
		訮	3043
		諫	5640, 5641
		誺	5640, 5641
		諫	5840
		詵	7129
		詨	7674, 8212
		詩	8244
		詡	8255
		詿	8805
		诚	9013, 9014
		满	0950, 1185, 1186, 5664
		源	1599
		溫	1907
		馮	2232
		粱	2412
		湘	2836
		滔	3017, 4071

索引表12—14

		溥	5957, 5958, 6325, 6326
		湏	7677
		滅	8261
		寁	1328, 1329
		寏	0733, 2589, 2634, 2638, 4315
		塞	1824
		窨	2496, 3988
		裒	2677, 2961
		寋	4293
		竄	8559
		盧	2002
		廌	2334
		廥	2388
		廉	2566—2570
		庫	7463, 7567, 7921, 8375
		雁	8426
		躴	0165, 0166, 0531, 0973, 1434, 1786, 1915
		竝	0658—0663
		踖	2105, 4069
		靖	8843
		煍	2802
		煨	3715
		煩	7036
		褚	0140
		裬	2313
		福	0315, 4436, 4463, 5013, 5014, 5180, 5880—5885, 7081, 7170, 7543, 8419, 8784
		遄	1745, 1746, 1989, 2175, 2216, 2217, 2267, 2572, 2582,

索引表12—14

		適	2613，2908，3126，3377，3378，3584，3849，3977，4203，4249，4317
		遮	5438
		稟	0102，0126—0128
		雍	1073，1245—1250，3926，3927，6628—6636，6822，6921
		竜	3916
		意	7616，7648
		眷	0077
		義	1114，1226—1229，2154，2686，2744，5604，5778，6920，7048，7142，8106，8252，8253，8259，8265，8392，8393，8538
		羞	5636
		猷	2352，6664，8113
		羥	7447
		新	0716，1591，3724，3725，5315，5420—5422，6577—6586，8223
		鄣	6316
		慎	1415，4058，4645，4868，4901—5011，6394，7791，7857，8746，8895—8904，8975—8978，9051
		裳	2870
13	折	綵	0221，1303，1837，2777，2826
		緦	1703，1787，3420
		続	1884，2252，4456
		絺	1955
		綏	3222
		綎	3238
		緹	5842，5525
		緹	5739

索引表12—14

		綃	7223
		緵	7490
		絹	7662
		墬	0010, 0173
		墜	0056, 0514
		墬	0582—0584
		墜	0582—0584, 0588, 0589, 0611, 0612, 0613
		隡	0960
		隒	3095
		閸	0258
		開	2865
		閑	2899
		閞	5343, 5353, 5407
		問	8167, 8472, 8473
		闈	9266, 9267
		鄭	0275, 0276
		鄝	1429
		媿	5735
		媱	8335
		翠	1571
		翟	3343, 3760
		勠	8314
		彚	0037
		彈	0172
		敩	0671
		睯	2723—2727
		群	5378
		肅	8064

索引表12—14

		嵜	5541
14	横	蔡	0162, 1720—1722, 2382, 5415—5417, 5500—5503, 5962 5963, 6579, 6878—6880
		蔺	1488
		蔴	2661
		蔥	2694
		蔑	2992, 3289
		蔲	4330
		蓢	5777, 5778
		蓼	6262
		樽	0008, 7717
		榔	2214
		樣	3153
		榣	4095
		壽	0238, 0740, 0842, 0843, 0911, 1390, 1598, 3887, 4066, 4737—4743, 4873, 5555, 5880—5885, 6321, 6401, 6402, 7454, 8058, 8685, 8745
		壽	9067-9076
		臺	1527, 1528, 1568, 5911—5917, 6719—6721, 7458, 8327
		嘉	7004, 7423, 7595, 7614, 7808, 8149, 8269, 8299, 8591, 8592, 8837
		槖	7926
		廖	1901
		厠	4311
		厥	8384
		愿	8861, 8902—8904
		斡	2412—2414
		斡	2412—2414

索引表12—14

		榦	5938, 5953, 6075—6077, 6386, 6387, 6743
		幹	8165
		輔	0017, 2105, 7082—7084, 8237
		輕	1571, 6429
		輒	8125, 8126
		駔	0057, 0575, 0597, 0603, 0611, 0615, 0624, 0627, 0629, 0659
		馱	0727
		鄡	2502
		臧	0114, 0184, 0233, 0337, 0408, 0483—0485, 0756, 1262, 2531, 3705, 3954, 5460, 5800—5809, 8120, 8121, 3728, 3729
		蝥	2830—2832
		緊	4205
		熙	0439, 1046, 3664—3668, 5769, 7593
		鞄	0312
		鞍	5706, 5798
		鞅	6907, 7203, 8098, 8099, 8457
		遍	0161
		遨	6918, 7794
		鄟	0348
		鄢	1448, 2063, 2064, 2066—2068
		剺	1124
		劁	3078, 3243
		聚	0601, 4285, 7105, 7693, 8426
		裒	1591
		槀	8712
		敹	0217

索引表12—14

		噅	3510
		嬰	3708—3715, 5771
		罰	0730, 0869, 0870, 0951, 1039, 1077, 1129, 1166, 1241
		恩	0952
		斀	0017
		蜚	0815
		圖	7383
		嘗	8754—8757
14	撇	僕	0536, 7634, 7635, 8037, 8704
		僑	0657
		偩	3360
		貨	5322
		倅	5487
		僮	6500
		債	8329
		箕	0023, 3855, 7295, 7296
		算	1689, 6871
		箷	3752
		管	7158
		算	7880
		箸	9043
		鉏	0024, 0025
		鉥	0619
		銍	6731
		銆	8418
		鄙	0144
		鄱	0314, 2764, 5368

索引表12—14

		鄐	1485
		鄡	7344
		豙	0477
		惡	1304
		罵	4291，4292
		鼻	0540，1992，2063，2757，3816，3964，5816，5587，6944
		䝕	1992，3964
		啚	3770
		鮓	4110
		鮮	4240，8196
		鮭	7160
		鍚	0245
		疑	0361，5770，7476，7477，8102
		朁	8678
		飷	0586
		蝕	0841，1002
		𦛆	0993
		𦡾	4088
		盥	1718
		豊	5329
		駇	3737
		䭾	6991，6992，8080，8168，8331
		稱	5533，7655
		稼	6942
		獿	6868，8209
		獄	7644
		徵	8127
		衙	8389

		誙	0278, 0564
		誨	0672, 0934
		諢	0827
		諫	1752, 2842, 3985
		語	2075, 2325, 3649, 3912
		詝	2126
		誽	3032
		誘	3055
		誌	3315
		說	4243
		詷	5089
		誤	8085
		賓	0389, 3781
		賓	1694, 5492, 9255
		窻	1824
		窩	1951, 2053, 2652, 3700, 3870
		窨	2247, 2681, 2780, 3716
		賓	3317
		蜜	5364
		寏	5711
		寢	6213, 6364—6366, 6478, 6479
		寧	6302, 6303
		寬	7605
		窬	8627
		漆	0123, 6327, 6328
		渭	0128
		漻	1714
		塑	2551

索引表12—14

		漕	3371
		漁	5456
		潰	8412
		廏	0031, 0055, 0057, 0065—0070, 0077, 0101, 0109, 0129, 0130, 0141, 0142
		廣	0587, 0588, 0589, 1463, 6121, 6122, 7087, 7416, 7719, 7992, 8362, 8472, 8473
		慶	0801, 7106, 7519, 7520
		廖	2600—2605, 7351, 7734
		鴈	5314
		複	0818
		褖	2869
		褆	7685, 8068
		褐	6652, 7243, 8585
		竭	2423, 8203, 8204
		旗	0898, 0899, 1092, 1508—1518, 1576, 1627, 1628, 1970, 1983, 2618, 2815—2822, 4043, 8520
		旐	4320
		旖	8391
		榮	1593
		犖	2653—2655
		榮	7754, 7755
		熲	2614
		精	0333, 1386, 1387, 4544—4561, 9013, 9014
		粗	5484
		敲	1149
		歊	8210
		敵	2525

索引表12—14

		稟	0008, 0032, 0048, 0049, 0103
		齊	0053, 0054, 0191, 0390, 0828, 0979—0982, 0995, 2805—2814, 3451, 6332, 6871, 6946, 8604
		鄭	0015, 1289, 1290, 4180—4192, 5823, 5824, 6289, 6290, 6730, 8383, 8650—8658
		養	8101, 8378
		辦	5651
		叜	0056, 0123
		適	2668—2677, 7575, 7576
14	折	維	0081, 0711, 8146
		綴	0186, 0304
		縋	0723, 0750, 1234
		緰	1091, 2430
		綸	1493, 5661
		綏	2149
		綰	2544, 2610, 2655, 2725, 2726, 2741, 3833, 3882
		綰	7671
		緣	2660
		綽	3381, 3585, 3798
		紙	3687
		絵	3817
		綺	8866
		墜	2884
		隨	3016, 5478, 5560, 5863, 7833, 8065
		隧	5402, 5833, 6452, 6453
		陻	5788
		鄧	0207, 0208, 1976, 1977, 5544—5548, 6009, 6010, 6972—6974, 8688

索引表14/15-17

		鄞	2513
		間	0258, 0288—0291, 0299, 2397, 3436, 7179, 7186, 7530—7532
		聞	0024, 0038—0040, 0070, 0094, 0105—0107, 0129, 0131, 0141, 0396, 2360, 2521, 2700, 6513, 6514, 8164
		閛	3692, 8139
		翜	4256
		翠	5539, 6956
		翟	6710, 6711, 6790, 6791, 8468—8471
		劈	0327, 2413, 2736, 3454, 3455, 3829, 4044, 4045
		彋	1728
		嫚	8409, 8410
		嫗	8263
		賨	0264
		劃	3854
		鞁	5706
		歫	3689, 4132
		頗	7633
15	横	橻	1556, 5724
		樽	1556
		樅	1972
		樊	7031, 8579
		樛	7104, 7357, 7728, 8312
		橫	7172
		駒	0822, 2502
		馴	1068, 7852
		駘	7459, 7460, 7890, 7891, 8692
		駔	8118, 8119, 8462
		鞃	1095

索引表15-17

		賢	0443, 1354, 2809, 6869, 7222, 7508, 7773, 7801
		賣	0502, 8681
		竪	2150, 2303, 2338, 2482, 3010, 3473, 3667, 6980, 6987, 7592, 7771, 7772, 8421, 8683
		頼	7185, 8513
		賛	7269
		熱	0695, 0696, 0996, 1059
		䑛	0046
		懇	0252
		摯	8130, 8131
		邁	2567, 2568
		遼	6244, 6245
		遷	7650, 7915
		璋	0116
		瑾	4018, 4019
		頡	0450, 7726
		聤	0704
		匵	0783
		歐	2142, 3448, 4250, 4334, 7348, 7622
		堉	1492
		耑	2722
		輨	2207, 2208, 5584, 5585
		�	3147, 3366, 3477, 3478, 3645, 4215
		䜌	7621
		趞	7737, 8048, 8049
		劉	1910
		菁	2369
		蓥	3546

索引表15-17

		勱	4133
		蕃	6051
		薑	9261
		敷	5448
		犛	6235—6237
		穀	7991
		憂	1716, 1820, 2235, 2236, 2325, 2748, 2912, 3007, 3155, 3306, 3462, 4049, 4103, 4290, 4291, 3680, 4798
		慧	1785, 2293, 2537, 2965, 3563, 4010, 4183, 5856, 7022, 7294, 7870, 8003, 8502
		鞋	1673
		檿	1947
		奭	3105—3107, 5711, 8324
		壄	3120, 3334, 4149
		戭	5562
		鞏	7143—7151, 7768
		撟	7045, 7345
15	竖	鄙	1258
		鄲	0481, 1432, 1496, 1581—1583, 1595, 1620, 1655, 3701
		鄩	2561, 2563
		鄳	2876
		鄗	2924
		鄖	4258
		賜	0319, 0326, 3979, 5551, 8164, 8774
		賦	0798, 2112—2117, 5681, 5682
		賠	2791
		賬	5477
		賒	5482

索引表15-17

		慮	0150，0956，2641，4036
		劇	0602
		戲	7378
		嘲	1177，1178
		嘵	1861，7471
		噴	7299
		暳	1676，1954，2251，2272，2366，2596，2605，2636，3064，3065，3513，3635，3675，3742，4113，4114，4248
		暴	0566，5552
		曄	7742
		瞇	8143
		毅	4341
		罼	5494—5496
		罷	8478
		踦	2789
		踙	3240
		賞	0332，0806，1031，7330，7764，8758，8759
		頞	3688—3692
		遺	7081，7775，8103，8337，8390，8423，8471
		墨	0030，0308，6161—6165
		齒	0170，0171，0435，0495，0785，1157，2214，3647，3654，3922，3974，5534，6864，7021，7126，7581，7691，7803，9299
15	撇	餛	0005
		餘	0404，1623，1624，1647—1649，3056，4106，4188，4247
		餕	0803
		膽	0483
		膵	0983

索引表15-17

		儋	7387, 7782
		樂	0824, 1260, 1477, 1478, 1479, 1938, 2535—2555, 4030, 4031, 6451, 6503—6505, 6635, 6636, 6687—6699, 6819—6822, 6909, 7601, 7792, 7861, 7887, 7905, 8153, 8177, 8453—8458, 8746, 5316, 5352
		燂	1805
		鴇	2046
		劉	2618, 2619, 2987, 8701
		範	2949, 2950, 3206, 3588, 3744, 4292
		罶	3951
		觭	7069, 8039, 8040, 8413, 8414
		毚	8696, 8710
15	点	諾	0081
		諷	0690, 1065, 1337
		諫	0771, 0886, 1327, 1335
		誰	0901, 3012
		諱	1057
		諾	1810
		諢	2848
		誈	3041
		談	3223
		諸	5474, 7554
		寢	2226
		窬	2496, 3988
		窯	2856, 5406, 7225, 7927, 8385
		窴	5313
		寶	5331, 5351, 5397, 5423, 5424—5426
		窮	7107

索引表15-17

		憍	6926
		窰	0043
		遴	0761
		賚	0169, 0457
		啇	0223, 0267, 0344, 0529, 0535
		聾	1098
		褢	1782, 2137, 2574, 2740, 2772, 2897, 2960, 3282, 3363, 3413, 3962, 4158, 7274—7276
		糧	2827
		剪	1267, 7427
		頦	8408
		壅	0015, 1289, 1290, 4276
		瑩	8431
15	折	練	0280
		緺	0977
		總	1755, 2642
		緩	2186, 5782, 5783, 7505, 8587
		縕	5739
		緱	6112, 8360, 8361
		闡	3731
		聞	3954
		闈	5412
		閻	6234, 8024
		閱	7570
		閶	8415
		牆	0082
		盬	3705, 3954
		奬	7005

索引表15-17

		頺	0343
		斆	4301
		墜	0418, 5751
		褱	2327, 2712, 3392, 3393
		彊	1030
		嬌	1286
		鑒	0004, 0096, 0101, 0120
		豫	0444, 0482, 5761, 8629, 2445, 2493, 3058, 3059, 3350, 3580
		盇	1284
		履	1319
		選	2086
		駕	4332, 6913, 6978, 7176, 7215, 8006, 8302
16	横	樵	5689
		橈	5697
		橋	5979—5981, 7653—7676
		橘	6197
		樹	8429, 8430
		橤	2716
		薛	0468, 5777, 5778, 6598—6600, 8257—8260, 3499
		薹	0534, 1341, 4259, 4260, 4269—4275, 5669
		薥	5668
		薄	5957, 5958, 7392
		屦	1816
		屓	3262
		雁	3314
		歷	6240
		駭	6945

索引表15-17

		駢	7308
		駱	7559—7571
		駟	8427
		據	7362
		操	7942
		擇	8163, 8464
		輲	0055
		輸	2163
		懅	0284
		憙	6904, 8951, 8952
		鞈	0314
		鞍	5569
		霍	2395—2407, 5613
		霖	5686
		奮	7658, 8580
		霾	0016, 1496
		瞖	0141
		蘁	0742, 1167
		醜	0786, 6938, 7695, 7716
		頭	2181, 2704, 2705, 3255, 4073, 4240, 4338, 7196
		頺	2692
		靜	6889, 8175
16	竖	嬰	0512, 3706
		器	1630, 6398, 6506
		戰	1626, 8474
		斳	5372
		盧	0104, 0532, 0955, 0956, 2623—2625, 4197, 5361, 5652, 5653, 6254—6257, 6309—6312, 6835, 7521, 8146

索引表15-17

		遽	0575, 0597, 0603, 0611, 0615, 0624, 0629, 0659, 1531, 1964, 1965, 7363
		膚	2172, 3702
		默	3447, 7059
		黙	6855
		鴌	3502
		鵙	5749
		瞳	2174
		骹	9049
		盧	0037, 0085—0088, 0090—0092
		縣	0049, 1432, 1496, 1581—1583, 1595, 1620, 1655, 3701
		幨	2312
		嶭	2728
		圜	2961, 6149
		冀	3727, 6170, 7308
		閻	3756—3770, 8265, 8266, 8623
		蹕	8142
16	撇	錤	0024, 0025
		錡	0676
		錄	5506
		錢	5687
		錯	6958, 6964
		錡	7010, 8041
		錙	7686
		鮭	0231
		鮓	2414, 2448, 2892, 3063, 3512, 4344
		穌	5724
		縢	0342

索引表15—17

		膸	0406，4225
		瞳	0407
		館	0586，1426，1608，2224
		餚	1906，2054，2598，2813，3541，3542，4135
		餡	1857，1858，2702，3035，3491，3696，4082，4083
		獲	0263，2408，6888，7661，7722，7723，8297，8428
		獨	8288
		儔	0310
		衡	5416，5458
		興	0764，0967，1071，1720，2666，5733
		學	6246
		歙	1911，3093
		歔	8612
		篲	0286，0287
		敽	0334
		遚	1786，2664
		劓	2619，2987
		鄱	3748
		穆	5673—5675
		亶	6123
		穎	6626，6627
16	点	魂	0806，
		諫	1752，2842，3985
		諭	1973，2047，2828，3086
		諯	2079，7646
		諭	2651
		諜	3055
		諝	5383

索引表15-17

		縈	2311, 2810, 3804, 4101, 4102
		熘	2333, 3228
		糍	0383
		羿	5497
		糗	6968
		羲	0975, 2821
		義	1991
		憲	1642, 2673, 3033, 3034, 3226, 3489, 3490, 8208
		意	8992
		懌	5789
		衮	1151
		褱	1642
		亶	0881, 7166—7169, 7173, 7175—7178, 7180, 7181, 7184, 7186, 7189, 7192—7195, 7197, 7198, 7200—7205, 7208—7210
		鄘	0979—0982, 1174, 2684, 2805—2814, 3452
		彊	1435, 1495, 1539, 1568, 2413, 2836
		龍	1939, 2620—2622, 2903, 2988, 3433, 3565, 4034, 5649, 5650, 7518
		贇	5322
16	折	緷	0205, 0293, 0539
		縚	0877—0880
		緔	5637
		樊	5352
		隰	0230
		隳	5488
		隱	7018, 7479, 7586, 8108, 8109, 8338, 8339, 8424, 8447
		闇	0190

索引表15-17

		篡	4003
		篳	4263, 4264
		篋	7757
		磐	5605
		輿	6052, 6619
		擧	7128
		斂	0825
		歙	5485, 5486, 5844
		穗	1413, 1414, 2853, 3145, 3270, 3271, 3295, 3474
		穟	5509
		駈	2759
		駘	4020, 4021
		鴫	2801
		僨	5781
		頣	7804
		臚	0165
		艌	1259
		餲	1731, 2277
		繁	2078—2080, 3775
		鄮	3178
		魏	3562—3578, 8076, 8150—8157
		鮮	3693—3700, 3940
		矰	3955, 8123
		艫	4199
		谿	6539
		貔	8036
17	点	癘	0760
		癏	1909

索引表15-17

		癥	2326
		癱	3174
		癡	3177
		譏	0422
		諫	3318
		講	7177, 8007, 8506
		謝	8217—8220
		龐	0427
		龎	5314
		應	5493, 8427
		糜	0041,
		麋	0078, 0303, 0304, 6274—6276
		懠	0439
		懞	2710, 3241
		營	0478
		燮	3717, 6865
		濮	5371
		濟	6166—6169
		褻	4319
		禮	7435, 7497, 8311
		襄	0634, 1485, 1584—1587, 2179, 2522, 2703, 3299, 3492, 3706, 3765, 4085, 4165, 5417, 5418, 6566, 6567, 7062, 8089, 8090
		糞	0794, 6985
		鞠	1913
		贏	7599
		糬	8557
17	折	縚	0186, 0304

索引表17/18-30

		幾	0305, 0306
		繽	0510
		緇	0355, 0810, 1952, 2750, 2941, 3686, 3986
		練	1903
		縱	2716
		繢	5670
		閼	2742, 7814
		闌	7306, 8023, 8686
		陸	0726
		鄩	3875
		臂	3619, 5851
18	横	藤	0364
		薱	2316, 3335
		藥	3823, 8459
		舊	4090
		萆	6976
		騎	0137, 1315, 1614, 6330, 6331
		騊	0925
		駒	1154, 3534
		騳	6969
		轄	2162
		轑	5599
		轉	8134
		職	0015, 0027, 0056, 0118, 0123, 5326, 5329, 5338, 5417, 5448, 5465, 5466—5469
		職	0868
		鞭	0669, 1690, 2766, 2934, 3369, 3685
		鞮	7408

索引表18-30

		鬻	7813
		鬻	7827, 7869
		馨	0872
		謷	0256
		矗	0309, 7611, 7612
		酈	2624, 2625
		蠹	3104
		壼	3105
		豐	4462, 5907, 7314, 7979
		鹽	5583
		毉	6455, 6480—6483, 8386—8389
		玁	6874
		顁	8636
18	竖	黜	4362
		黟	7080, 8624
		噫	3118
		嚅	7296
		鵑	1792, 2188, 2518, 2866, 4022
		髁	4307, 4308
		矑	0152
		斆	2044, 2570, 3075
		蟜	7346
		瞿	7702
18	撇	臏	0540, 8675
		臍	0903
		臆	1678, 2048, 3168, 3354, 3540, 3678, 4127
		艭	1257
		饐	1430

索引表18-30

		餡	1857, 1858, 2702, 3035, 3491, 4082, 4083
		餾	3624
		鎗	2134, 3094, 3764
		鴾	2317
		騕	5457
		蕩	7679, 7680, 8775
		貘	8639, 8715
		壂	1719
		簺	2106
		鎟	2354
		軀	2759
		歸	3382, 6943, 7171, 7573, 8392
		鄒	3753
		礜	6665—6667, 6814—6818
		雛	8485
18	点	癙	0725, 1014
		瘨	1240
		瘷	1825, 3464
		癰	7074, 7481
		瀆	1467, 1468, 2071
		濾	1971
		濼	3936
		謹	1179, 1208, 2011, 2487, 2588, 3252, 3695, 3721, 3828
		譙	3012
		離	0208
		離	2560, 2716, 6893, 7498, 7499
		廱	3943
		廰	7731

索引表18-30

		戳	0009, 0034, 0054, 0124, 0128, 0978
		襧	0046
		賷	0393
		顔	0469, 5781, 8267—8270
		慄	0824, 1478, 1479, 1938, 2189, 4030, 4031, 4289
		齎	1141
		積	1801, 3428, 4028, 4029
		褒	3234
		旛	7245
		瓌	8450
		縈	8609
		旒	8703
18	折	纙	0416
		織	5470, 5471, 6405, 6669
		繚	7025
		繰	4191
		緯	3749, 3750
		闗	0299, 2397, 3436, 7186, 7668, 8028, 8720
		闋	7707
		雛	1073, 1245—1250, 5792, 3303, 3943
		彝	1156, 1199—1225
		璧	2730
		翹	3652
		醬	4355
19	横	蘋	0052, 6317, 6318
		蕙	0519
		聽	1751
		藿	2395—2407, 5613

		蘭	2606—2611
		蘇	3246—3267, 7864—7878
		驕	0837, 1214
		騷	7487
		騷	7759, 7760, 8053, 8610
		轓	2113
		轎	8306
		顛	7002, 7968
		願	8116, 8630
		麓	5416, 5427
		麗	6238, 6239
		難	5721, 8396, 8518
		髮	7524, 7532
		鬏	7733
		攀	8369
		璽	0156, 0159, 0172, 0175, 0179, 0187, 0188, 0189, 0209, 0211, 0214, 0229, 0230, 0232, 0234, 0240, 0241, 0243, 0248, 0255, 0259, 0267—0269, 0273, 0274, 0277, 0280, 0294, 0302, 0303, 0307, 0311, 0314, 0315, 0317—0319, 0325, 0336, 0338, 0341, 0346, 0347, 0350, 0351, 0353, 0356, 0363, 0367, 0386, 0387, 0397, 0399, 0408, 0413, 0428—0430, 0433, 0434, 0435, 0441, 0442, 0445, 0446, 0448, 0452, 0456, 0463—0466, 0469, 0471, 0474, 0477, 0481, 0483—0485, 0487—0489, 0492, 0493, 0496, 0498, 0499, 0508, 0510, 0522, 0524, 0526, 0530, 0531, 0543, 0545, 0546, 0552, 0554—0561, 0576, 0577, 0581, 0651, 0652, 0663, 0802, 0961, 1073, 1163, 1402—1406, 1471, 1472, 1493, 1540, 1541, 1563, 1663, 1887, 2193, 2479, 2561, 2676, 2678, 3072, 3188—3191, 3471, 3474, 3701, 3725, 4106, 4226, 4397, 4718—4722, 4762, 4968—4980, 5023, 5033—5046, 5096, 5188, 5304, 5305, 5307,

索引表18-30

索引表18-30

19	撇	鄺	0516
		籐	2746, 3169
		簿	5309—5311
		餺	1904
		騆	2165
		騟	5588
		戀	4289
		懲	5701
		穫	0149
		鏤	0478
		犢	1448, 1467, 1468, 1667, 1764—1766, 1816, 2072, 2133, 2585, 2586, 2601, 3395, 3396, 3650, 4359, 6959, 8578
		戲	1805
		鄩	2078
		臘	2557, 7184
		獸	3955
		艐	5859, 5860
		贊	7136, 7483, 7676, 8461
		穎	7197, 7639, 7857, 7876, 7922—7925, 8072
		獷	7528
19	点	證	0572
		譙	1188, 5689, 2351, 2997, 3216, 3745, 4259
		譊	1810, 2591, 2994, 6881, 7608, 7855
		譎	1841, 2580
		識	6875, 7394
		癡	2880, 2896, 3660
		癢	3797
		痙	7347, 7778

索引表18-30

		癧	7559
		廬	7607
		懷	0670, 0952, 7275, 6145—6147
		旝	1467, 1573, 1622, 1650
		糯	0103
		纞	2642, 2643, 2645, 2648, 5445, 5660, 7556, 7557
		類	7264, 7683
		歠	8140
19	折	纑	0245
		繯	0933, 1253, 1305, 5575, 2467, 2841, 3414
		孿	1311, 1312
		纆	1321
		纕	3682
		繹	7150, 7478, 8394, 8539, 8655
		關	0019, 0029, 0046, 0059, 0082, 0083, 0089, 1469, 5332, 5412, 7157
		闋	0275—0277, 0945, 2513
		疆	0198, 1435, 1495, 1539, 1568
		勥	0327
		醬	0002, 0029
		翆	5539
20	橫	櫃	0445
		櫨	1491
		瓅	0468
		蘭	2532, 6216, 6217
		趬	2925
		顙	4329
		慧	5856

索引表18-30

		壤	5518, 5600
		驤	6784, 6785
		驚	7125, 7390, 7709, 8687
		鞻	7892
		蘿	8718
20	竖	巉	0177, 0312, 0412
		巍	3562, 3563, 3565—3578
		齒	7112
		黨	1531
		黔	8507, 8522
		獻	0331, 1167—1173, 2172, 3036, 3702, 3703, 8535
		贇	0487
		礮	5641
		酆	6060—6062
		籃	0015, 0027, 0056, 5512
		籔	3545
		籍	7140
		臚	0387
		騰	7290
		鐘	0409, 6635, 6636, 6822
		鏵	2354
		饋	1801, 3428, 4028, 4029
		饁	2033
		襄	0079
		觸	1696, 1747, 2503, 3201, 3702, 3850, 4339
		釋	1835, 2068, 2148, 2292, 2646, 3006—3008, 3666, 4065, 4236
		犨	1960, 1961, 1998, 2065, 3340, 3583, 3976

索引表18-30

		覬	2385, 3530
20	点	寶	2063—2069, 6998
		寵	2621
		寶	3962
		竈	5810, 7139
		癰	2262
		癮	2571
		癭	3789
		額	7740, 7928, 7929
		顧	8267—8270
		贛	5383
		競	5621—5626, 7104, 7153, 8508
		爐	0285, 0532, 5498
		懇	1049
		懞	1171
		夒	5662
		糶	5748
		贏	7878, 8340, 8432, 8666
20	折	闞	7798, 7859
		闡	8716
		彊	0520, 0521
		纊	1713
		酈	3926, 3927
		鰲	7809
21	横	蕭	0452
		聽	3330, 3385
		蘿	4323
		藛	7086

索引表18-30

		蘿	7873
		蘦	8392, 8708
		歡	1222, 1223
		歡	3194
		權	5377
		戀	0514
		霸	0565, 8753
		露	7529
		驅	0178, 0748
		驊	7997
		纍	0505, 2872
		瓔	0797, 0880, 0968, 1048, 1056, 1072, 1116, 1117, 1243, 1244, 1300, 1874—1876, 2180, 2310, 2365, 2444, 2474, 3050, 3230, 3263, 3611, 3632, 3673, 3691, 3771, 4347
		矗	5419
21	竖	矗	1177, 1178, 5323, 5355, 5365, 5419, 5647
		贔	3123
		矚	3079
21	撇	礜	2045, 3351, 4317
		璺	2211
		礐	2371
		鑲	2387, 5568
		鐵	6493—6497
		籐	0363
		臟	3895, 7706
		儷	4309
		蠻	5807
		酇	6709

索引表18-30

21	点	戳	0142, 0513, 4150
		竈	0486
		懼	0894, 1326, 5628
		瀷	2836
		斃	3239
		譊	4041
		灔	6059
		爚	6912
		辯	7939, 8431
		夒	8022
		灉	8641, 8642
21	折	續	3749, 3750
		纏	5855
		闢	0047, 0931, 5495
		頡	0866
		疆	2830—2832
		屬	6406—6412
		蠡	7040
22	横	驕	7724, 8199—8201
		驍	8658
		瓗	0425
		聽	0623, 0933, 0945, 1070, 1145, 1334, 4952, 4953, 5737, 8933
		霽	2773
		驚	7082, 8010
22	竪	臞	0147
		獻	0331
		懸	3683

索引表18-30

		斠	3842, 7914
22	撇	簹	0286, 0287
		鑄	0507, 0639, 0652, 1718, 5475, 5476, 5606, 5607, 7292
		艫	5547
		龢	5713
		貛	8207
		穰	8320, 8321
22	点	癭	1279, 3713, 4197
		癲	4143
		黇	0191
		竊	0516
		讄	4259
		顫	5972, 7945, 8277
22	折	翼	5609
23	横	靆	0335
		靄	0947, 0948, 0949, 5639
		黐	2126, 7815, 8138
23	竖	齮	7133
		齰	8465—8467
		曬	7566
		黩	8727
23	撇	罍	2218, 1753, 2322
		罌	2452, 1902
		鬟	7862
		儱	2794
		鑮	5856
		鑴	7123, 8357, 8484
		籥	8460

索引表18-30

23	点	孌	0292, 2642—2652, 5660
		戀	2646, 3429, 7503
		癰	2036, 2155, 3051, 3154, 3506, 3507, 7049
		癱	3084
		蠱	1939, 2620, 2622, 3565, 7326
		虆	5579, 5580, 7142, 7373, 7374
		讔	3463
23	折	纕	0791, 0851, 0852, 1110, 1277, 1288, 1306, 1322, 5417, 3572
		纘	5525, 5842
		戁	0428
24	横	鹽	0037, 0085—0088, 0090, 0091, 0092, 6181—6183, 6227, 6536, 6537
		靈	0954, 2612—2614
		攬	6867
24	撇	鑪	0955
		籮	4090
24	点	讓	2084, 2999, 3463, 3748, 3899, 4050, 4177
		讖	3775
		護	7277—7279, 7556, 8268
		癮	0329
		贛	5567
24	折	纞	5316
25	横	酈	0604, 0605, 0606
25	撇	鑽	0360
25	点	釁	3434, 3735
		讗	8637
26	横	驢	8027

索引表18-30

26	竖	畫	0815
26	点	肇	0292, 2644, 2649, 2650, 2652, 3793
		灩	1701
		彎	2647, 2651
27	点	鑾	3793
28	撇	夐	0938
30	撇	爨	1973, 2330, 2921, 3246, 3754, 8284